文成天縱

朝鮮王朝科舉史料

嶠南科榜録

QIAONAN KEBANGLU

③

劉海峰　張文達　主編

广西师范大学出版社
GUANGXI NORMAL UNIVERSITY PRESS

第三册目録

嶠南科榜録　附録

卷之一至三

嶠南科榜錄附錄卷之一

襲蔭

○中宗朝

金嵩年 號桂川堂生 成宗丙午官叅奉父文忠公宗直文康公
叔滋孫貫善山居高靈

○明宗朝

李 嶲 字廷秀生 中宗癸未官僉正父文純公 滉進士 埴
孫松安君子脩后貫眞寶居禮安

權 紹 字孝仲官府使父校理遠手檢校 倜后貫安東居咸昌

金夢齡 字釋老官戶正父 維叅奉嵩年孫文忠公宗直曾孫貫
善山居高靈

○宣祖朝

李應仁 字敬而號守庵生 中宗乙未戊戌官判官 贈左副承
旨父文元公彥廸貫驪州居慶州

鄭大民 字中立生 明宗辛亥叅奉官縣監父同樞彥男 贈戶
正希高孫文獻公汝昌曾孫貫河東居咸陽

盧大海 字容吾號難老堂生 明宗己酉官郡守父文簡公守愼
貫光州居尚州

權來 字樂而號石泉亭生 明宗壬戌官軍資正父郡守東輔 忠定公橃孫貫安東居安東

金濼 字活源號愛景堂生 明宗戊午官洗馬父文忠公誠一 贈吏判 璉孫提學漢啓后貫義城居安東

柳袾 字汝美生 明宗庚申官察訪錄宣武原從功父文敬公 雲龍貫豊山居安東

柳袽 字吉甫生 戊寅官察訪贈掌令父文忠公成龍貫豊山 居安東

權遴 字亨叔生己丑參奉父忠毅公應銖 贈統羅君德臣孫 贈戶參 鸞曾孫持平挒玄孫校理偲后貫安東 居新寧

盧道亨 字伯嘉號秋潭生辛未官郡守錄扈聖功 贈吏參父郡 守大海文簡公守愼孫貫光州居尙州

○仁祖朝

李嶷 字士立生 宣祖丙申參奉父直長安道僉正寓孫文 純公滉曾孫 贈贊成埴玄孫松安君子脩后貫眞 寶居禮安

柳元之 字長卿號拙齋生 宣祖戊戌庚午察訪官縣監享仁化 院父 贈掌令袽文忠公成龍孫貫豊山居安東

權山重 字仁甫號華齋生光海丙辰丙戌參奉官大護軍父參奉 遴忠毅公應銖孫貫安東居新寧

崔山輝 字伯玉號洛南生光海己酉官府使 贈戶判完海君 諡孝憲父定簡公晛貫完山居善山

李命哲 字孟明生光海甲寅官叅奉父叅奉 嶷直長安道孫僉正 蔦曾孫文純公滉玄孫貫眞寶居禮安

權霂 字善行生光海甲寅官叅奉父 贈執義尙忠忠定公橃玄孫貫安東居安東

李墩 字次山生光海丙辰己丑官直長父奉事 錭判官應仁孫文元公彥廸曾孫貫驪州居慶州

金烇 字光庭號定跟齋官別提父生員是樞文忠公誠一曾孫貫義城居安東

權以亮 字季明號梨花亭官縣令父郡守 澍校理達手玄孫貫安東居咸昌

○孝宗朝

權山峻 字極甫生 光海壬戌官副護軍父叅奉 邁忠毅公應銖孫貫安東居新寧

○顯宗朝

李希哲 字原明生光海壬戌己酉叅奉官察訪 贈吏叅父叅奉岐衛率詠道孫文純公滉玄孫貫眞寶居禮安

柳宜河 字子安號愚訥生光海丙辰官翊贊 贈司僕正父縣監元之文忠公成龍曾孫貫豊山居安東

鄭世杓 字元直生 仁祖辛未甲辰叅奉官縣監父司馬光漢察訪弘緒孫文獻公汝昌六世祀孫貫河東居咸陽

權震衡 字子長生 仁祖癸未官副護軍父大護軍山重忠毅公應銖曾孫貫安東居新寧

李杲 字伯昇生 仁祖己丑官郡守父叅奉命哲叅奉 嶷孫直長安道曾孫文純公 滉五世祀孫貫眞寶居禮安

權以說 字希玉號水月亭官都事父縣令 淳校理達手玄孫貫安東居咸昌

○肅宗朝

李在雅 字伯崇生 仁祖壬申戊午官敎官父生員光垒文簡公㙉孫良敬公 堰后貫興陽居尙州

柳後常 字德一生 仁祖戊子官童敎 贈丞旨父翊贊宜河文忠公成龍玄孫貫豊山居安東

盧思聖 字希天號芝嶺生 仁祖癸未官縣監父府使峻命郡守道亭孫文簡公守愼玄孫貫光州居尙州

鄭熙章 字貢㬌生 孝宗癸巳乙酉叅奉父縣監世杓司馬光漢孫察訪弘緒曾孫文獻公汝昌七世祀孫貫河東居咸陽

張趾德 字汝章號四而堂生 顯宗庚子官翊贊父大猷文穆公應一玄孫文康公顯光五世祀孫貫仁同居仁同

柳聖和 字介中號西湖生 顯宗戊申官縣監壽護軍 贈戶叅父敎官後常文忠公成龍五世祀孫貫豊山居安東

李守謙 字益卿生 顯宗甲寅官縣令父郡守 杲參奉命哲孫參奉 嶷曾孫直長安道玄孫文純公 滉六世祀孫貫眞寶居禮安

○景宗朝

金受徽 字美仲號南溪生 孝宗己亥官司勇父判事犖律正郎
夢齡孫文忠公宗直五世祀孫貫善山居高靈

張壽崙 字杜彥生 肅宗戊寅官侍直壽僉樞父翊贇趾德文康
公顯光六世祀孫貫玉山居仁同

○英宗朝

鄭胤獻 字君述號晩悔堂生 肅宗壬申丙午叅奉官縣監贈
吏議父縣監熙章縣監世杓孫文獻公汝昌八世祀孫貫
河東居咸陽

李世德 字敬胤生 肅宗辛巳官縣監父縣令守謙郡守杲孫
叅奉疑玄孫文純公滉七世祀孫貫眞寶居禮安

柳澐 字大源號懶翁生 肅宗辛巳官縣監壽嘉義豊昌君父
豊陽君聖和文忠公成龍六世祀孫貫豊山居安東

鄭東里 字惠普生 肅宗壬午癸亥監察官縣監父彥濟文穆公
述六世祀孫貫淸州居星州

權昌運 字士會生 肅宗戊子官引儀父景中大護軍山重曾孫
忠毅公應銖五世祀孫貫安東居新寧

鄭鎭華 字子定號勉軒生 肅宗壬辰丁丑叅奉官奉事父縣監
胤獻縣監世杓曾孫文獻公汝昌九世祀孫貫河東居咸
陽

柳宗春 字孟熙號畏齋生 肅宗庚子官都事 贈吏判豐恩君 父豊昌君 雲文忠公成龍七世祀孫貫豊山居安東

張胤宗 字繼善號老窩生 景宗癸卯官都正父僉樞壽崙文康 公顯光七世祀孫貫玉山居仁同

李龜應 字 號十梅軒生己酉官郡守父縣監世德縣令守謙 孫郡守 杲曾孫叅奉命哲玄孫文純公 滉八世祀孫 貫眞寶居禮安

權師聖 字希仲生癸丑官忠義衛父引儀昌運副護軍震衡曾孫 大護軍山重玄孫忠毅公應銖六世祀孫持平 掤后貫 安東居新寧

鄭德濟 字明淑號鍾岩生壬戌戊子叅奉官縣監父奉事鎭華文 獻公汝昌十世祀孫貫河東居咸陽

○正宗朝

李志淳 字穉和號省流亭生 英宗壬午官郡守父郡守龜應郡 守 杲玄孫文純公 滉九世祀孫貫眞寶居禮安

鄭東老 字景邵號竹圃生 英宗癸未丁丑叅奉官縣監父縣監 德濟文獻公汝昌十一世祀孫貫河東居咸陽

○純朝祖

鄭象晋 字日晋號石坡生 英宗庚寅官叅奉父掌令宗魯縣監 錫僑玄孫文莊公經世七世祀孫貫晋陽居尙州

柳進翼 字釋述生 正宗丁未官縣監父豐安君相祚文忠公成龍九世祀孫貫豐山居安東

李在正 字聖玉生 正宗戊申庚辰參奉官郡守 贈吏參父修撰元祥文元公彥廸祀孫貫驪州居慶州

金鎭華 字聖觀號坦窩官牧使父縣監宗壽文忠公誠一祀孫貫義城居安東

權致經 字景錫號啞軒生 正宗甲寅通德郎父準秉引儀昌運曾孫忠毅公應銖八世祀孫貫安東居新寧

○憲宗朝

鄭在箕 字五而號介隱生 純祖辛未辛丑參奉 贈吏議父參奉煥輔文獻公汝昌十三世祀孫貫河東居咸陽

○高宗朝

李容久 字學九號方山生 憲宗壬寅壬午參奉官縣監父司馬能玄修撰元祥曾孫 贈司僕正鼎夏玄孫文元公彥廸祀孫貫驪州居慶州

李中慶 字彝好生 憲宗甲辰參奉父進士晚熹副摠管彙寧孫郡守志淳曾孫郡守龜應玄孫文純公滉十二世祀孫貫眞寶居禮安

柳喬榮 字世卿號荷堂生 哲宗甲寅壬辰都事官郡守父都事道猷豐安君相祚曾孫文忠公成龍十一世祀孫貫豐山

居安東

柳萬植 字楗一號二江生　哲宗庚申參奉父縣監道奭文憲公厚祚曾孫文忠公成龍后貫豊山居尙州

張志永 字受卿生　哲宗癸亥壬辰陵令父健植文康公顯光祀孫貫玉山居仁同

柳時萬 字元一生　哲宗癸亥陵令官承旨父命佑文敬公雲龍十三世祀孫貫豊山居安東

李錫禧 字聖沈號雪坡生乙丑丙申參奉父縣監容久司馬能玄孫郡守在正曾孫文元公彥廸祀孫貫驪州居慶州

鄭在鵬 字德漠生己巳乙巳參奉父承旨宜默校理東奎孫司僕正允愚曾孫參奉民秀玄孫文莊公經世十二世祀孫貫晋陽居尙州

李忠鎬 字恕卿號霞汀生壬申庚子參奉父參奉中慶進士晚憙孫副摠管彙寧曾孫郡守志淳玄孫文純公滉十三世祀孫貫眞寶居禮安

金龍煥 字汝見生丁亥庚子參奉父應樸承旨興洛孫文忠公誠一祀孫貫義城居安東

逸蔭

○中宗朝

盧璋 字公緒號墨齋生　世祖甲申戊寅官持平享松原院父
司諫善卿副正孝孫后貫光州居草溪

李澄 字景清號莘野生燕山戊午丙申官察訪父進士　埴進
士繼陽孫松安君子脩后貫眞寳居禮安

〇**明宗朝**

曺植 字健仲號南溟生燕山辛酉官典籤　贈領相謚文貞享
德川院貫昌寧居晋州

李憑 字輔卿號晩翠軒生　中宗庚辰官副率　贈司僕　父察
訪壽苓叅判　偶孫崧安君子脩后貫眞寳居禮安

〇**宣祖朝**

金富倫 字惇叙號雪月堂生　中宗辛卯官縣監父　贈戶叅
綏　贈叅判孝盧后貫光山居禮安

金沔 字志海號松菴生　中宗辛丑官兵佐　贈吏判享道岩
祠貫高靈居高靈

鄭逑 字道可號寒岡生　中宗癸卯官大憲　贈領相謚文穆
享檜淵院父　贈吏判思中文愍公揔后貫淸州居星
州

金圻 字止叔號北厓生　明宗丁未官叅奉錄宣武原從功
贈監察父兵使富仁　贈戶叅　綏孫　贈叅判孝盧后
貫光山居禮安

張顯光 字德晦號旅軒生 明宗甲寅官叅贊 贈領相諡文康享東洛院父 贈吏判 烈忠貞公安世后貫仁同居仁同

同

李東禮 字士元號謹齋生 明宗辛亥官持平父熙春叅奉彥涵孫翰林蓊曾孫獻納士澄后貫星山居高靈

○仁祖朝

柳袗 字季華號修岩生 宣祖壬午官持平 贈吏叅配屛山院父文忠公成龍貫豊山居尙州

權克亮 字士任號東山生 宣祖甲申官叅奉享浣溪院父 渝贈左丞旨世春孫忠簡公仲達后貫安東居丹城

鄭道應 字鳳輝號無忝齋生光海戊午官諮議父翰林 杺文莊公經世孫貫晋陽居尙州

○孝宗朝

柳千之 字子强號漁隱生光海丙辰官掌令父持平 袗文忠公成龍孫貫豊山居尙州

○肅宗朝

李玄逸 字翼昇號葛菴生仁祖丁卯己巳官吏判諡文敬享仁山院父叅奉時明縣監 涵孫提學孟賢后貫載寧居寧海

○英宗朝

崔興遠 字汝浩號百弗庵生肅宗乙酉官翊贊 贈左丞旨享 東川院父鼎錫進士東山集后貫月城居大邱

○**正宗朝**

柳逵 字秀夫號臨汝齋生 英宗庚戌官都正文忠公成龍后 貫豐山居安東

鄭宗魯 字士仰號立齋生 英宗戊午己酉參奉官掌令配愚山 院父仁模參奉胄源孫文莊公經世祀孫貫晋陽居尙州

柳尋春 字象遠號江皐生 英宗壬午官都正 贈領相享道岩 院父 贈左贊成 潑文忠公成龍后貫豐山居尙州

○**高宗朝**

金輿洛 字繼孟號西山生純祖丁亥官左副丞旨父牧使鎭華縣 監宗壽孫文忠公誠一祀孫貫義城居安東

薦蔭 學篇 孝篇 調用

○**太宗朝**

申自誠 字汝純號海隅生己亥官檢祥父府院君得淸文貞公 體曾孫貫平山居寧海

權眰 號慕軒孝行官縣監父領同正 虔太師 幸后貫安東 居安東

秦浩 號柳灘官持平父小儒貫豐基居豐基

○文宗朝

裵振紀　字國補生　世宗壬寅官叅奉父進士坦校理允謙孫大諫規后貫星山居星州

奇虔　號咳庵孝行官判中樞謚貞武父典書勉平章事純祐后貫幸州居慶州

○成宗朝

高希允　字誠中號退睡翁生丁酉學行官叅奉父奉事克亭吏部尙書令臣后貫開城居龍宮

李彥适　字子容號聾齋生癸丑官察訪　贈大憲父司馬蕃貫驪州居慶州

朴景星　號謹庵學行官叅奉父進士從阜定憲公成陽孫貫咸陽居義城

○燕山朝

李芳　官叅奉父副尉錫保縣監克剛孫獻納士澄曾孫星山伯能一后貫星山居高靈

○中宗朝

朴河澄　字聖千號瓶齋生　成宗癸卯教官官刑叅　贈戶判父司直承元忠肅公翊后貫密陽居淸道

李胤忠　字季通生　成宗癸卯直長父叅奉恕貫慶州居咸昌

金就成 字成之號眞樂堂生 成宗壬子叅奉享洛峯院父贈吏叅匡佐貫善山居善山

李壽苓 字大年生燕山壬成官察訪父靑海君 堣進士繼陽孫松安君子脩后貫眞寶居禮安

安應雲 字從龍生甲戌學行官學官父司猛 峋侍御使綏后貫廣州居密陽

李宗幹 字可杜號敬軒孝行官叅奉父進士末仝判書 良玄孫貫月城居慶州

金仲孫 字仲胤學行官縣監父錫貢判書不庇后貫金海居慶州

高胤宗 號三溪官主簿享竹谷祠父副尉克儉直提學士原玄孫良敬公令臣后貫開城居尙州

○明宗朝

盧應世 字順文生 成宗癸丑叅奉父司直 琢司諫善卿孫侍中仁正后貫光州居永川

李　源 字君浩號淸香堂生燕山辛酉官主簿享培山院父叅奉承文江陽君開后貫陝川居咸陽

朴　由 字和叔號守慕齋生 中宗丁卯學行官叅奉父刑叅河澄忠肅公翊后貫密城居淸道

丁順敦 字善述生 中宗丁卯癸亥叅奉父叅奉漢佑叅判夢吉后貫羅州居新寧

李希顏 字愚中生 中宗辛未官縣監父訓導 演府使 禎貫眞寶居安東

孫致雲 字興老生燕山壬戌孝行官縣監父叅奉世經翰林肇瑞
后貫一直居密陽

李元晦 字孟明生中宗辛未叅奉父忠順衛希淸松安君子脩
后貫眞寶居安東

林芸 字彥成號瞻慕堂生中宗丁丑孝行叅奉享龍門祠父
進士得蕃貫恩津居安義

申胤祥 字仲儀生中宗戊寅官判決事父府使從溥文貞公
賢后貫平山居寧海

白仁國 字德瞻號足閒堂生中宗庚寅孝行官教授父叅奉
塘文簡公文寶后貫大興居寧海

李彥沈 官執義父翰林　蓊副尉錫保孫星山伯能一后貫星山
居高靈

鄭昇 字凌波號新齋學行叅奉父吏叅錫堅承旨希彥曾孫忠
節公　礿后貫海州居開寧

崔鐵堅 字重卿號蘭圃孝行都事官府使錄宣武原從功父進士
季生吏判河泳后貫永川居慈仁

李重華 字舜瑞號杞菊翁叅奉官判官父副摠管眞孫進士祿成
玄孫大卿直后貫星州居星州

郭赾 字穉靜號有齋學行官叅奉父之完司果　瑛孫淸白吏
安邦后貫苞山居玄風

鄭允良 字元佐號魯村學行官叅奉父宣務郎次謹察訪以揮孫
知州事襲明后貫延日居永川

文益宣 生中宗甲午叅奉父叅奉守經忠肅公克謙后貫南平
居陜川

○宣祖朝

李熠 字用晦號杜谷生中宗戊辰孝行叅奉官直長父叅奉宗幹判書良后貫月城居慶州

李鶱 字孝章號思峯生中宗丁亥乙酉孝行奉事父察訪澄贊成墶孫吏判繼陽曾孫貫眞寶居禮安

安大海 字通甫生中宗壬辰學行叅奉父叅奉宗慶說書贈孫貫廣州居永川

宋舜齡 字堯相號慕庵生中宗丙申孝行官直長父進士珪掌樂正道成后貫楊州居榮川

李軫 字君任號松塢生中宗丙申叅奉官縣監選淸白吏錄宣武原從功享松湖院父教授貞孫貫延安居軍威

權好仁 字士榮生中宗丁酉孝行官縣監父舜卿教授軾玄孫貫安東居義城

柳雲龍 字應見號謙庵生中宗己亥壬申學行別坐官牧使錄光國原從功　贈吏判諡文敬享花川院父監司仲郢貫豊山居安東

南應元 字仁仲號許灦亭生中宗己亥官察訪　贈寺正享鳳岩社父叅奉健叅判敏生后貫英陽居安東

李庭檜 字景直號松澗生中宗壬寅官縣監錄光國原從功臣鵠山祠父縣監希顔府使禎后貫眞寶居安東

朴廷琬 字君寶號養竹堂生中宗癸卯官縣監贈吏參父澤郡守繼祖孫上將軍仁庇后貫高靈居高靈

曹好益 字士友號芝山生 仁宗乙已學行官牧使 贈吏判諡文簡享道岑院父 贈參贊允愼貫昌寧居永川

金夢龜 字汝休號華樓生 仁宗乙已官參奉父部將世堅英毅公忠后貫英陽居新寧

申龜年 字文老號楓溪生 明宗丙午孝行官府使父應龍宣務郞從滄孫文貞公賢后貫平山居盈德

金仁富 字潤中號春浦生 明宗丙午學行參奉官郡守享鄕賢祠父進士萬增戶判克儉后貫金海居仁同

鄭三畏 字德敬號望慕堂生 明宗丁未官主簿 贈戶參父通政瑜判書光厚后貫延日居慶州

金宗武 字毅佑生 明宗戊申辛卯官察訪 贈吏判享南崗院父文簡公就文 贈吏參匡佐孫貫善山居善山

權紀 字士立號龍巒生 明宗丙午官參奉父護軍夢斗判書翰后貫安東居安東

柳澈 字彥淨號默齋生 明宗戊申洗馬官牧使 贈戶參錄宣武原從功父侍直光纘忠肅公灌孫貫文化居善山

金隆 字道盛號勿岩生 明宗己酉癸巳孝行官參奉 贈左承旨配三峯院父參奉應鱗敎授龜息孫觀察爾音后貫咸昌居榮川

李大期 字任重號雪壑生 明宗辛亥學行官郡守父 贈承旨得蕡掌令昌胤曾孫文義公彥冲后貫全義居草溪

朴欐 字居中號勿齋生 明宗辛亥孝行洗馬官判官貫高靈居榮川

李說 字天賚號愛日堂生 明宗癸丑乙酉孝行官參奉陞同樞父參奉德元忠肅公 藝后貫鐵城居興海

朴遂一 字純伯號健齋生 明宗癸丑官參奉享槐谷祠父進士灝進士 雲孫貫密陽居善山

金海壽 字汝見號敬庵生 明宗戊午學行官參奉父校尉世雄司諫 恂后貫月城居慶州州

李基卨 字公造號蓮峯生 明宗戊午乙酉孝行叅奉官郡守贈吏參父參奉至男翰林彥忱孫輔國元發后貫延安

李詠道 字聖與號東岩生 明宗己未學行翊贊官牧使錄宣武原從功父僉正 寯文純公滉孫貫眞寶居禮安

柳裿 字汝章號浮休散人生 明宗辛酉乙未學行洗馬官縣監錄宣武原從功父文敬公雲龍貫豊山居安東

李徯性 字士任生 明宗乙丑孝行官主簿錄宣武原從功父直長熠判書良 后貫月城居慶州

權重常 號霽月堂生壬申官牧使父叅奉大仁判書 靭后貫安東居安東

康在山 字山叟號一竹生癸酉參奉官察訪父教官後粹進士景善孫信城府院君之淵后貫信川居善山

朴晉慶 字明述號臥游堂生辛巳官參奉享南岡院父參奉遂一進士 雲會孫貫密陽居善山

李變龍 字見瑞號友愛堂孝行官習讀父應百府使 驪后貫沃溝居慶州

金瓛 字景溫官副率父都承旨弘敏兵議 謙后貫商山居尙州

嶠南科榜錄附錄卷之一

李潘 字大源號洛洲齋生乙亥辛卯叅奉官直提學錄昭武原 從功贈吏判享洛洲祠父贈戶叅思齊孝寧大君 補后貫全州居密陽

全致遠 字士毅號濯溪官別提贈吏判享清溪院父贊仕郎 緇完山君濼后貫全州居草溪

朴海 號佳川官訓導父軍資正良國定憲公成陽玄孫貫咸陽 居義城

朴夢鯉 字國賓號昌亭官叅奉父叅奉恒尙書善后貫咸陽 居慈仁

金壽恢 字以度壬辰官察訪父護軍立文敬公宏弼曾孫貫 瑞興居昌寧

金鑲 字可和號鶴圃壬辰叅奉判官世緯孫貫金海居河陽

殷相尹 叅奉官同樞父同樞汝膺主簿說玄孫文翼公汝霖后 貫幸州居軍威

○**光海朝**

都[illegible]國 字而忠生明宗己未官直長父世雍贈教官勻后 貫星州居星州

朴廷璠 字君信號鶴岩生明宗庚戌官主簿贈承旨享文淵 院父判官溢部守繼祖孫上將軍仁庇后貫高靈居高 靈

朴元甲 字仁伯號桃源生 明宗甲子官主簿父生員廷璧郡守繼祖曾孫上將軍仁庇后貫高靈居高靈

鄭四震 字君變生 明宗丁卯學行官洗馬父正郞三變生員琚孫判書光厚后胃迎日居永川

李芸 字馨叔號芝山生 宣祖戊辰壬戌官主簿父僉樞顯承孝節公賢輔曾孫貫永川居禮安

柳𥜥 字汝吉生 宣祖壬申官敎官錄宣武原從功父文敬公雲龍貫豊山居安東

李崋 字士瞻生 宣祖癸未調用官別坐 贈司僕正父將仕郞純道僉正 萬孫文純公滉曾孫貫眞寶居禮安

金確 字而實號定止齋生 宣祖癸未學行官參奉父光纘兵使富仁曾孫貫光山居禮安

曺以需 字克衍生 宣祖戊子官參奉父文簡公好益襄平公益淸后貫昌寧居永川

○**仁祖朝**

張興孝 字行源號敬堂生 明宗甲子癸酉官參奉 贈持平享鏡光院父部將彭壽花山府院君思吉后貫安東居安東

李琨 字而俊號隱菴生 明宗乙丑甲子孝行官參奉父贈吏判天慶校理廸玄孫僕射景芬后貫陜川居丹城

朴敬立 字道甫號雲南生 宣祖丙子孝行官參奉父萬戶仁老敎授允淸曾孫府院君中美后貫密陽居永川

權尙正 字[illegible]南號四亥堂生 宣祖庚辰官敎官 贈承旨父贈承旨曇縣監甍曾孫貫安東居醴泉

鄭克後 字孝翼號雙峯生 宣祖丁丑甲戌學行官師傅父叅判三畏判書光擧后貫延日居慶州

禹甸 字子信號愛日堂生 宣祖癸未孝行官叅奉父夢天直長承孝曾孫文僖公偉后貫丹陽居榮川

權守經 字子正號自樂堂生 宣祖甲申學行官叅奉 贈吏判父判官希舜護軍武成孫教授軾后貫安東居義城

李皷 字士夙號守拙堂生 宣祖辛卯學行官叅奉父牧使詠道僉正寯孫文純公滉曾孫貫眞寶居禮安

李弘祚 字汝廓號睡隱生 宣祖乙未都事官縣監父文英文靖公穡后貫韓山居安東

朴璿 字季獻號陶窩生 宣祖丙申官童敎享陶溪院父武毅公縠長判書義龍后貫務安居寧海

金畬欽 字欠叔生 宣祖癸卯官察訪父成翁叅奉夢龜孫英毅公忠后貫英陽居新寧

○**孝宗朝**

洪翼亨 字子昇號小隱生 宣祖辛巳官敎官 贈持平父生員以成貫南陽居奉化

權成業 字廣純號永慕齋生 宣祖壬寅孝行官都事父健襄平公瑊后貫安東居安東

孫潛 字士用生 宣祖壬寅孝行官叅奉父處訥翰林擘瑞后貫一直居大邱

金應立 字齊卿號湫月軒生 宣祖丁未孝行官縣令父叅奉鳳奉戶判克儉后貫金海居星州

南必大 字餘慶號龍岩生 宣祖戊申學行官叅奉父判官標通政時俊曾孫縣令 須后貫英陽居寧海

南承弼 字子房號竹隱生光海己酉官叅奉父鞠信典翰世周曾孫縣令 須后貫英陽居盈德

金輝世 字應時號松坡生光海戊午敎官官縣監 贈承旨父文貞公伶縣監富倫孫貫光山居禮安

李是檣 字士然號修庵生光海辛酉孝行官察訪父通政邦藎檢校哲明后貫驪州居慶州

○顯宗朝

李英哲 字明叔生 宣祖丁未官童敎 贈吏議父別坐 律僉正 寯曾孫文純公 滉玄孫貫眞寶居禮安

李克哲 字彦明號葛峯生 仁祖甲子學行官主簿父叅奉 岐牧使詠道孫僉正 寯曾孫文純公 滉玄孫貫眞寶居禮安

李是桂 號雲庵生 仁祖甲戌孝行官叅奉父通政邦藎檢校哲明后貫驪州居慶州

○肅宗朝

李徽逸 字翼文號存齋生光海己未學行官叅奉享仁山院父叅奉時明副提學孟賢后貫載寧居寧海

李昌鎭 字雲長號滄州生光海己未官察訪父承旨彦英佐郞鄧林孫文安公堅幹后貫碧珍居漆谷

朴之賢 字子兼號慕孝齋生仁祖甲戌官叅奉享芝山院父宣章吏佐　虎玄孫察訪揚茂后貫密城居淸道

權泰時 字亨叔號山澤齋生仁祖乙亥學行官縣監父昌業直長　誌孫叅奉安世曾孫吏判梘玄孫貫安東居安東

金漢璧 字明瑞生　仁祖丙子戊午叅奉官縣監父　原恩進士用石后貫光山居奉化

鄭錫僑 字希伯號喚惺齋生　仁祖丙戌丁巳學行叅奉官[illegible]監父諮議道應文莊公經世曾孫貫晉陽居尚州

李栽 字幼材號密庵生　孝宗丁酉學行官主簿父文敬公玄逸叅奉時明孫貫載寧居寧海

張璶 字仲温號錦江生　孝宗己亥官掌令享雲谷院父校尉龍見進士汝華孫安襄公末孫后貫仁同居榮川

盧洹 字亘古號樂分窩生　孝宗丙午官主簿父吏正克復生員大成孫叅判瑞生后貫光州居草溪

李集 字伯生號水月軒生　顯宗壬子叅奉官縣監　贈吏叅父敎官英哲別坐　葎孫文純公　滉后貫眞寶居禮安

李廻 字盧叔丙辰官都事父義男江陽君　瑤后貫江陽居草溪

李莛杓 字而直孝行官叅奉父察訪是樞檢校哲明后貫驪州居慶州

○英宗朝

李守約 字若曾生　孝宗己亥學行官叅奉父　贈叅判　櫰察訪希哲孫文純公　滉后貫眞寶居禮安

趙偲 字景益生肅宗壬戌學行官叅奉父承旨胤漢典籍又新會孫漢山君仁沃后貫漢陽居尙州

安聖興 字士希號遯齋生肅宗癸亥孝行官持平府使憲玄孫文成公裕后貫順興居咸安

朴重采 字仲晦號竹翁生肅宗己未戊辰官叅奉享芝山院父進士太古吏佐虎后貫密陽居淸道

鄭冑源 字元甫號嶧洞生肅宗丙寅己酉學行官叅奉父叅奉錫僑文莊公經世玄孫貫晋陽居尙州

李世恒 字常伯生肅宗壬申乙丑官監役陞通政父叅奉守約文純公滉后貫眞寶居禮安

盧啓元 字伯春號芝蔭生肅宗乙亥官叅奉享玉淵祠父夏績叅奉思賢孫文簡公守愼后貫光州居尙州

李守恒 字仲久號山後齋生肅宗乙亥官監役壽僉樞父贈吏叅繁文純公滉后貫眞寶居禮安

羅錫綱 字紀兼號晩樂齋生肅宗辛巳戊辰叅奉官直長父叅奉萬齡司諫以俊玄孫府院君聰禮后貫壽城居榮川

李重光 字景休號蒼崖生肅宗己丑壬戌學行叅奉官洗馬父晦兼忠簡公東標孫靑海君堣后貫眞寶居安東

李守貞 字季固號鏡潭生肅宗己丑縣監陞同樞父吏叅集敎官英哲孫文純公滉后貫眞寶居禮安

李光靖 字休文號小山生肅宗甲午戊子學行叅奉官別提父泰和文靖公穡后貫韓山居安東

○正宗朝

權思潤 字德以號信天齋生 英宗壬子官教官父生員正運忠定公橃后貫安東居安東

李鎭祜 字穉受號水雲齋生 英宗戊午學行官叅奉父洗馬重光忠簡公東標曾孫靑海君偶后貫眞寶居安東

李瑀 字稚春號俛菴生 英宗己未官叅奉 贈協判父別提光靖文靖公穡后貫韓山居安東

鄭煒 字輝祖號芝崖生 英宗庚申徵士官叅奉父之復文穆公 述八世祀孫貫淸州居星州

金光績 字漢翊號亦樂生 英宗甲子學行官叅奉父叅奉尚祿戶判克儉后貫金海居仁同

金光彥 字君三號梅菊軒生 英宗庚子孝行官叅奉父進士尚鎰戶判克儉后貫金海居仁同

○純祖朝

金慶運 字慶則生 英宗甲申孝行叅奉官縣監父叅奉光績戶判克儉后貫金海居仁同

柳鼎文 字耳仲號壽靜生 正宗壬寅官叅奉父府使範休僉樞道源孫工議升鉉曾孫 贈吏叅復起后貫全州居安東

鄭民秀 字億一生 正宗丙午學行官叅奉父叅奉象晉掌令宗魯孫文莊公經世祀孫貫晉陽居尚州

崔孝述 字穉善號止軒生 正宗丙午官都正父 湜翊贊興遠后貫月城居大邱

○憲宗朝

鄭民秉 字文好號箕疇生　正宗庚申學行官都正父象觀文莊公經世后貫晋陽居尙州

柳致皜 字灌叟號東林生　正宗庚申官參奉父後文府尹樒后貫全州居安東

柳疇睦 字叔斌號溪堂生　純祖癸酉學行官都事父文憲公厚祚掌令尋春孫文忠公成龍后貫豊山居尙州

○哲宗朝

鄭允愚 字幼善號百忍堂生　純祖甲子學行參奉官司僕正父參奉民秀文莊公經世祀孫貫晋陽居尙州

趙基濬 字君祥號篤所生　純祖庚午官監察父同樞輿煜贈左尹以元孫貞節公旅后貫咸安居青松

張福遠 字元謙生　純祖甲戌辛酉參奉官縣監父縣監錫愚文康公顯光后貫仁同居仁同

○高宗朝

鄭墧 字仲喬號進菴生　正宗己未官參奉壽嘉善父贈吏參燎文穆公逑后貫淸州居星州

李在永 字士直號耐軒生　純祖甲子辛未監役官都正階嘉善父贈吏參岳祥文元公彥廸后貫驪州居慶州

李晚慤 字謹休號愼庵生　純祖乙亥乙丑官監役父彙運文純公滉后貫眞寶居禮安

柳道性 字善汝號石湖生　純祖癸未都事官承旨父希睦禮參台佐孫文忠公成龍后貫豊山居安東

金塤 字致五號靜窩生 純祖辛卯官都事父斗振文忠公宗直后貫善山居高靈

李晚寅 字君宅號龍山生 純祖甲午丙子學行官監役父通德郎彙喬判義禁孝淳孫 贈左贊成龜鼎曾孫文純公滉后貫眞寶居禮安

柳道獻 字賢民號田園生 憲宗乙未學行官都事父承旨進翰文忠公成龍后貫豊山居安東

李中穡 字茂馨號癡軒生 憲宗丁未戊寅儒望薦太學掌議癸卯以蹤首特除叅奉陞六品父晚徽副率程淳曾孫刑叅龜雲玄孫文純公滉后貫眞寶禮安

黃在英 字應護號大溪生 憲宗乙未學行官監役父承旨仁夏同樞中愼孫貞翼公暹后貫昌原居豊基

李承熙 字啓道號大溪生 憲宗丁未官叅奉父都事震相正字廷賢后貫星山居星州

李鴻教 字景仲號修山生 哲宗庚戌孝行監役官刑佐父奎柄翊衛塽后貫興陽居尙州

權秉均 字景國號桂隱生 哲宗壬子孝行官叅奉父宅度吏判輗后貫安東居英陽

金在錫 字極中號希岩生 哲宗丁巳學行從仕郎父宇聲叅奉夢龜后貫英陽居新寧

金順永 字聖淵號東嶠生 哲宗辛酉調用官叅奉父萬銖大諫翰東玄孫副提學宇宏后貫義城居安東

行蔭

○太祖朝

郭瓊 官郡守父典書允賢正穀公 鏡后貫苞山居玄風

金根 號秋隱生甲寅官少尹 贈兵判父刑判自粹貫慶州居漆谷

李云具 官工議父松安君子脩進士 碩孫貫宜寧居安東

李云侯 官副正 贈吏議父松安君子脩進士 碩孫貫眞寶居安東

曺信忠 官禮判父襄平公益淸府院君 隨孫少監仁鏵曾孫貫昌寧居永川

朴信生 官工議 贈左賛成貫密陽居善山

裵晋孫 字士麗號我堂官工判父用成武烈公玄慶后貫星山居聞慶

安從儉 官工議父景質公 瑗文淑公 牧曾孫文成公 裕后貫順興

裵屯 官刑叅父直提學尙度興海君 詮孫武烈公玄慶后貫興海居安東

洪彦修 官判中樞父莊簡公 戒太師殷烈后貫南陽居星州

李汝信 官郡守父少尹文廣星山伯能一后貫星山居星州

安浚 字宜濟生庚午官司勇父工議從儉文成公裕后貫順興

朴景 官少尹 贈兵議父司醞正連監正 貞孫別將文拔曾孫察理使東臣后貫高靈居高靈

李養儉 官郡守父工議云具松安君子脩孫進士 碩曾孫貫眞寶居安東

○太祖朝

南敏生 字追遠生戊子官戶議 贈戶衆父判書暉珠英毅公敏后貫英陽居安東

韓雍 號靜浦生壬辰官左賛成錄佐命功諡平節父太師那佐貫谷山居慶州

李良 官工判父教監存斯貫月城

權當 官直長父別侍乙衡版圖正正平曾孫副正通義后貫安東居安東

李聽 官吏衆 贈吏判父左賛成種仁衆判 蟠孫文忠公齊賢玄孫貫月城居慶州

張脩 官掌令父左尹仲陽忠貞公安世孫貫玉山居仁同

朴成陽 號琴軒官吏衆 贈吏判諡定憲享明谷祠父中郎將允厚尚書 善后貫咸陽居義城

孫登 官監察 贈戶議 貫月城居慶州

裵孝存 官錄事父觀察桓 贈判書尙志孫興海君詮曾孫 貫興海居安東

朴秀芬 官護軍 贈吏判父少尹 景司臨正連孫監正 貞曾孫 察理事東臣后貫高靈居高靈

吳宗信 字昌之號忍齋官執義徵士國華孫貫海州居義城

朴秀孫 官副司果 贈戶判父少尹 景司臨正 連孫監正 貞 曾孫 察理事東臣后貫高靈居高靈

○世宗朝

李禎 官府使 贈吏叅錄原從功父副正云候松安君子脩孫 進士碩曾孫貫眞寶居安東

曺尙明 官承旨父叅判信忠襄平公益淸孫府院君 隨曾孫少監仁鐸玄孫少監俊后貫昌寧居永川

池顯殼缶 字叔虛號白堂生癸卯官提學父忠毅公龍圖貫忠州居聞慶

曺顔仲 字仁見生丙辰官縣令 贈兵判父 贈叅議 就貫昌寧居昌原

孫可權 字遠可號南岡生太祖甲戌庚子官縣令父 宜少卿義敬玄孫貫月城居慶州

吳繼宗 字伯宗號歸隱生太宗丁亥丁未官學士亨德林院父靖平公陞貫同福

孫康 字致五生太宗甲寅己丑官縣監父縣令可權少卿義敬后貫月城居慶州

張俌 官豐儲倉丞父掌令 脩忠貞公安世曾孫貫玉山居仁同

金磾 官內禁衛 贈戶議父府使有瓚郡事可銘孫和義君起曾孫貫善山居善山

李師純 字誠之官叅判父文景公 稷文烈公兆年后貫星山居昌原

朴承老 官郡守 贈兵判父司果季孫少尹 景孫上將軍仁庇后貫高靈居高靈

金永源 官都事 贈戶議父少尹 根刑判自粹孫貫慶州居漆原

李周 官叅軍父判書 良敎監存斯孫貫月城居慶州

朴冔和 官縣監父護軍季芬少尹 景孫上將軍仁庇后貫高靈居高靈

辛之屛 官郡守父郡守斯鳳牧使保安孫文貞公唐係后貫寧越居慶州

裵文飾 字士斌號不知翁官叅奉父知縣 湛平章事 端后貫金海居盈德

黃⿰足壓 字亨甫生辛未丙午官奉禮 贈工叅享崇報祠父監務處中府使 裕玄孫大相石柱后貫昌原居豊基

吉仁種 官縣令父直長師舜忠節公 再孫貫平海居善山

李薆 官贊成上黨府院君謚景肅父文僖公居易文簡公挺
孫貫淸州

韓尙儉 官郡守父牧使　秉典法判書哲冲孫貫淸州居陜川

宋承殷 官大成父淸原君　暄淸州君有忠孫貫淸州居金海

南致孝 官正郎父司諫　珪宜寧君　甫后貫宜寧居密陽

殷題 官縣監父文翼公汝霖襄烈公莘尹曾孫貫幸州居仁同

朴珍 官縣監父判事林貴府院君雨生孫府院君光純曾孫上
將軍仁傑后貫高靈居高靈

○文宗朝

金琪 生世宗辛丑官直提學父贊成成丹聞韶侯　錫后貫
義城居義城

丁延 字允瑞生　世宗戊申官府使父叅判夢祥貫羅州居新
寧

權居約 官縣監　贈吏議父直長　當別侍乙衡孫副正通義后
貫安東居安東

高士原 號退山官直提學父版圖判書　瑛良敬公令臣后貫開
城居尙州

李悠久 官司直父牧使　友星山伯能一后貫星山居星州

朴瑞　官都事父部長壽山縣監　珍孫上將軍仁傑后貫高靈
居高靈

韓欽　官司直父郡守尚恭牧使　秉孫典法判書哲冲曾孫貫
清州居陝川

李宗讓　號山水亭官縣監父獻納安柔大學釋之孫文貞公大榮
后貫永川居永川

羅順孫　號聚遠亭官縣監父監務尚之府使　謙孫都正　蔓會
孫府院君聰禮后貫壽城居星州

朴處康　官義盈庫正父縣監用和護軍季芬孫少尹　景會孫上
將軍仁庇后貫高靈居高靈

韓平參　官參奉父生員　潤典法判書哲冲玄孫貫清州居陝川

○端宗朝

金鏵　字子實生　世宗癸丑官府使父彭壽文忠公先致后貫
商山居尚州

韓末孫　號松窩官別侍衛父司直　欽典法判書哲冲玄孫貫清
州居陝川

李智源　字秉紀號大隱官吏參隴西君長庚后貫星州居星州

秦欽祖　官漢判父有緯貫豐基居豐基

李允興　官訓院錄事父參軍　用判書　良孫貫月城居慶州

金得河 字文卿官提學父叅奉泰玉判書信彬曾孫興武五庾信
后貫金海居義城

韓終孫 官縣監父司直 欽典法判書哲冲玄孫貫淸州居陜川

〇世祖朝

李堰 號洛濱官執義錄淸白吏謚良敬享汶陽院父大憲垠
貫興陽居尙州

宋叔亨 字吉甫生世宗辛亥官叅軍父大司成承慶淸原君
暄孫淸州君有忠曾孫貫淸州居金海

全守恭 字順甫生世宗癸亥官禦侮壽僉樞父縣監由義平簡
公賁后貫旌善居安義

林彥龍 官引儀父知樞 郁都總自茂曾孫醴泉君繼仲玄孫貫
醴泉居醴泉

李克剛 官縣監父獻納士澄星山伯能一后貫星山居星州

金漢仝 官司直父縣監永命義城君龍庇后貫義城居安東

李垠 官叅奉父叅軍興陽松安君子脩玄孫貫眞寶居安東

金萬詮 官內禁衛父掌令漢哲義城君龍庇后貫義城居安東

韓繼祖 字弘瑞號晩隱官兵判玉川君父生員 繼餘相之冲玄
孫弘儒候 聽后貫淳昌宜寧

韓應保 官主簿父縣監紾孫典法判書晢冲后貫淸州居陜川

李芮 字政兼官判書錄原從功河濱君 据后貫河濱居達城

李宜勇 官府使父司直悠久星山伯能一后貫星山居星州

朴烱 官訓鍊院事錄靖難原從功父郡守承老副司果季孫孫上將軍仁庇后貫高靈居高靈

吳成季 官司直父學士繼宗叅贊陞孫貫同福

朴時榮 官司正父庫正處康縣監用和孫護軍季芬曾孫上將軍仁庇后貫高靈居高靈

殷陟 官縣監父生員 宗縣監 顯孫文翼公汝霖曾孫貫幸州居仁同

郭安邦 字汝杜官郡守錄原從功選淸白吏享尼陽院父義盈庫使得宗郡守 瓊孫貫苞山居玄風

朴叅 字天緯官叅奉父司正時榮庫正處康孫縣監用和曾孫上將軍仁庇后貫高靈居高靈

朴礋 官縣監父武科承僎都事 瑞孫部長壽山曾孫上將軍仁傑后貫高靈居高靈

朴之豪 字子正官副司直 贈司僕父宣傳 鮮判書義龍玄孫綿城君 晤后貫務安居寧海

朴奎 字天章官叅奉父 司正時榮庫正處康孫縣監用和曾孫上將軍仁庇后貫高靈居高靈

許詥 官判官 父大司成 鈜 忠穆公 有全 后 貫金海 居大邱

劉覃 官縣監 錄淸白吏 父大憲 懽 縣令 洽 孫 居 陁 君 堅規 后 貫居昌 居居昌

○睿宗朝

曺始孫 官吏正 父叅軍敬武府使 尙明 孫 禮叅 信 忠 曾孫 襄平公 益淸 玄孫 貫昌寧 居永川

申允元 字淑仁 生 世宗辛亥 官師傅 錄原從功 父 贈左相 自守 齊靖公 孝昌 孫 貫平山 居密陽

朴彥任 字重甫 官僉知 父縣監 碑都事 瑞 曾孫 上將軍 仁傑 后 貫高靈 居高靈

劉恒 官典牲署令 父縣監 覃 大憲 懽 孫 縣令 洽 曾孫 居 陁 君 堅規 后 貫居昌 居居昌

韓義昌 官叅奉 父主簿 應保 典法判書 哲冲 后 貫淸州 居陜川

蔡石堅 字子固 官縣監 父從亨 判書 忠敬 孫 貫平康 居玄風

韓汝諧 官叅奉 父叅奉 平參 典法判書 哲冲 后 貫淸州 居陜川

○成宗朝

盧德奎 字恭之 生 太宗甲午 官工議 父判官 處和 郡守 尙仁 孫 貫光州 居尙州

朴彥讓 字秉甫生 世宗乙丑官叅奉父肅雝赤羅君 軒后貫咸陽居義興

金寬 字而栗號養拙齊生 世宗乙丑官禮判父府使乙適貞肅公仁鏡后貫慶州居慈仁

李亨禮 字以節生 世宗戊辰官敎授 贈吏議父贊成淑璜文昌公係孫后貫延安東居軍威

金匡弼 字敬叔生 世祖壬午官司直父叅議 礭和義君起玄孫貫善山居善山

南昌年 字季文號屯齋生 世祖癸未官敎授父進士致晶判書暉珠后貫英陽居安東

朴繼祖 字彥胤生 世祖乙酉官郡守父訓鍊院事 烱郡守承老孫上將軍仁庇后貫高靈居高靈

朴元庇 字德秀官判事父校理之焉兵使麟壽會孫密城君彥孚后貫密城居密陽

安孝文 官直長父侍直淑良騎牛子 崗孫貫廣州居密陽

金玉堅 字子固官水使父叅贊 龜貫金海居昌原

林赫 字士盛官叅奉父引儀彥龍司直自茂玄孫貫醴泉居醴泉

鄭次謹 字愼甫官宣務郎父持平以揮司成衜詔孫知奏事襲明后貫迎日居永川

辛孝思 官司直父郡守之屏郡守斯鳳孫文貞公唐係后貫寧越居慶州

安普文 字彬周官叅奉父進士淑良侍御使 綏后貫廣州居密陽

金淥 官禁都父水使玉堅叅贊 龜孫貫金海居昌原

金超 字景勇官司宰父克寬金寧君元鉉后貫金海居金海

李壽川 官執義錄原從功父良敬公 堰大憲 垠孫貫興陽居尙州

安從智 號栗山官副尉父郡守追祖府使復志孫文惠公元衡后貫竹城居盈德

池彥邦 字素松號野叟官監司父進士漢根忠簡公好文后貫忠州居慶山

李畛 官縣令父吏判 袞 恭襄公明德曾孫貫公州居榮川

鄭信耘 字有賢官副司直父東平君 種東平君善卿孫貫東萊居星州

安理 官司猛父引儀普文侍直淑良孫貫廣州居密陽

朴宗武 字景叔號無叅子官主簿錄原從功 贈敦寧府事父贈嘉善金童戶佐持會孫正郎思謙后貫高靈居玄風

李壽朋 官郡守錄原從功父良敬公 堰大憲 垠孫貫興陽居尙州

朴由漢 字濟叔官僉知父叅奉 參司正時榮孫庫正處康曾孫上將軍仁庇后貫高靈居高靈

郭承陽 字子健官副司正父淸白吏安邦義盈庫使得宗孫正穀
公鏡后貫苞山居玄風

朴蕃 字茂伯官僉知父僉知彥林縣監　肆孫上將軍仁傑后
貫高靈居高靈

金佐 字伯弼官叅奉壽陞禦侮父生員萬秤文節公　淡孫貫
禮安居榮川

黃希聖 字浩然生世宗己亥官叅奉　贈左贊成父　贈戶判
貴卿奉禮　躔孫大相石柱后貫昌原居豊基

金澤民 字致君號素庵官叅奉　贈僉正父叅奉　佐生員萬秤
孫文節公　淡曾孫貫禮安居榮川

裵碩宗 官監察陞通政父訓導　縈錄事孝存孫　贈判書尙志
玄孫貫興海居安東

金貞孫 官別提父良平公世敏平厚公　需曾孫月城府院君天
瑞玄孫貫月城居玄風

金富民 字德鄰官叅奉　贈工叅父叅奉　佐生員萬秤孫文節
公　淡曾孫貫禮安居榮川

朴純 字惟一號屛溪官察訪父大諫孝元大憲瑞生曾孫貫比
安居比安

羅巽童 官判尹父生員守經縣監順孫孫府使　謙玄孫府院君
聰禮后貫壽城居星州

李錫保 官副尉父縣監克剛獻納士澄孫星山伯能一后貫星山
居高靈

殷調南 官主簿父縣監陟文生員　宗孫文翼公汝霖玄孫貫幸
州居仁同

李蓁 官叅奉 父副尉錫 保縣監克剛孫 星山伯能一后 貫星山 居高靈

全珀 字子珍 官叅奉 父司直希哲 錄事禮孫 管城君侑后 貫沃川 居榮川

張孟儲 官通贊 父倉承 俌 忠貞公安世玄孫 貫仁同 居仁同

殷說 官主簿 父主簿調 南縣監陟文孫 文翼公汝霖后 貫幸州 居仁同

薛礎 官縣監 父縣令 杜 玉川君繼祖孫 弘儒候 聰后 貫淳昌 居安東

李永蕡 官水使 父叅判師純 文景公 稷孫 文烈公兆年后 貫星山 居昌原

○**燕山朝**

韓應泗 字泗澄 官奉事 父叅奉 諧 典法判書哲冲后 貫淸州 居陜川

金連宗 官敎授 父都事 淡 叅贊龜會孫 貫金海 居昌原

黃伯玉 官叅奉 父應鍾校理 玎 曾孫 貫平海 居慶州

李欽 官郡守 父節度使永蕡 叅判師純孫 文景公稷曾孫 文烈公兆年后 貫星山 居昌原

全轍 字子由 號四樂亭 生成宗辛丑 官副司直 父僉樞守恭 縣監由義孫 平簡公賁后 貫旌善 居安義

南世周 字仁父官典翰父副尉禓司直震孫監察須曾孫 英毅公敏后貫英陽居寧海

曺健 字孟鎮號歸庵官察訪進士致唐孫貫昌寧居鎭海

尹龜年 官判書父直長熺 贈領相琟孫文肅公瓘后貫 坡平居星州

李涿 字仲淵號梅谷生 成宗丁未官司評 贈吏叅父副正 貞孫孝寧大君補玄孫貫全州居義興

○中宗朝

文世傑 號道岩生 世祖丙戌丙寅官禦侮父牧使繼昌忠肅公 克謙后貫南平居陝川

河漢弼 號松齋生 世祖丁亥戊辰官工議父護軍哲石文孝公 演曾孫貫晋州居陝川

金繼元 字善長號栗湖軒生 端宗乙亥官叅奉父順志貫金海 居醴泉

黃俊民 字聖華生 成宗庚寅父叅奉伯玉校理玎玄孫貫平 海居慶州

孫世經 字國佑生 成宗己亥官叅奉父主簿葍茂翰林肇瑞后 貫一直居密陽

鄭鐵堅 官縣監父縣監鰲年兵判俊光孫貫草溪居草溪

權磧 生 成宗癸卯官奉事父 贈右叅賛柱進士邇孫 司藝恬曾孫僕射守洪后貫安東居安東

劉瓘　字瓘之生　成宗甲辰官叅奉父副護軍貴孫縣監覃曾孫居陜君堅規后貫居昌居居昌

趙允寧　字寧之生　成宗甲辰官府使父生員恢刑佐夏后貫豐壤居尚州

盧琢　字公仲生　世祖丁亥官司直父司諫善卿侍中仁正曾孫貫光州居永川

孫普　字則平生己卯官直長父副尉閏暾鷄川君昭孫鷄城君士晟曾孫貫月城居慶州

羅景文　字文叔號淒霞翁生　成宗壬子官叅奉享川谷祠父判尹巽童生員守經孫府院君聰禮后貫壽城居星州

權硡　字國安生　成宗甲寅官牧使父贈右叅贊杜進士邇孫司藝佰曾孫僕射守洪后貫安東居安東

金大[illegible]　字正仲生燕山癸丑官縣監父文懋公駉孫節孝公克一后貫金海居清道

尹應璧　字子祥生燕山己未官叅奉父牧使宕昭靖公埛后貫坡平居達城

權審言　字仲擇生燕山壬戌官縣監父縣監僎判書靷后貫安東居醴泉

金義男　生燕山乙丑官主簿父主簿升戶判錬孫直學琪曾孫聞韶候后貫義城居義城

朴熙秀　字華盛號竹窩生庚辰官縣監陞遷政父直長繼長忠肅公翊后貫密陽居昌原

金庚孫　官內禁將　贈刑議父監司仲恭版圖判書德溫曾孫上護軍忠晃后貫英陽居新寧

琴元福
字成之生 成宗庚子官縣監陞通政父縣監 啓貫奉
化居奉化

金龜息
字子耳生 成宗丙申官教授父主簿諟敬府使漢珍孫
縣監 續曾孫戶叅爾晉玄孫貫咸昌居槃川

朴援
字白玉官叅奉父進士庭芝進士幼恭孫進士秀宗曾孫
提學近仁玄孫文節公文彬后貫密陽居咸安

金克孝
官副司正父通訓愼知兵議 謙曾孫貫商山居尙州

趙庭彦
字士俊生乙亥官司直 贈刑叅父經歷 泒郡守銅虎
孫貞節公 旅曾孫貫咸安居咸安

申激
字湍甫號濯斯生 世祖戊寅叅奉父叔艇正言枰孫
贈賛成包翅曾孫貫高靈居高靈

朴溢
字敬夫生己卯官判官父郡守繼祖訓院 烱孫郡守承
老曾孫上將軍仁庇后貫高靈居高靈

金處利
官監司父刑議庚孫版圖判書德湿玄孫上護軍忠晃后
貫英陽居新寧

李彦涵
官叅奉父翰林 蓊副尉錫保孫縣監克剛曾孫星山伯
能一后貫星山居高靈

朴自昌
字德順號愚山官副尉父進士文華教授宗仁孫鷄林君
純后貫江陵居盈德

金筠
字筠之號竹軒官習讀享盤泉祠父進士用石光城君若
采后貫光山居奉化

成胤
官叅奉父訓導翼仝縣監 踁后貫昌寧居昌寧

朴思裕 字順叔官直長父 塤貫密陽居玄風

蔣熙文 號沙川官府使父兵使處勇文翊公成發后貫牙山居義城

李友德 字士預官奉事父進士 謙貫慶州居咸昌

柳公緯 字裕哉生 成宗辛丑官郡守父 贈吏判子溫貫豊山居安東

李　恕 字道源官叅奉父奉事友德貫慶州居咸昌

河眉壽 字鮐叟號遯齋生己巳庚寅叅奉父司直漢佑文孝公演后貫晋陽居陜川

裵明遠 字君晦號月汀生壬午官牧使享晭谷院父叅贊德秀提學孟厚玄孫貫盆城居陜川

李戚達 官教官父 膺文烈公兆年后貫星州居陜川

辛弘祚 字而慶號高村子官禁都父叅奉 聃察訪賓章孫太師夢森后貫寧越居醴泉

朴克仁 字能宅官叅奉父察訪 純大諫孝元孫大憲瑞生玄孫貫比安居永川

池守泓 字義山號漢然官府使父監司彥邦進士漢根孫忠簡公好文后貫忠州居慶山

全復堅 官禦侮父忠順衛順孫文平公伯英后貫慶山居大邱

崔應福 字慶淑官叅奉陞僉樞父忠順衛安濟忠節公永濡后貫和順居昌

朴秀元 官副正父朝散玉山進士 蔚孫密直使吉祥曾孫文敬公宣中后貫密城居比安

宋經 字以宏官節制使父進士由 浩叅軍叔亨孫大成承殷曾孫淸州君有忠后貫淸州居金海

朴以梲 字汝擎號松圃官僉知父僉知 蕃僉知彥林孫上將軍仁傑后貫高靈居高靈

羅應斗 號踦菴官叅奉父景文判尹巽童孫府院君聰禮后貫壽城居玄風

李彥溫 官叅奉父叅奉蓁副尉錫保孫縣監克剛曾孫星山伯能一后貫星山居高靈

殷寶衡 官縣監父主簿 說縣監 陟曾孫文翼公汝霖后貫幸州居仁同

金溉 官縣監父教授連宗水使玉堅曾孫叅贊 龜玄孫貫金海居昌原

申有安 字安之官叅奉父季誠齊靖公孝昌后貫平山居密陽

李希富 號竹圃通德郎父郡守 珍星山伯能一后貫星山居星州

曺年孫 字萬之生壬午官府使父提學淑沂 贈兵判顏仲孫貫昌寧居漆原

金灌 官判決事父教授連宗水使玉堅曾孫叅贊 龜玄孫貫金海居昌原

申從濩 字景清官副司直父命齡主簿 禧孫工議 藝玄孫文貞公 贊后貫平山居盈德

李雲南 官參奉父訓正長培 贈贊成承彥孫文安公堅幹后貫碧珍居昌寧

曺世韓 字敬文官縣令父察訪 健進士致唐曾孫貫昌寧居鎭海

○仁宗朝

趙禧 字慶之生中宗丁卯官直長父府使允寧刑佐 夏后貫豊壤居尚州

金珦 字夢賚生中宗戊辰官參奉父萬戶仲耉判書仁雨后貫光山居靈山

朴允璋 生中宗乙亥官縣監父世芬忠貞公審問曾孫副提學剛生玄孫貫密陽

洪友良 官縣監父進士禎護軍信秉孫僉樞 忻曾孫文正公彥博后貫南陽居高靈

朴應辰 字星老官侍衛父參奉 一瑷進士應芝孫進士幼恭曾孫進士秀宗玄孫提控近仁后貫密陽居咸安

李應軫 字汝英官參奉 贈工議父參奉宜溫忠元公陽吉后貫清安居慶州

○明宗朝

安仁碩 字惟一生成宗辛卯丙寅官郡守父縣監受命文正公止曾孫文烈公元璘后貫耽津居慈仁

朴碩 字巨卿號槐窩生 成宗庚子叅奉官副尉父敎授允淸
校理英孫孫府院君中美后貫密陽居永川

趙穆 字士敬號月川生 中宗甲申官工叅配陶山院貫橫城
居禮安

曺潤孫 字億之生 成宗甲寅官左叅贊謚莊胡父提學淑沂
贈兵判顔仲孫貫昌寧居漆原

朴尙賢 字汝聖生燕山己未官郡守父縣監宗元兵叅承燧曾孫
恭簡公楗玄孫貫密陽居淸河

都台輔 字公佐生燕山辛酉官訓導父 贈敎官 包星山君
陳后貫星州居星州

宋昌 字誠休生 中宗丁卯官節制使父節制使 經進士由
浩孫大司成承殷玄孫淸州君有忠后貫淸州居金海

金士熙 字止卿生 中宗戊辰官副正父 贈左承旨 佑生員
萬秤孫文節公 淡曾孫貫禮安居榮川

曺允愼 字誠仲號古岩生 中宗辛未官叅奉 贈左贊成父翰
林孝淵襄平公益淸后貫昌寧居昌原

崔涏 字仁皓號南溪生 中宗甲戌官叅奉 贈戶叅父光門
侍郎 淸后貫慶州居慶州

申應奎 字文仲生 中宗甲戌官叅奉 贈工叅父部長 翰司
直介甫孫貫鵝州居義城

趙堣 字克明號劒巖生丁酉官萬戶 贈兵叅父司直庭彦郡
守鋼虎曾孫貞節公 旅玄孫貫咸安居咸安

張壽禧 字祜翁號果齋生 中宗丙子官禦侮將 贈刑議享山
泉院父生員應臣安襄公末孫曾孫貫仁同居榮川

朴旅 字敬受官禮佐父司諫光佑判事元庇孫密城君彥孚后貫密城居密陽

權德臣 字君述生中宗戊寅官叅奉子應銖貴贈贊成綾羅君父贈戶叅鸞持平捌孫校理偲曾孫貫安東居新寧

姜應坤 字得明生中宗己卯己酉官叅奉父潤御使師贍后貫晉州居慈仁

李純仁 字老夫生中宗辛巳官叅奉父生員藁文莊公混后貫宣城居安東

李思鶱 字孝伯生中宗壬午官判官父府使淑孝寧大君補后貫全州居軍威

鄭希洋 字望而號松窩生中宗癸未庚戌官叅奉父縣監閶直長仁豪孫靖節公矩后貫東萊居軍威

盧克愼 字无悔號厚齋生中宗甲申官僉正贈承旨父別提鴻右相嵩后貫光州居尙州

劉垠 字斯羽號純庵生中宗甲申叅奉官直長父護軍貴孫縣監覃曾孫居隴君堅規后貫居昌居居昌

權德仁 字君一叅奉官大護軍父贈戶叅鸞持平捌孫校理偲曾孫貫安東居新寧

丁尹 字君緝生中宗乙酉官叅奉父叅奉順敦觀察使夢吉后貫羅州居新寧

朴應祥 字伯綏號樂翁生中宗丙戌官縣監父贈工議敏樹叅奉亨孫孫月城君方亮后貫月城居義興

南有義 字宜之號悔庵生中宗丁亥官昭威將父典翰世周司直　震曾孫英毅公　敏后貫英陽居寧海

金鏘 字聲遠生中宗戊子官司果父縣監大壯文懿公馹孫孫貫金海居淸道

金昜助 字昜哉生中宗戊子叅奉官司果父贈吏判士明贈承旨　佑孫文節公　淡玄孫貫禮安居榮川

金箕報 字文卿號着筠生中宗辛卯官縣監父別坐生洛吏議瑛孫太師宣平后貫安東居安東

曺夢臣 字君弼號蘆溪生中宗壬辰官同樞贈吏判父贈兵叅彥弘少監松君后貫昌寧居尙州

李希聖 字伊甫號桐岡生中宗壬辰官引儀父直長漢松安君子脩后貫眞寶居義城

朴士熹 字德明號默齋生中宗壬辰官訓導享麻谷院父訓導馨尙書　善后貫咸陽居禮安

金壕 字景輔生中宗甲午官司直父兵使富仁贈戶叅綏孫貫光山居禮安

金農 字明甫號華南生中宗甲午官司議孫榮祖貫　贈承旨父文貞公義貞淸白吏陽震孫貫豐山居榮川

金大鵬 字雲程生中宗甲午官叅奉父通政　樞僕射　宜后貫義城居義城

李應期 字亨仲號梅軒生中宗丁酉官教授父　贈大憲彥适貫驪州居慶州

朴恒 字常仲生中宗己亥官叅奉父禦侮允誠司勇　瑞孫平度公　訔后貫潘南居義城

南應震 字春卿生中宗己亥官判決事父進士龜壽判書暉珠后貫英陽居安東

金允誼 字景善生中宗甲午官僉正贈承旨父參奉澤民生員萬秤曾孫文節公淡玄孫貫禮安居榮川

盧微 字敬之生中宗壬寅官參奉父忠順衛富昌持平墐孫副正孝孫后貫光州居草溪

羅緯 字章漢生中宗壬寅官別侍衛陞通政父司直致華羅城君公彥后貫羅州居咸安

李光復 字應初生中宗壬寅官僉正贈兵參父遵慶進士德符孫觀察禮孫后貫廣州居漆谷

李千齡 官參奉父司馬世禎贈兵參崇禮后貫驪州居延日

安世俊 字賢秀官參奉父察訪遇坤參奉常孫司勇擢玄孫參判從信后貫順興居新寧

崔宗岸 字爾則官參奉父判官濟進士尙淮孫大學賢培后貫慶州居尙州

嚴有愼 字信甫官直長工議誠玄孫貫寧越居玄風

金士治 字景澤官訓導父贈承旨佑生員萬秤孫文節公淡曾孫貫禮安居榮川

金致雍 官參奉父進士瑛判書將有后貫慶州居高靈

黃秀良 字君擧號錦澗官教授父參奉禪署令孝童孫生員錠玄孫貫平海居豐基

金勉　字勉之官引儀 贈吏判父生員士明 贈承旨 佑孫
文節公 淡玄孫貫禮安居榮川

朴括　字禮凝號梅軒官叅奉父直長思裕貫密陽居玄風

朴洽　字允夫忠順衛父君守繼祖訓錬院事 烱孫君守承老
曾孫上將軍仁庇后貫高靈居高靈

權安世　字國老官叅奉 贈戶叅父吏判 峴生員哲經孫副正
通義后貫安東居安東

朴昌年　官叅奉父副正秀元進士 蔚曾孫文敬公宜中后貫密
城居比安

成績　官叅奉父叅奉 胤訓導龔仝孫縣監 珵后貫昌寧居
昌寧

姜昌祿　字德和號溪隱官司直父判書守仁觀察允範曾孫文景
公孟卿玄孫貫晉州居眞寶

洪塤　官司果父縣監友良進士 禎孫護軍信秉曾孫文正公
彥博后貫南陽居高靈

張福謙　官副尉父玉童忠莊公思儉后貫順天居比安

金壽　字公伯官叅奉父進士就彬 贈吏叅匡佐孫和義君
起后貫善山居善山

朴文誠　字信卿官叅奉父嘉善 雲武烈公元宗孫貫平陽居昌
寧

徐希福　字秉五官叅奉壽通政父 贈叅議 佑學諭 渡曾孫
貫達城居永川

張侃 官訓導父僉使日新忠莊公思儉曾孫貫順天居比安

李宏 字大容生 中宗乙亥官察訪父河進士埴孫進士繼陽曾孫松安君子脩后貫眞寶居醴泉

張俶 字善中官僉正父僉使日新 贈兵判 憲孫忠莊公思儉曾孫貫順天居比安

曺遇禎 字善瑞官參奉父縣令世綧進士致唐玄孫貫昌寧居鎭海

張運 字汝中號愼齋甲子官僉正父察訪文瑞忠莊公思儉后貫順天居比安

〇宣祖朝

權集 字仲成官主簿父縣監東美忠定公機孫貫安東居安東

金孝繼 字仲源官司勇父朝散聲發司猛甲齡孫文忠公宗直后貫善山居高靈

千祥 字茂元號聲軒生 中宗甲戌官都摠管父兵判萬理貫潁陽

趙允廸 生 中宗丙戌官參奉父 訓察訪之瓊孫奉正承肅后貫咸安居清道

全海 字大容號鶴溪生 中宗丙申官引儀父進士應參參奉珀孫管城君侑后貫沃川居榮川

金士元 字景仁號晚翠堂生 中宗己亥官護軍父引儀世佐進士光粹曾孫部評議九鼎后貫安東居義城

全漑 字汝沃號望日堂生 中宗丙申官直長父進士應斗參奉 珀孫管城君 衍后貫沃川居榮川

朴守男 字子秉號西庵生 中宗己亥官部將 贈工議父司直萬根文齊公忠佐后貫咸陽居尙州

孫興孝 字行源生 中宗辛丑官參奉 贈司僕正父校尉荃貫慶州居尙州

南繼曺 字善述號雲岡生 中宗辛丑官判官錄宣武原從功父參奉億齡節度使 蓀孫貫英陽居靑松

朴漉 字子澄號醉睡生 中宗壬寅官部事壽嵩善父大諫承任 贈吏參 珩孫文正公尙衷后貫潘南居榮川

李善道 字擇仲號永慕堂生 中宗甲辰官主簿父進士 完訓導 珂孫進士 埴曾孫松安君子脩后貫眞寶居寧海

鄭仁耆 字德綏號文庵生 明宗丙辰官僉正享雲溪院父承旨健 瑞山君仁卿后貫瑞山居星州

韓珣 字東玉號皷峯生 中宗乙巳官直長父參議國柱貫淸州居慶山

盧大河 字受吾生 明宗丙午官府使錄衛聖功 贈戶判父僉正克愼別提 鴻孫貫光州居尙州

崔欣命 生 明宗丙午官縣監父有誠觀察萬理后貫海州居義城

朴克 字仁叔號義岩生 明宗丙午官司僕正父參奉文誠武烈公元宗曾孫貫平陽居昌寧

安士龍 字雲卿生 明宗丁未官護軍父參奉紀宗郡守追祖曾孫府使復志玄孫貫竹城居盈德

許龍老 字而大號醉窩生 明宗丁未官僉樞父直長承立忠穆公有全后貫金海居大邱

南嶪 字士秀號孤山生 明宗戊申官郡守陞通政父司果禮錫剛武公閤后貫宜寧居義城

權義叔 字重嗣號梅溪生 中宗丁亥官主簿貫安東居安東

金璣 字運七生 明宗戊申官察訪錄宣武原從功父守遠漢城尹汝淑后貫金寧居大邱

金好悎 生 明宗戊申官府使父宣務郎 墩判書自粹后貫慶州居漆原

河渾 字性源號慕軒生 明宗戊申洗馬官承旨配新川院父叅奉千壽文孝公 演后貫晉州居陝川

李聖 字君一號竹溪生 明宗己酉官叅判父僉知仁郁詹事實后貫江陽居陝川

林遇春 字敬夫號樵隱生 明宗戊申官都承旨錄宣武原從功珍山君贈左相謚簡貞父進士 謙貫羅州

表憲 字叔度號審安堂生 明宗巳酉官同樞錄宣武原從功贈判義禁父 贈領相 贊貫新昌居居昌

金繼善 字誠源生 明宗庚戌官同樞錄宣武原從功 贈吏叅父引儀 勉生員士明孫文節公 淡后貫禮安居榮川

鄭大民 字中立生 明宗辛亥叅奉官縣監父后樞彥男文獻公汝昌曾孫貫河東居咸陽

郭䞭 字養靜號存齋生 明宗辛亥官縣監 贈吏判謚忠烈享禮淵院父縣監之完進士承華玄孫貫苞山居玄風

龍蛇倡義錄附錄卷之一 二十七

徐興著 字德之號三樂軒生 中宗甲申官奉事父應壽判書涉后貫達城居星州

金址 字景建生 明宗辛亥官寺正父生員富信叅判孝盧曾孫貫光山居禮安

裵亨遠 字君吉號汀谷生 明宗壬子官教授贈戶正享 明谷院父承旨德秀副學孟厚玄孫貫金城居陝川

郭再祐 字季綏號忘夏堂生 明宗壬子官左尹錄宜武原從功贈兵判謚忠翼享禮淵院父監司越貫苞山居玄風

金甲齡 字元老生 明宗癸丑司猛父洗馬 組 叅奉嵩年孫文忠公宗直曾孫貫善山居高靈

權時 字景仲號碧洞生 明宗壬子官僉正父縣監審言縣監檥孫判書輗后貫安東居醴泉

李純道 字醇甫生 明宗甲寅將仕郎父僉正 寯 文純公 滉孫贈吏判繼陽玄孫貫宣寶居禮安

金之衍 字昌叔號西川生 明宗甲寅官監察父司成 冲兵議謙后貫商山居尚州

許雲老 字而瑞號睡窩生 明宗甲寅叅奉官禮佐父直長承立忠穆公有全后貫金海居大邱

申經濟 字景說號雲溪生 明宗乙卯官判官父判決事鳳祥文貞公 贒后貫平山居海寧

琴義筍 字友卿號翠岩生 中宗癸卯官主簿父應石貫奉化居奉化

權瀁 字景止號花陰生 明宗乙卯官牧使父承旨汝諴洗馬時敏曾孫貫安東居陝川

金㦤
生　明宗乙卯官司僕正父訓導　誠主簿義男曾孫聞韶候　錫后貫義城居義城

柳復起
字聖瑞號岐峯生　明宗乙卯官禮賓寺正　贈吏叅享岐陽社父　贈寺正　城提學義孫后貫全州居安東

丁應琚
字景美號莪溪生　明宗丙辰官禁都錄宣武原從功叅判夢祥后貫羅州居新寧

曺應仁
字善伯號陶村生　明宗丙辰官府使父承旨夢吉昌城君繼衡后貫昌寧居陝川

朴凱
字舜擧號三守亭生　明宗丙辰官判官　贈承旨父叅奉之誾叅奉　瑀孫監察禎根玄孫貫密陽居草溪

張夢紀
字子衣號惕齋生　明宗丁巳官工議錄宣武原從功　贈戶判父　贈工議輔天文肅公順孫后貫仁同居大邱

權應平
字仲叟號東岩生　明宗丁巳官訓正錄宣武原從功　贈兵叅父綾羅君德臣持平洌玄孫貫安東居新寧

權紐
字士會號鼎山生　中宗辛丑叅奉官僉樞父護軍夢斗判書輗后貫安東居安東

盧景佐
字殷仲號月溪生　明宗丁巳官叅奉父進士守誠朝奉從善后貫安康居聞慶

孫胤先
生　明宗丁巳官判官父訓導　泂密城君　順后貫密城居慶州

李應元
字得初生　明宗丁巳官叅奉父桂壽　贈贊成承彥后貫碧珍居昌寧

金有聞
字聞遠生　明宗丁巳將仕郎父　紳內苑令得和后貫商山居尙州

李文碩 生明宗丁巳官僉正錄宣武原從功父牧使廷楠郡守朝陽孫文孝公蒨后貫月城居永川

權采 字公亮號松岩生明宗丁巳官縣監父縣監東美忠定公橃孫貫安東居安東

崔文炳 字日章號省齋生明宗丁巳官縣監贈右尹享龍溪院父僉樞湜郡守安悌后貫永川居慈仁

朴從男 字善述號椰村生明宗戊午官巡撫使享道岡院父參奉應禧縣監德雍后貫月城居義興

柳復立 字君瑞號墨溪生明宗戊午官主簿贈吏參享忠烈祉父贈司僕正城提學義孫后貫全州居安東

金事一 字孟誠生明宗己未官直長壽陞通政父正郞成畢贊成灌后貫淸風居咸昌

金霽 字時適號英叟生明宗戊午官縣監贈戶參父慶遠修撰夏民后貫全州居草溪

金江 字德周生明宗戊午官牧使父守良齊肅公禑后貫慶州居義城

李瓊 字心玉號鶴山生明宗己未官參事父大雄判官重華曾孫進士祿成后貫星山居星州

崔天綱 字斗元號月窩生明宗己未官參奉父進士翼判書沱曾孫文昌侯致遠后貫月城居星州

高聘雲 字彦龍號亦樂齋生明宗己未將仕郞父訓導應擎直學得宗后貫濟州居善山

金環 字而聖號愼齋生明宗己未官郡守陞通政父兵議崇希文敬公琢后貫金海居金山

權澍 字汝美號花山亭生 明宗庚申官郡守父生員景龍校理達手曾孫貫安東居咸昌

吳澺 字景沉生 明宗庚申官奉事父進士守盈進士彥毅孫翰林學麟后貫高敞居禮安

沈自春 字元哉生 明宗庚申官主簿典理判書元符后貫青松居丹城

李天增 字季發號葆洞生 明宗辛酉官察訪父惝大憨興門后貫京山居星州

李咸春 字汝晦號愼庵生 明宗辛酉官察訪父 贈吏議希聖直長漢孫松安君子脩后貫眞寶居安東

沈宗源 字而見生 明宗辛酉官察訪縣監湖孫青川君孝淵后貫青松居青松

李逸道 字士安生 明宗癸亥官奉事 贈承旨父司僕正憑察訪壽苓孫青海君偶曾孫貫眞寶居禮安

金儉諧 字子寬生 明宗癸亥官叅奉父府使逸俊貫金海居密陽

李樞 字機仲號兒岩生 明宗癸亥官教授父 贈僉正義綱松安君子脩后貫眞寶居安東

鄭應祉 字美哉號歸窩生 明宗癸亥官察訪父佐郎光周叅奉希洋孫靖節公矩后貫東萊居軍威

金洴 字天祥生 明宗癸亥官教授父都將應世叅奉麟孫平章事椿后貫義城居榮川

李琚 字君玉號竹圃生 明宗甲子官禮賓正父叅奉經濟恭肅公明德后貫公州居安東

金理元 字景初生 明宗乙丑官察訪父樂春襄景公承霆后貫順天居聞慶

李景齡 字仁老生 明宗乙丑官司僕正父璋文順公奎報后貫驪州居高靈

李長馪 生 明宗乙丑官副正父牧使得新僉知永鑑孫貫鐵城居草溪

朴泰亨 字應會生 明宗丙寅官參奉父參奉恒御侮允誠孫平度公訔后貫潘南居義城

具思禮 字景立號東軒生 明宗丙寅官正郎父贈參議贊䃍奉事紀純孫文節公鴻后貫綾城居英陽

吳鴻 字致和號蓮波生 明宗丙寅官參奉錄宣武原從功享龜山壇父贈兵判連國軍資正仁裕后貫海州居機張

金大成 字大而號蘇庵生 明宗丙寅官僉正錄宣武原從功父察訪璣漢城尹汝淑后貫金寧居大邱

宋梧 字穉實生 明宗丙寅官訓導父直長舜齡進士琟孫掌樂正道成后貫楊州居榮川

崔禮弘 字善汝生 明宗丁卯官判官錄宣武原從功父中樞德龍進士起敬孫和肅公祐后貫月城居慶州

李宜澍 字沛然號香壇生 明宗丁卯官副正父教授應期贈大憲彥适后貫驪州居慶州

李繼秀 字漢瑞號咏風亭生 明宗丁卯官司直錄宣武原從功父參奉應珍忠元公陽吉后貫清安居慶州

盧克諶 字信甫生 明宗丁卯官奉事父參奉儆持平擽曾孫副正孝孫后貫光州居草溪

裵廷老 字君遇號東隱生 明宗丁卯官同樞父 贈判義禁憲尙書大卦后貫新昌居居昌

韓瑞 字 廷玉號佳村生戊辰官直長錄宣武原從功父孝幹獻納 兼后貫淸州居尙州

金鳳華 字禹玉號萩山生戊辰官叅奉享鄕賢祠父縣監仁富戶判克儉后貫金海居仁同

李居仁 字尙道號柳湖生戊辰官叅奉 贈戶議父 贈工議思沃大學釋之后貫永川居永川

鄭應習 字源道號農叟生戊辰官叅奉父都事 詳吏叅介保后貫東萊居慶山

金幾善 字元吉號西庵生戊辰官察訪父敏節公 功佐郎士文孫文節公 淡后貫禮安居榮川

權晋 字景明號春雨生戊辰官叅奉父縣監審言判書翻后貫安東居醴泉

李榮雨 字華叔生己巳官主簿 贈吏判父僉正光復進士德符曾孫觀察禮孫后貫廣州居漆谷

朴梅磵 字調華生己巳官羽林 贈兵議父寺正 克武烈公元宗玄孫貫平陽居昌寧

安玑 字待之號五休子生己巳官副正錄宣武原從功生員守淵孫貫廣州居密陽

黃岦 字汝瞻生庚午官軍資正壽 判決事父之瓊牧使俊良孫生員 錠后貫平海居豊基

曺義碩 字禮兼生庚午官縣監父莊胡公潤孫提學淑沂孫貫昌寧居漆原

金守賢 字聖修號止隱生庚午官僉正父校理仁直忠簡公普后貫金海居永川

南樞 字士仰生辛未官叅奉贈工佐父司直灝工議佑良后貫英陽居義城

金遇運 字亨叔生壬申官直長陞同樞錄宣武原從功父判決事灌水使玉堅玄孫叅贊龜后貫金海居昌原

李宗可 字可因號新梅生壬申官禁都父縣監軫教授貞孫孫延城君末丁后貫延安居軍威

申澈 字彦涵生壬申官判官父僉樞弘濟文貞公[illegible]后貫平山居盈德

趙純道 字景一號南浦生癸酉官知事父贈刑判址進士淵曾孫貞節公旅后貫咸安居青松

趙宗岳 字成峻號松浦生甲戌官奉事陞嘉善錄宣武原從功父贈刑叅堣貞節公旅后貫咸安居青松

河景受 字子益生甲戌官府使父承旨渾文孝公演后貫晋州居陝川

李大任 字士重號竹溪生甲戌官都正錄宣武原從功贈兵叅亨鶴三祠父工叅國樞知縣貴春后貫昌寧居長鬐

朴希文 字公顯生乙亥官寺正父德純叅奉奎孫上將軍仁庇后貫高靈居高靈

辛文國 生丙子官司僕正錄宣武原從功父生員億齡郡守世瑚孫靈山府院君革后貫靈山居大邱

權進 字聖範生丙子官護軍錄宣武原從功父守門將應生綾羅君德臣孫持平挒后貫安東居新寧

李宜澤 字栗然號五宜亭生丁丑官直長父贈承旨應仁文元公彥廸孫貫驪州居慶州

全敏連 字敬一號寓軒生明宗丙午官別檢父校理順童忠烈公以甲后貫旌善居漆谷

李珍 字玉珍號市隱生明宗乙卯官主簿父參奉純仁文莊公混后貫宣城居安東

宋光範 字彥則生明宗甲子官僉樞錄宣武原從功父贈監正景祿平章事綺后貫冶城居星州

宋光宗 字汝述生癸酉官判官錄宣武原從功父贈參議景忠平章事綺后貫冶城居星州

全愼 字學魯號省齋生戊寅官判決事父參奉繼生修撰夏民后貫完山居陜川

金遴秀 字善汝生己卯官牧使錄宣武原從功父贈右相玄成進士泰碩孫節孝公克一后貫金海居淸道

金忠善 字善之號慕夏堂生辛未官正憲錄宣武原從功貫金海居大邱

裵敬立 字直甫生庚辰丙午奉事父牧使明遠副提學孟厚后貫盆城居陜川

朴涵 號菊窩辛巳官判官贈掌樂正父宣敎郞世弼文懿公恒后貫春川居眞寶

柳世春 字陽甫生己卯戊申官參奉父牧使植崑山君益貞后貫文化居星州

李元雨 字時伯生己卯官司議父權管心玉縣監仁符后貫廣州居漆谷

權建 字君叔生壬午官副護軍錄宣武原從功父僉正應平綾羅君德臣孫持平 挒后貫安東居新寧

權蓂 字祥甫生壬午官奉事錄宣武原從功父僉正應銓綾羅君德臣孫持平 挒后貫安東居新寧

辛慓 生癸未官參奉 贈參判父承旨德龍博士孟媚曾孫文貞公唐係后貫寧越居慶州

趙由道 字樂而號德川生甲申官副尉父助防將 坦貞節公旅后貫咸安居咸安

金遇秋 官判決事 贈參判父 贈參議 泳教授連宗孫水使玉堅玄孫參贊 龜后貫金海居昌原

金亮後 字武伯生乙酉官同樞父 贈參判遇秋教授連宗曾孫參贊 龜后貫金海居昌原

金夢澤 字子國官僉使父參議殷章節孝公克一后貫金海居慶州

李得成 字君範癸卯官右副承旨錄宣武原從功父 善文忠公齊賢后貫月城居慶州

李希仁 字克元官府使父參奉雲南訓正長培孫 贈贊成承彥曾孫文安公堅幹后貫碧珍居昌寧

李承張 字宗承官參奉父主簿世品教授陽孫孫文敬公崗后貫固城居盈德

李　福 字而敬號松庵壬寅官同樞錄宣武原從功父 贈戶參環執義義亨曾孫貫咸安居固城

辛德龍 字君見官縣監錄宣武原從功 贈左承旨父 恪博士孟卿孫司直效忠曾孫文貞公唐係后貫寧越居慶州

郭再熟 官叅奉父宣務郎 超 贈承旨之藩孫縣監 瑋曾孫淸白吏安邦后貫苞山居玄風

張啓 字子全號戰兢齋官訓導父俊民忠莊公思儉后貫順天居比安

朴文弼 字聞遠官叅奉父將仕郞春東通德郞俊敏孫禮佐 族曾孫司諫光佑玄孫密城君彥孚后貫密城居密陽

權世春 字景和號東軒官別坐 贈左承旨父別坐 運忠憲公仲達后貫安東居丹城

李湖 官訓正貫月城居新寧

林芑 字重集號養眞堂官司猛 贈嘉善父進士 春進士漢孫 贈吏判孝孫后貫蔚珍居盈德

李弘基 官叅奉父 健 贈兵叅崇禮后貫驪州居延日

千禧 字受元號憂軒官掌令 贈刑議父花山君萬里貫潁陽居安東

殷汝膺 叅奉官同樞父郡守 霖縣監寶衡孫文翼公汝霖后貫幸州居軍威

孔彥昌 官叅奉父明謙孝節公宗周后貫曲阜居靈山

朴允淳 字子輝官主簿父通政 穢副正秀元曾孫文敬公宜中后貫密城居比安

田興霽 字始彥號新野生 明宗己丑官叅奉文元公祖生后貫潭陽居永川

魯參 官中樞貫咸平居高靈

李浩南 官府使父通政應武科仲老曾孫文忠公齊賢后貫月城居慶州

權誌 字仲明官直長父贈戶叅安世吏判輗孫副正通義后貫安東居安東

朴文星 官縣監父奉事聖遇密城君陟后貫密陽居玄風

朴昌叙 字良叔號釣窀官縣監父司直槳密川君大陽后貫密城居清道

李允智 字公達官直長錄宣武原從功父主簿善道進士完孫進士埴玄孫進士繼陽后貫眞寶居寧海

張慶龍 官部將錄宣武原從功父乃文忠貞公安世后貫仁同居蔚山

禹仁鏡 官牧使父司直億孫縣監錫山孫牧使英甫玄孫文僖公倬后貫丹陽居彥陽

金勁 字士秀官叅奉父訓導士洽贈承旨佑孫文節公淡玄孫貫禮安居榮川

夏仁敬 字聖原官同樞父贈叅議汶都督欽后貫達城居達城

李得春 官知中樞父叅奉彥涵翰林蓊孫星山伯能一后貫星山居高靈

曺鳴鳳 官主簿錄宣武原從功父叅奉遇禎縣監世晫孫察訪健曾孫貫昌寧居鎭海

李德弘 字宏仲號艮齋生　中宗辛丑官縣監　贈參判亨迂溪祠貫永川居榮川

李憲 字汝晦生　明宗丙午官工佐　贈參議父貞愍公灐進士埴孫進士繼陽曾孫貫眞寶居禮安

沈渙 字合汝號泉齋生　仁宗乙巳官敎授父參奉元恭監司璿后貫靑松居蔚山

邊慶會 字君遇號栢山生　明宗己酉官直長錄宣武原從功父生員永淳亮節公安烈后貫原州居安東

權士毅 字重彦生　明宗壬子官參奉父郡守德麟僉正繼伯孫文靖公希正后貫安東居慶州

金龍 字汝見號石泉生　明宗己未官判官錄扈聖功　贈刑判石綾君父臨河君應祖歡城君垂后貫旌善居星州

李克碩 字大賢生　明宗甲子官參奉父茁郡守汝信后貫星山居星州

李梅臣 字和吉生癸酉官中樞父參奉驎司馬愭元后貫星山居星州

李周道 字伯行號菊軒生　明宗庚申官參奉父工佐惠貞愍公灐孫貫眞寶居禮安

金應鑑 字子瞻號琴窓官參奉享道岩祠父彦悌判書不庇后貫金海居慶州

徐逸 字天民號雲田官主簿　贈參判父參奉希福進士叔元曾孫貫達城居永川

秦鐵 字伯强生癸未官府使錄振武原從功父德華掌令浩后貫豐基居豐基

曺光湜 官都承旨府使尙明后貫昌寧居密陽

徐禮元 字鼎夫號牛岩官牧使錄宣武原從功 贈兵議父吏叅訓掌令甄后貫利川居密陽

○光海朝

金致寬 字而栗號亦樂齋生 宣祖己巳官護軍父叅奉應居義城君龍庇后貫義城居義城

嚴尙志 字立甫生 宣祖丙子官叅奉父奉事風一貫寧越居玄風

李適可 字可與生 宣祖丙子官判官父府使 輔延城君末丁后貫延安居軍威

申英豪 字士豪號肯齋生 宣祖丁丑官直長父忠敬貫平山居密陽

金時翕 字爾和號守岡生 宣祖戊寅官察訪父叅奉夢龜英毅公忠后貫英陽居新寧

李從可 字可順號養樂亭生 宣祖戊寅官奉事父縣監軫延城君末丁后貫延安居軍威

金光繼 字以志號梅園生 宣祖庚辰官教官父檢閱垓叅奉富弼孫貫光山居禮安

金瀷 字子澄生 宣祖壬午官叅奉父佐郞克諧生員麟瑞玄孫貫金海居密陽

金弘道 字君輝號眉浦生 宣祖壬午奉事陞僉樞父僉樞成物貫金海居醴泉

宋季賓 字敬甫號愚岡生　宣祖癸未官僉正父副尉　瑾府使嚴卿玄孫貫龍城居靈山

丁應叔 字景倫號敬窩生　宣祖乙酉官引儀父萬年觀察夢吉后貫羅州居新寧

權浼 字行甫生　宣祖丙戌官工佐父節制使思道判書軔后貫安東居安東

金弼後 生　宣祖丙戌官刑正父　贈叅判遇秋教授連宗曾孫叅贊龜后貫金海居昌原

郭揚馨 字春甫號槐軒生　宣祖甲午官副尉　贈承旨父　贈掌樂正春英清白吏安邦后貫苞山居玄風

李俊茂 字君彥號晚湖生　宣祖乙未官府使父寶樹文忠公崇仁后貫星州居漆谷

盧道一 字景實官縣監父府使大河僉正克愼孫大護軍尚仁后貫光州居尚州

李時萬 官觀察完城君　燧后貫全州居高靈

金漢生 承訓郎父禮正乃雍生員　珙孫生員直方玄孫貫慶州居義城

金敬元 字愼伯號守訓齋官護軍　贈戶叅父中樞忠善貫金海居大邱

李亨翼 字君輔官僉正父中樞循性判書　良后貫月城居慶州

南以炘 官軍資正父教授榮吉文安公乙珍后貫宜寧居密陽

三十四

鄭善行 號梧亭官監役孝　贈典籤判書光厚后貫延日居金山

○仁祖朝

林益 字希謙生　宣祖戊辰監役官縣監父禮叅　鵬大將軍
庇后貫羅州居金山

南宇 字而遠號遯齋生　宣祖壬申官叅奉父通政繼曺節度
使蓀曾孫英毅公　敏后貫英陽居青松

盧克復 字吉甫號月華堂生　宣祖癸酉官吏正父生員大成縣
令趙卿玄孫叅判瑞生后貫光州居草溪

李禮男 生　宣祖癸酉官僉正錄宣武原從功父春華永陽君大
榮后貫永川居永川

黃晛 字伯輝生　宣祖丙子官別提父潤奎贊成士祐孫大相
石柱后貫昌原居豊基

尹弘濟 字季任號鹿亭生　宣祖丙子官副正父　瑗判書尙著
后貫坡平居善山

全磊 字伯贍生　宣祖丁丑官奉事父直長　溉進士應斗孫
版圖判書　侑后貫沃川居榮川

吳僴 字武叔生　宣祖丁丑官察訪陞通政父嗣興按廉使邦
祐后貫海州居長鬐

朴琜 字可獻生　宣祖戊寅官叅奉父牧使弘長縣監世廉孫
判書義龍后貫務安居寧海

成寅亮 字而弼號石齋生　宣祖己卯官郡守陞通訓父訓僉
翼文靖公汝完后貫昌寧居河東

金善慶 字積餘號遯齋生　宣祖丙戌官通禮父叅奉致三文愍公馹孫后貫金海居淸道

徐憓 字子和生　宣祖癸巳官主簿陞知中樞父掌樂正思建僉樞涵孫貞平公鈞衛后貫達城居大邱

李琰 字仲潤號庸庵生　宣祖癸巳官刑議享司堂祠父進士虎臣星山伯能一后貫星山居星州

李道昌 字泰有號寒竹亭生　宣祖乙未官禁都父工議潤雨贈承旨熙復孫觀察禮孫后貫廣州居漆谷

張彥祺 字大猷號翠窩生　宣祖乙未官副司勇父護軍胤禧進士應臣孫延禧君末孫后貫仁同居醴泉

金珩 字景栗生　宣祖丙申官縣監父吏議弘徵兵議謙后貫商山居尚州

李英蘊 字德華號白川生　宣祖丁酉官叅奉父僉正惟賢司直思混孫陽城君春富后貫陽城居比安

姜誠南 號警齋生　宣祖己亥官判決事父軍資正得豪進士應聘玄孫大學淮仲后貫晋州居盈德

金秀謙 字德中號雲村生　宣祖己亥官禮叅刑判自粹后貫慶州居漆原

李馣聞 字英秀號慕窩生　宣祖乙亥通德郎父戶佐日章贈承旨信吉孫文烈公兆年后貫星州居鎭海

高爾行 字勉之生　宣祖己亥通仕郎父正郎尚顏判尹天祐孫直學士原后貫開城居尚州

韓重良 字善弼生　宣祖辛丑官贊衛陞嘉善錄振武原從功進士益成孫忠簡公理后貫淸州居漆谷

嶠南科榜錄附錄卷之一　二十五

金斗錫 字天老生 宣祖壬寅官郡守陞通訓父牧使遴秀 贈右相玄成孫節孝公克一后貫金海居淸道

張敏浩 字善行號安窩生 宣祖癸卯官縣監父郡守思訥忠烈公瑡玄孫侍郞翊后貫德水居咸昌

南承吉 字敬輔號菊隱生 宣祖癸卯官護軍父揃臣典翰世周曾孫監察須后貫英陽居盈德

金以道 字悅之號眉山生 宣祖甲辰將仕郞 贈戶叅享光湖社父僉樞成物遜后貫金海居醴泉

鄭惟熟 字景精生 宣祖乙巳叅奉父都事梓文穆公逑孫文愍公揔后貫淸州居星州

張乃昌 字盛甫生 宣祖丙午官主簿父德元忠貞公安世后貫玉山居仁同

朴輶 字道仲生 宣祖丁未官知中樞父寺正希文上將軍仁庇后貫高靈居高靈

李道章 字泰觀號鑑湖堂生 宣祖丁未官察訪 贈吏議父工議潤雨觀察禮孫后貫廣州居漆谷

沈釳 字子純號曉巒生 宣祖戊申官察訪父訓導應濂進士淸孫典理判書元符后貫靑松居靑松

秋斗東 字星滿號淸城生 宣祖戊申官縣監陞嘉善父吏叅順岫進士盧曾孫文憲公適后貫秋溪居大邱

李重美 字公益生 宣祖戊申官察訪父都事宗可延城君末丁后貫延安居軍威

權廣 字致和號小松官府使父叅奉承慶府使重常孫判書軔后貫安東居義城

金濤 字巨源號恭默堂生宣祖庚辰官縣監享花岩院父麒善贊成光準玄孫貫商山居尙州

安瑌 字待可生宣祖壬午官監察父叅奉大海說書嶒會孫貫廣州居永川

朴俔 字久而號謙齋生宣祖甲申官判官父巡撫使從男叅奉應禧孫縣監德雍后貫月城居義興

朴亨 字通伯號玉淵生宣祖乙酉將仕郞父叅奉夢鯉尙書善后貫咸陽居慈仁

曺禎 字智文生宣祖乙酉官司直父縣監義碩莊胡公潤孫孫貫昌寧居漆原

申智立 字子建號三益堂生宣祖丁亥官察訪父湜叅奉忠明孫文貞公[illegible]后貫平山居盈德

黃立震 字震甫生宣祖戊子通德郞贈執義父叅議有中貞翼公遲孫大相石柱后貫昌原居豊基

盧世麟 字聖徵號安分堂生宣祖丁丑官叅奉父直長克誠司諫善卿后貫光州居草溪

柳元履 字坦之生宣祖辛卯叅奉官縣監父洗馬禕文敬公孫雲龍孫貫豊山居安東

李琢 字自玉號鳳山生宣祖辛卯官知樞父德雄判官重華進士祿成后貫星山居星州

李一圭 字敬興生宣祖壬辰官司蓄父洗馬[illegible]良敬公堰后貫興陽居尙州

權炁 字養正號默思齋生宣祖丙申叅奉文靖公希正后貫安東居慶州

禹裕新 字德潤生 宣祖壬辰官察訪父承旨天祿文信公偉后貫丹陽居蔚山

權恁 字和叔號退庵生 宣祖庚子參奉父縣監應生郡守德麟曾孫文靖公希正后貫安東居慶州

郭守愼 字而溫號竹淸生 宣祖戊申官主簿父主簿瀌進士環曾孫翰林汾后貫苞山居大邱

徐繼䤼 字禧仲號仙皐參奉 贈軍資正父都事彥信進士亂孫平貞公均衡后貫達城居榮川

韓斗七 字天擎官工參父參議參一典法判書哲冲后貫淸州居陜川

金欽 字而敬生 宣祖丁未奉事父夢卿參奉永權曾孫平章事椿后貫義城居安東

黃立顯 字而晦生光海辛亥官察訪父生員有詹貞翼公進孫大相石柱后貫昌原居豊基

權仲均 字君平生乙丑從仕郎父參奉恁郡守德麟玄孫文靖公希正后貫安東居慶州

金義潤 生光海辛酉官察訪父鑑參奉永權玄孫平章事椿后貫義城居安東

李士龍 字大見號寒溪官副事父通政義進士惟元后貫星山居星州

辛碩薰 官執義父象成校理弘立孫庶尹永叔后貫寧越居安東

李誠哲 字仲恩生光海辛酉參奉官判官父參奉疑直長安道孫僉正寓會孫文純公滉玄孫貫眞寶居禮安

李道漸 字進叔生光海辛亥官通禮父司議元雨縣監仁符后貫廣州居漆谷

李景珩 字行玉生光海辛亥官修義尉父兵叅大任主簿時芳曾孫知縣貴春后貫昌寧居長鬐

宋時璟 字光遠號睡翁生光海壬子官察訪父同樞惟寶貞烈公松禮后貫礪山居仁同

李　喁 字明之號梅軒生光海癸丑官軍資正父直茂叅判愼之后貫碧珍居陝川

秦正國 字汝衡號春湖生光海癸丑官司正父府使鐵縣監亨源曾孫貫豊基居豊基

朴應恒 字詹仲生光海甲寅從仕郞父生員昌先主簿廷晳孫贈兵判承老后貫高靈居高靈

金德命 字思聖號慶南軒生光海乙卯官府使父廷政事大生員鍊后貫金海居金海

權尙行 字義瞻號松川生光海丙辰官叅奉父贈叅判胤訓正應鍾孫持平𥐫后貫安東居新寧

權　韞 字平叔號三玉堂生光海丁巳官判官父奉事撑叅奉應祥孫校理銖后貫安東居玄風

權尙律 字景瞻號玩湖生光海戊午官都事父贈叅判胤叅奉德仁曾孫持平𥐫后貫安東居新寧

郭世楗 字公可號無爲子生光海戊午官郡守父典籍融戶佐再祺孫貫苞山居玄風

李亨祚 字大錫生光海戊午官察訪父綸都事天封孫大憲興門后貫京山居星州

曹混 字孝則生光海庚申官訓判父僉樞德裕莊胡公湜孫玄孫貫昌寧居漆原

朴泰南 字亨之生光海庚申官主簿錄振武原從功父茂秀忠貞公審問后貫密陽居永川

朴瑞全 字子祥生光海庚申官通禮父吏佐宗麟生員延壁曾孫贈兵判承老后貫高靈居高靈

南斗文 字天章官察訪贈承旨父贈司僕正遂通政繼曺孫兵使蓀后貫英陽居青松

張德純 字敬夫官僉正父僉正連察訪文瑞孫忠壯公思儉后貫順天居比安

鄭邦時 字厚始號竹林官工議父監正瑺貫淸州居聞慶

崔得生 字聖遂官司直父執義瑞仁恭順公齊顏后貫慶州居善山

李殉元 官參奉父嘉善武仁翼平公季男后貫平昌居尙州

池繼灌 字彥叔官府使錄振武原從功忠城君贈判尹忠簡公好文后貫忠州居慶山

殷起毫 官守門將父中樞相尹郡守霦曾孫文翼公汝霦后貫幸州居軍威

洪涉 字利甫號翠栢堂官敎授父持平五常奉事信孫大學載后貫豊山居草溪

朴軾 字敬仲官主簿父希仁上將軍仁庇后貫高靈居高靈

金敬新 官叅奉父承訓郞漢生禮正乃雍孫生員珙曾孫貫慶州居義城

沈希鳴 字將鷲生光海辛亥官察訪父繼善敎授渙孫內禁混玄孫監司璿后貫靑松居蔚山

權以時 官察訪父叅奉汝精通政願天孫司正壽海后貫安東居迎日

鄭廣業 官叅奉父象海府院君賜后貫東萊

朴興立 字振夫官副正贈軍資正父主簿允淳通政䄄孫文敬公宜中后貫密陽居比安

○孝宗朝

李得培 字懷景生宣祖癸巳官節制使父部將𨔵文景公稷后貫星州居靈山

安鳴漢 字仲吉生宣祖辛丑官主簿贈判決事父監察琠說書繪玄孫貫廣州居永川

鄭惟壽 字景覆生光海辛亥官叅奉父都事樟文穆公逑孫文愍公摠后貫淸州居星州

安俊漢 字汝郁號芝谷生光海壬子官察訪父副正玑司諫瞔玄孫貫廣州居密陽

柳垍 字厚甫官直長父泰華牧使澈孫忠肅公灌玄孫貫文化居善山

李義俊 字智明號蘇齋生光海戊午官大憲父判決事淀忠武公守一孫貫豐州居陝川

盧漢錫 字光叔號海隱生光海壬戌官護軍 贈吏判父 贈吏
議 竣光州君 蔓后貫光州居金海

金承元 字重元生 仁祖甲子官護軍父中樞貴生參贊 龜后
貫金海居昌原

郭慶卓 字殷卿生 仁祖乙丑官縣令 贈戶參父 贈承旨揚
馨生員 迭曾孫淸白吏安邦后貫苞山居玄風

李昕 字叔明生 仁祖丙寅官別提父廷男徵士 源玄孫江
陽君 開后貫陜川居咸陽

李壔 字汝久號蒙崖生 仁祖丙寅官參奉父 旴直長宜澤
孫文元公彥廸后貫驪州居慶州

權仲屋 字汝厚生癸酉通仕郎父參奉 烋郡守德麟玄孫文靖
公希正后貫安東居慶州

柳增輝 字士晦生 仁祖丁卯官護軍父護軍 橚 贈吏參復
起曾孫提學義孫后貫全州居安東

鄭昌址 字善餘生 仁祖己巳官察訪父惟熙文穆公 逑曾孫
文愍公 總后貫淸州居星州

金鎰 字導精生 仁祖庚午官參奉父中樞光後 贈參判遇
秋孫參贊 龜后貫金海居昌原

朴㦛 字熙叔官左尹父昌文判官 濔孫文懿公 恒后貫春
川居眞寶

金山壽 字德淸生 仁祖辛未官僉樞父直長應鏞參奉克仁玄
孫定獻 公係行后貫安東居安東

權時榮 字達之生 仁祖丙子官訓正父司果山昌護軍 建孫
綾羅君德臣玄孫持平 鈅后貫安東居新寧

柳經輝 字魯野生 仁祖己卯官護軍父生員 格 贈吏叅復
起曾孫提學義孫后貫全州居安東

殷道立 官訓導父通政起亳叅奉相尹孫文龔公汝霖后貫幸州
居軍威

○顯宗朝

申漢老 字德儒生 仁祖癸亥宣教郎父判校弘望承旨之悌孫
按廉使祐后貫鵝州居義城

秦義國 字仁叔號松溪生 仁祖乙丑官司勇父府使鐵掌令
浩后貫豊基居豊基

申漢傑 字時重號三知堂生 仁祖乙丑官主簿父判校弘望承
旨之悌孫按廉使 祐后貫鵝洲居義城

李 墀 字公獻號晚香堂生 仁祖己巳官縣監父監司尚逸平
靖公約東后貫碧珍居善山

李元祺 字士遠生 仁祖壬申官察訪 贈吏叅父察訪道章工
議潤兩孫觀察禮孫后貫廣州居漆谷

金南一 字重伯號砥南生 仁祖乙亥官郡守父 贈戶叅 鐺
贈承旨得善孫文節公淡后貫禮安居榮川

李英實 字華允號松軒生 仁祖丙子官府使父大憲義倹判決
事淀孫忠武公守一曾孫貫慶州居陝川

李 籛 字信古號景玉生 仁祖己巳官叅奉享龍岩祠父進士
爾樟直講逢春孫松安君子儉后貫眞寶居安東

朴文周 字周卿號東沙生 仁祖庚午官叅奉父叅奉 熙叅奉
泰亨孫平度公 訔后貫潘南居義城

曺孝敏 字宜仁生仁祖戊寅官司果父判官 混莊胡公潤孫
后貫昌寧居漆原

朴望之 字叔剛生仁祖庚辰官縣監父應衡生員昌先孫主簿
廷璠曾孫 贈兵判承老后貫高靈居高靈

李鋸 字德心號溪隱生 孝宗癸巳官郡守臨瀛政文靖公
穡后貫韓山居善山

辛汝擢 字立夫官別檢父府使商賚參判 慄孫承旨德龍曾孫
博士孟卿后貫寧越居慶州

○肅宗朝

裵一長 字子禮號戒軒生光海癸丑官參奉配明谷院父進士
暘牧使明遠玄孫貫盆城居陜川

崔慶祐 字洛瑞號養拙齋生光海戊午參奉官直長父 贈承旨
昌基 贈佐郎東憬曾孫

尹撤 字雲伯生 仁祖甲子官掌樂正父彥學大成 倬后貫
坡平居醴泉

朴林興 字汝翰號晚圃齋生 仁祖壬申官知中樞父徵重上將
軍仁庇后貫高靈居高靈

盧思敏 字子求號玉潭生 仁祖乙亥官參奉父縣監景命文簡
公守愼玄孫貫光州居尙州

李元祉 字士增生 仁祖己卯官參奉父應教道長主簿榮雨孫
觀察禮孫后貫廣州居漆谷

金麗鵬 字得翼號隨溟生 仁祖戊寅官兵參父府使德命生員
鍊后貫金海居金海

李櫰 字子實生 仁祖庚辰通德郎孫世師貴 贈吏叅父察訪希哲叅奉 岐孫文純公 滉后貫眞寶居禮安

卞抱 字君獻號睡翁生 仁祖癸未官訓判父嘉善延益主簿汝良孫察訪孝良后貫草溪居草溪

宋世郁 字晦伯生 仁祖丁亥官主簿父察訪時環貞烈公禮松后貫礪山居 仁同

全英達 字一豪號松隱生 仁祖丁亥官承旨父持平應龍歡城君 聶后貫星山居金山

李休徵 字備叔號樵窩生 仁祖己丑官叅奉 贈承旨父贈掌令益䎘大學釋之后貫永川居永川

黃弼守 字良叟生 仁祖己丑官展力尉父定略貫成通訓熙孫觀察天纖后貫平海居安東

沈世章 字士彬生 仁祖壬午官叅奉父察訪 鐺典理判書元符后貫青松居青松

沈世勳 字德彝號玉山生 仁祖丁亥官忠衛父察訪 釳訓導應濂孫學士 遜后貫青松居青松

丁道和 字君聖生 仁祖己丑官副護軍父銓郎時格忠靖公應斗后貫羅州居新寧

羅壽宗 字伯仁生 孝宗庚寅官僉樞父司諫以俊生員世給曾孫府院君聰禮后貫壽城居榮川

金宇挺 字彥夫生 孝宗癸巳官萬戶父叅奉 鎰中樞亮後孫叅贊 龜后貫金海居昌原

丁道敏 字汝政號白玄堂生 孝宗癸巳官別檢父通德郎時遠判官彥壎孫忠靖公應斗后貫羅州居永川

權濟衡 字子安生孝宗甲午官護軍父護軍山甫忠毅公應銖曾孫貫安東居新寧

金兌重 字鐿初號少蓮生孝宗乙未官判官父兵叅麗鵬生員鍊后貫金海居金海

柳應時 字會甫生孝宗丙申官佐郎父文輝贈吏叅復起玄孫提學義孫后貫全州居安東

具道昌 字道賢號南溪生孝宗丁酉官童敎父相夏文端公鳳齡后貫綾城居永川

權復衡 字子休號義川生孝宗戊戌官副護軍父護軍山甫忠毅公應銖曾孫貫安東居新寧

李永核 字義汝生孝宗己亥官副正父贈工議郁發判官重華后貫星山居星州

朴天崇 字士温生顯宗辛丑官司僕正父彭老贈兵判承老后貫高靈居高靈

柳厚栽 字德裕生顯宗癸卯官護軍父斗輝贈叅判希潛曾孫贈吏叅復起玄孫提學義孫云貫全州居安東

權極 字明欽號盤桓生顯宗乙巳官僉樞父知中樞尙在忠毅公益慶玄孫文曼公踶后貫安東居盈德

權憲中 字景章生孝宗甲午通德郎父訓正時榮司果山昌孫贈叅判應平玄孫持平洌后貫安東居新寧

金八鳳 字儀輝生顯宗己酉官副司正父監正廷耉掌令漢哲后貫義城居安東

朴貞基 字德久號松亭生顯宗庚戌官護軍父左尹㙲判官涵曾孫文懿公恒后貫春川居眞寶

朴之聖 字仁老生顯宗辛亥官牧使父府使厚命判書瑞祥孫贈承旨士忱曾孫贈吏參聽后貫密陽

鄭碩達 字可行號涵溪生顯宗辛亥通德郎享梧麓祠父護軍時諶縣監好禮孫剛義公世雅后貫延日居永川

陳以禰 字汝中號松圃生顯宗壬子官察訪父參奉哲星驪平君克一后貫驪陽居河東

崔南雲 字起雲生丁巳官郡守父昌原司成泗后貫慶州居密陽

李斗宗 字國輔號菊叟生戊午官府使父兵判仁乞贈領相鷟玄孫貫慶州居陝川

金義章 字義哲生己未官參奉父判尹磬應節孝公克一后貫金海居永川

金萬堅 字善甫生癸亥官副司直父僉使瓔參贊龜后貫金海居昌原

朴泰奎 字君瑞號兢齋生癸亥通德郎父知中樞廷賓贈戶判杜漢孫文肅公中美后貫密陽居梁山

朴泰元 字善長生甲戌官參奉父典籍希顏赤羅君軒后貫咸陽居義興

權熙中 字元汝生顯宗壬寅通德郎父訓正時榮司果山昌孫贈兵參應平玄孫持平捌后貫安東居新寧

金時夏 字亨甫號敬窩生丁亥官參奉陞嘉義父承旨鳳學令乙軫后貫慶州居盈德

李誠躋 生己亥官牧使完原君燧后貫全州居高靈

張應龍 字在天官叅奉父文鶴忠莊公思儉后貫順天居義城

朴尙煥 字汝玉官僉知父就謙護軍　輅孫上將軍仁庇后貫高
靈居高靈

李東耉 字英伯生　顯宗甲寅官訓判錄揚武原從功父從仕郎
必達中樞梅臣曾孫叅奉　驎玄孫貫星山居星州

○景宗朝

權必中 字致章生　顯宗乙巳通德郎父訓正時榮司果山昌孫
贈叅判應平玄孫持平挒后貫安東居新寧

郭命德 字君三號晩隱堂生　肅宗丁卯通德郎父同樞氣和縣
令慶卓孫翰林之雲后貫苞山居玄風

權達徵 字通彥生　肅宗己巳官護軍父護軍濟衡護軍山甫孫
忠毅公應銖玄孫貫安東居新寧

林益遠 生　肅宗癸酉官僉使父軍資正泰慶忠敬公　祐后貫
蔚珍居比安

○英宗朝

李壽璘 字仁玉號三省齋生　孝宗戊戌官主簿陞資憲父天祥
文忠公崇仁后貫星州居高靈

朴相栢 字公茂號晩翠堂生　顯宗壬寅宣務郎錄奮武原從功
陞同樞父　贈叅判　命貫密陽居金泉

朴泰重 字汝任號惺齋生　肅己巳官叅奉父奎齡通政守天孫
定憲公成陽后貫咸陽居義城

金恒重 字汝瞻生 肅宗壬中官同樞父 贈戶叅 漫兵使富
仁后貫光山居禮安

金益重 字俯行生 肅宗甲戌通政錄揚武原從功父德鳳貫安
東居晋州

權壽鍊 字致和號安樂堂生 肅宗辛酉官承旨父僉樞 極知
中樞尙在孫文景公蹀后貫安東居盈德

金鍊 字士精生 肅宗乙亥官僉樞父若海兵使富仁后貫光
山居禮安

周相政 字聖輔生 肅宗戊寅官叅奉父進士進泰貫尙山居漆
原

金希永 生 肅宗癸未官司僕正錄揚武原從功父銀男忠毅公
文起后貫金寧居咸昌

周聖泰 字魯鎭生 肅宗甲戌官主簿父知中樞再業主簿震元
曾孫文敏公世鵬后貫尙州居聞慶

許諏 字海剛生 肅宗丙戌官司僕正父司僕正 鋼文敬公
稠后貫河陽居河陽

金宗器 字宜淑生 肅宗戊子官中樞 贈資憲父工叅汝奎中
樞忠善玄孫貫金海居大邱

黃萬鍾 字敬甫生 肅宗壬辰官叅奉父進士處中校理玎后
貫平海官慶州

李學中 字明叔號同庵生 肅宗甲申官叅奉父 贈吏議世瑗
校理漢命孫文翼公元禎曾孫觀察禮孫后貫廣州居漆
谷

金熙普　字濟仲生　肅宗甲午官持平父生員國采副提學宇宏后貫義城居尙州

朴萬華　字善文號釣隱官察訪陞嘉義父乃根工判惟臣孫貫密陽居河陽

朴泰元　字一栽生　肅宗丁酉官參奉父通德郎斗極僉中樞得天曾孫恭簡公楗后貫密陽居長鬐

金尙祿　字時載號樂山生　肅宗庚子官參奉父進士鎰綱戶判克儉后貫金海居仁同

金應鐸　字士振號晩歸堂生　景宗壬寅官僉樞父若訥兵使富仁后貫光山居禮安

李載胤　字大義號退山生　景宗壬寅官都事父仲泰文順公奎報后貫驪州居高靈

秦弘白　生　景宗癸卯號敬岩官參奉父命仁掌令浩后貫豊基居大邱

鄭一纘　字學如號竹扉生　景宗甲辰通德郎父通德郎碩達剛義公世雅后貫延日居永川

元泰龜　字大見號秋江生丙午官縣監　贈兵參父　贈承旨楷進士彥佐玄孫文靖公孝然后貫原州居聞慶

金思說　字五兼生己酉通德郎父參奉克鳴太師宣平后貫安東居安東

金世默　字冑彥生丙辰官參奉父震桓參贊　龜后貫金海居昌原

金弼默　字文若生戊午官參奉父震相參贊　龜后貫金海居昌原

朴以赫 字順之號知足軒生己未官參奉父司果賢輔知中樞廷賓孫密直府院君中美后貫密陽居梁山

張致景 字國瑞號松蔭齋生辛巳官奉事陞通政錄揚武原從功父贈左尹趾明文康公顯光后貫仁同居長鬐

柳謹時 字愼導官參奉父全輝 贈吏參復起后貫全州居安東

秦泳 字德涵號寬庵生癸亥官縣監陞知中樞父 贈工判昌白進士後觀孫貫豊基居豊基

鄭惟簡 字敬修號韶溪生 景宗甲辰官參奉父觀察 玉 贈吏參碩濟孫貞簡公琢后貫淸州居榮川

〇正宗朝

金星重 字而拱生 英宗乙巳官僉樞父 浚監察 圻后貫光山居禮安

崔慶大 字樂甫號洛窩生 英宗乙巳以孝護軍陞嘉善父世弼監司淑亭后貫陽川居草溪

金一鍊 字純則生 英宗癸丑官參奉父弘運敏節公 功后貫禮安居榮川

權應度 字伯審號弦窩生 英宗丁巳官參奉父思近翊衛斗寅玄孫忠定公橃后貫安東居安東

權爾範 字信卿號松田生 英宗壬戌官參奉父 贈參議燦都事尙律玄孫持平㣟后貫安東居新寧

金是瓚 字黃中號一齋生 英宗甲戌官敎官父生員聖翼文貞公坽后貫光山居禮安

李龜極 字士建生 英宗丙子通德郞父縣監世述 贈吏叅守弘孫縣監 集曾孫文純公 滉后貫眞寶居禮安

李鶴齡 字學之號剛齋生 英宗戊寅官監察父再龍同中樞福后貫咸安居固城

黃處稷 字敬則生 英宗乙酉官郞廳父鶴老監察今祿后貫昌原居慈仁

河大洪 字汝鵬號鳳崗生 英宗丁亥官同中樞父校理景圖文孝公 演后貫晉州居陝川

金熙益 字穉遷生 英宗癸巳官童教父大諫翰東兵佐景泌孫副學 宇宏后貫義城居安東

申大元 字春甫生 英宗丙午官直長文僖公 塈后貫平山居星州

李全春 字仁叔官叅奉父 由己 清憲公山斗孫良靖公 樺后貫全義居安東

許默 字重濡號警外堂生 英宗己巳叅奉官縣監父楷文敬公 稠后貫河陽居咸陽

〇**純祖朝**

周孝克 字舜楷號東庵生 英宗甲午官叅奉 贈吏正父秉德文敏公世鵬后貫尚州居聞慶

李濟淳 字美伯號美軒生 英宗丙申通德郞父通德郞龜極縣監世述孫文純公 滉后貫眞寶居禮安

李邦烈 字在玉號竹軒生 英宗丙申官教官父 贈承旨 柱世子師 [illegible]后貫全州居密陽

權世敏 字和協號松皐生 英宗丙申官察訪父嘉善載岳光祿守 洪后貫安東居安東

權載大 字汝車號晶山生 正宗戊戌官工參父恒度忠定公橃后貫安東居安東

金啟鎭 字德揚生 正宗戊申官參奉父時謙參奉世默孫參贊龜后貫金海居昌原

許淑 字世芬生 正宗己酉官判官父判官曚文敬公稠后貫河陽居河陽

李彙廷 字隱亭號瀯皐生 正宗己未官刑議 贈吏參父吏參彥淳僉樞龜容孫文純公滉后貫眞寶居禮安

韓殷周 字俊汝生壬戌官縣監陞嘉善父 贈參判彥宗判書哲冲后貫淸州居大邱

○**憲宗朝**

金裕植 字鍾運號嘿齋生 正宗戊申官都正父濟用僉正守賢后貫金海居永川

黃中彝 字宗秉生 正宗己酉官監役父龍漢貞翼公暹后貫昌原居豊基

權暄 字忠佐號湖隱生 正宗辛亥官護軍陞嘉善 贈戶判父承旨殷中參議春茂后貫安東居安東

○**哲宗朝**

朴寅坤 字能若號柳湖生 正宗庚申官參奉父正郞光文貫凝川居玄風

柳致潤 字必奐生純祖乙丑官郡守陞都正父少文僉樞道源曾孫工議升鉉玄孫 贈吏參復起后貫全州居安東

任百重 字斗卿生純祖乙丑官寺正父夏常昭簡公由謙后貫豐川居禮安

李會相 字德文號晩圃生純祖乙巳官監役陞都正父贈吏議汝霖靑海君堣后貫眞寶居安東

李肇秀 字基彦生純祖辛未官奉事壽陞都正父以豊文翼公元禎后貫廣州居漆谷

李邁秀 字敬一生純祖乙亥官監役父以說大憲元祿后貫廣州居漆谷

李基魯 字聖敬號白山生純祖乙酉官監役陞通政父通德郎文相參奉鎭祜曾孫忠簡公東標后貫眞寶居安東

洪 璪 字直汝生純祖戊寅官監役父贈吏參重默貫南陽居奉化

李承冑 字汝敎號錦溪生純祖己丑參奉官縣監父大諫綱峻平靖公約東后貫碧珍居善山

○高宗朝

林之藝 字學進號幅岩生純祖癸亥官同敦寧父贈戶參應坤孝肅公薰后貫恩津居安義

李文稷 字法祖號靜村生純祖己巳官監役父秀德文敬公象靖玄孫文靖公穡后貫韓山居安東

李晩逸 字公呂生純祖丁丑官都正父刑議彙廷吏參彦淳孫文純公滉后貫眞寶居禮安

鄭致璧 字伯雍生純祖戊寅通德郎父裕鼎參議重器后貫延日居永川

辛奎成 字士勳號濃溪生純祖壬午官監役父承旨志鼎忠壯公礎后貫靈山居靈山

柳止鎬 字元佐號洗山生純祖乙酉官郡守陞嘉善父兵參致明贈吏議晦文孫刑議觀鉉后貫全州居安東

張升遠 字邇可號澹屋生 純祖丙戌官都事父錫忠文康公顯光后貫玉山居仁同

林芳洙 字聖瞻號德山生 純祖丁亥官察訪父敦寧之藝 贈戶叅應坤孫孝簡公 薰后貫恩津居安義

柳致榮 字位汝號芝厓生 純祖戊子官秘書承父道轍文敬公雲龍后貫豊山居安東

權錫璣 字衡玉生 純祖戊子將仕郞父掌令致利忠毅公應銖后貫安東居新寧

許燾 字士一號養隱生 純祖己丑官都事父生員 穆生員俌孫生員暖曾孫貫金海居善山

崔運箕 字箕五生 純祖辛卯官郡守父通政斗建尙書 適后貫慶州居陜川

權相稷 字道顏生 純祖壬辰官都事父大濡忠定公 橃后貫安東居安東

吉民益 字伯謙生 純祖甲午官郡守父應晃文端公 再后貫海平居善山

殷斗七 號羅翁官察訪父養鼎文翼公汝霖后貫幸州居軍威·

李俊永 字公善號心庵生 憲宗戊戌官叅奉父敏衡大諫壽海后貫德水居善山

鄭致翼 字順擧生 純祖甲申通德郞父裕成叅議重器后貫延日居永川

李宗植 字東善號初史生 純祖甲午丁丑監役官縣監父 贈監察秉源吏判支厦后貫平山居豐基

趙益濟 字舜弼號把軒生 憲宗壬寅官叅奉父鏞遠忠毅公宗道后貫咸安居晉州

鄭煥直 字伯溫號東广生 憲宗甲辰官討捕使父裕玩判書光厚后貫延日居永川

金瑛鉉 字英玉號梅塢生 憲宗乙巳官叅奉父 淳文忠公宗直后貫善山居高靈

姜基善 字永元號鏡隱生 憲宗丙午官禁都父彙國左尹碩龜玄孫殷烈公民瞻后貫晋州居金山

柳稷佑 字舜彥生 憲宗丁未官叅奉父基榮文敬公雲龍后貫豊山居安東

趙鵬九 字伯卿生 憲宗丁未官叅奉父東秀奉常寺 靖后貫豊壤居尙州

李中轍 字仲圓號曉庵生 憲宗戊申官叅奉父延政晩達刑議彙廷孫吏叅彥淳曾孫文純公滉后貫眞寶居禮安

金璋 字公瑞生 憲宗戊申官郡守父輝在敏節公 玏后貫禮安居榮川

林時夏 字敬彬號松下生 憲宗戊申官叅奉父叅奉九鎰西河椿后貫醴泉居尙州

權相文 字穆如生 哲宗庚戌官郡守父兢淵忠定公 橃后貫安東居安東

李圭漢 字德五生 哲宗庚戌官叅奉父魯榮判尹之帶后貫月城居慶州

李錫夏 字允執生 哲宗辛亥官叅奉父進士寅久文元公彥廸后貫驪州居慶州

柳道繹 字景瑞官監役父承旨光睦文忠公成龍后貫豊山居安東

南敬熙 字時若號星山生 哲宗壬子官叅奉父錫鼎察訪應元后貫英陽居安東

鄭鎭夏 字建中生 哲宗乙卯通德郎父致庠叅議重器后貫延日居永川

朴鍾容 字德舜號鶴南生 哲宗丙辰官資憲大夫漢城左尹父右通禮載陽舍人燦欽孫戶判義龍后貫務安居大邱

林營相 字成之生 哲宗丁巳官都事父通訓會洙西河椿后貫醴泉居尙州

兪容復 字士圭號濯雲生 哲宗丁巳官郡守陞通政父假監役相斗文愍公騏孫后貫金海居淸道

李教弼 字元五號庇庵生 哲宗己未叅奉官郡守陞通政父吏叅啓魯部正會相孫忠簡公東標后貫眞寶居安東

李起榮 字景三生 哲宗丁巳官司勇父畯孝孝寧大君 補后貫全州居咸昌

李建和 字重咸生 哲宗庚申官叅奉父梓永進士繼陽后貫眞寶居寧海

李鉉雨 字殷若號洛齋生 哲宗辛酉叅奉私諡孝簡父嘉善厦秀文忠公齊賢后貫慶州居玄風

徐相俊 字亨則號松齋生 哲宗壬戌官郡守父奉叅景謨貫達城居長鬐

辛廷植 字公翼號海坡生 哲宗癸亥官叅奉父進士泳祚忠壯公礎后貫靈山居靈山

權仁國 字平執號霞石官府使父護軍正馥忠康公 濤后貫安東居丹城

趙南偉 字克立生甲子官叅奉陞通政父獻九奉常寺正 靖后貫豊壤居尙州

鄭在悳 字圭基生丁卯叅奉官洗馬父叅奉容默校理東奎孫文莊公經世后貫晉陽居尙州

柳東榮 字瑞五生戊辰官叅奉父道舜進士象春玄孫文敬公雲龍后貫豊山居安東

李基澈 字瀅吾生己巳官叅奉父都事觀熙定憲公源祚曾孫正字廷賢后貫星山居星州

李源國 字鵬卿號昌庵生乙亥癸卯主事父觀鎬通政中杰孫刑叅龜雲胄孫文純公滉后貫眞寶居禮安

崔寅權 字大見號沙隱生戊辰官縣監父贊敏嘉善孝儀孫持平道源后貫朔寧居泗川

丁厚燮 字德哉生戊寅官叅奉父縣監大植都正義轍曾孫忠靖公應斗后貫羅州居榮川

孫晉九 字君日生庚午官叅奉父進士秀杓進士相鳳曾孫景節公仲暾后貫月城居河陽

崔璇鎬 字致奎生癸酉官郡守父叅奉麒淳嘉義東漢孫完山君阿后貫全州居固城

張允遠 字君錫號韓皐生辛未官郡守父贈提學錫燦文康公顯光后貫玉山居仁同

趙南潤 字德超生乙亥叅奉父叅奉鵬九奉常寺正靖后貫豊壤居尙州

洪在圭 字致禹生癸酉官郡守父監察尙坪寧令瀕后貫南陽居密陽

殷箕杓 字用傳號秋潭生丙子官叅奉父進士成駟察訪斗七孫文翼公汝霖后貫幸州居軍威

李斗采 字華現生 哲宗壬戌官敎官父炳赫輔德汝翊后貫碧珍居昌寧

嶠南科榜錄附錄卷之一終

嶺南科榜錄附錄卷之二

資蔭

○中宗朝

康耋 官校尉父縣監應試信城府院君之淵后貫信川居善山

金墩 生 成宗己酉宣務郞父府使良彦刑判自粹后貫慶州居漆原

安侃 字有一生 成宗甲寅官叅奉陞通政父叅奉克宗同知進曾孫文成公 裕后貫順興居長鬐

○明宗朝

崔有井 生 中宗壬申官叅奉父郡守自洪左賛成 廉孫月城君宗浦后貫慶州

朴俊敏 字俊甫通德郞父禮佐 旅司諫光佑孫判事元庇曾孫密城君彥孚后貫密城居密陽

金德善 字用甫號西峯生 中宗乙亥庚戌持平父叅奉 恪訓導世温曾孫侍中椿后貫義城居永川

○宣祖朝

崔斗崦 字濟世號小溪生 中宗癸巳訓判父叅判 漑侍郞淸后貫月城居慶州

李榡 字善中號費隱生 明宗己酉都摠管父大提學 埴完豊君元桂后貫完山居慶州

嶺南科榜錄附錄卷之二

吳尹 字東賴生 明宗己酉官主簿父叅奉應祉執義宗信玄孫貫海州居義城

李希元 字道亨生 明宗辛酉甲辰都事父壽春通政琚孫輔德從允后貫慶州居盈德

卜宗善 字基源號小庵生 明宗丙寅戊辰官僉中樞父瑛弼奉事致慶玄孫平章事守之后貫沔陽居星州

金慶夏 叅奉父忠順衛處善副司猛萬禎孫司直漢仝曾孫尙書宜后貫義城居義城

尹聘 字華叟號松坡官僉樞 贈吏議父叅奉元佐文科淳后貫永陽居永川

申之羲 字宣夫號槐軒生丁丑通德郎父夢得按廉使祐后貫鵝州居義城

朴春東 字理如將仕郞父通德郞俊敏禮佐 旅孫司諫光佑曾孫密城居彥孚后貫密城居密陽

尹聃 字眉叟號正谷生 仁宗乙巳官中樞父叅奉元佐文科淳后貫永陽居永川

○光海朝

金大鵬 字萬擧號鼎山生 宣祖壬午壬子承議副尉父彥宗太師宣平后貫安東居安東

崔繼良 字慶旁生 宣祖丙戌官叅奉 父贈叅判奉天司成汭后貫月城居慶州

○仁祖朝

河彭魯 生 宣祖辛巳癸未護軍陞通政父折衝 龜文孝公演后貫晉州居新寧

張繼業 字仲述號竹軒生 宣祖丙子戊申護軍父司勇彥祺延福君末孫后貫仁同居禮泉

張貴榮 字世卿叅奉贈嘉善父修義副尉濡宣教郎應孫孫府尹安世后貫仁同居義興

蔣舜命 字正浩號華南生 宣祖癸巳官監察陞通政父質福興生后貫密陽居永川

金楊鎬 字公元生 宣祖乙未通政父僉知守謙襄武公太虛孫廣州君祿光后貫廣州居密陽

黃夏中 字性奎生 宣祖丙申戊辰嘉善父文科璨刑判居正后貫昌原居夾川

具彥成 字揚之號蒼岩生 宣祖丙申官同樞父部將連佑文節公鴻后貫綾城居漆谷

安彭壽 字稀五生 宣祖庚子甲子叅奉副提學祖同后貫順興居星州

黃善慶 字居善生 宣祖甲辰師傅父欽叅奉璲玄孫翼成公喜后貫長水居尚州

金命承 字性文生 宣祖丙午丁丑軍資正父贈叅議盡殷安敬公永貞后貫金海居金泉

金國輔 字聖臣號復初生 宣祖戊申中樞父再達文愍公馹孫后貫金海居尚州

金漢白 字麗黃官軍資正父嘉善戒元忠毅公文起后貫金寧居永川

林兢業 號晚隱官同副承旨父箱忠貞公珪后貫平澤居義城

李之馥 字榮伯生光海己酉官叅議父奉事文參贈戶議希龍孫府使驪后貫沃溝居慶州

吳敦文 字善輔叅奉水使守己孫執義宗信后貫海州居安東

金守玉 字潔甫生光海辛亥丁亥叅奉父府使春直安敬公永貞后貫金海居金山

李景璿 字睿玉號鶴廬生光海丁巳庚辰校尉父兵叅大任工叅國樞孫貴奉后貫昌寧居長鬐

○孝宗朝

李鑑 字濟川號養拙齋生宣祖壬辰官同樞父訓導汝仁文養公彥迪后貫全義居河東

朴遷善 字大叔號何菴生宣祖丁酉叅奉父舜立校理英孫后貫密陽居永川

李光春 字元俊生光海戊午判官父軍資正得幹忠元公陽吉后貫清安居慶州

金光斗 字士欽號竹窩生仁祖癸亥主簿判書貴一曾孫貫慶州居永川

李時直 字興序生仁祖甲子從仕郎父叅奉珉僕射景芬后貫陝川居丹城

張連富 字潤輿生仁祖戊辰叅奉贈嘉善父叅奉貴榮府尹安世后貫仁同居義興

夏雲雨 字潤閏生仁祖庚午奉事父判官雲瑞嘉善仁敬孫都督欽后貫達城居達城

金湜 字子淑號橘菴中樞父上護軍得禹貞肅公仁鏡后貫慶州居青松

李震翰 字景休生仁祖乙亥判官父判官光春忠元公陽吉后貫清安居慶州

李敏華　字光甫丁酉參奉父察訪利薰文忠公齊賢后貫月城居慶州

鄭世健　字伯順號石泉兵參文忠公夢周后貫延日居尙州

朴　琦　字汝玉官都事父副正興立主簿允淳孫文敬公宜中后貫密城居比安

金永生　官軍資正參奉聃壽后貫義城居尙州

〇顯宗朝

李廷立　生光海癸丑府使父得仁敬寧君裶后貫全州居金山

金錫周　字子輝生光海己未護軍父贈嘉善纓留守芸后金海居淸河

張復吉　慶茂生仁祖甲子官訓鍊判官父護軍　謹進士后貫昌寧居漆谷

崔壽淵　字士俊號松軒生仁祖甲子甲寅官主簿父世顯生員胤亨孫文昌侯致遠后貫慶州居永川

金順德　字順之號小窩生仁祖乙丑參奉醫副護軍父通訓起鳳工議逸玉曾孫忠愍公仁贇后貫楊根居英陽

黃貴淵　字進元生仁祖乙丑參奉父嘉善仁立正郎禧禹玄孫贊成希碩后貫平海居慶州

尹哲孝　生仁祖乙亥參議父　仁太師莘逢后貫坡平居龍宮

車君良　字國輔官通政父德弼剛烈公云華后貫延安居昌寧

金廷老 字學叟號晚溪生 仁祖壬申參議 贈兵議應天玄孫 忠毅公文起后貫金寧居河陽

朴宗烈 字丕承官主簿父都事 琦副正興立孫文敬公宜中后 貫密城居比安

具聖南 字仁老號謙齋生 仁祖癸酉官工諱父后樞彥成部將 連佑孫文節公 鴻后貫綾城居漆谷

○**肅宗朝**

李時發 字闇餘號處憂堂生 仁祖癸亥丁巳折衝父貴琭貫永 陽居慶州

蔡澮任 字允敬生 仁祖庚午己未宣教郎父 琳貫仁川居尙 州

李碩英 字景老生 仁祖戊寅丁巳副義衛壽陞崇政父 贈左 尹成實副護軍長源孫忠簡公崇元后貫延安居星州

郭之桓 字彪伯生 仁祖庚辰參奉父通政鎭城同正承文后貫 苞山居玄風

河時弘 生 仁祖癸未丙辰通訓父通政興得文孝公演后貫 晋州居新寧

柳盛雨 字洗而號竹坡生 仁祖己丑參奉 贈戶參父 贈左 承旨東洛文正公 淀后貫晋州居尙州

申寬華 字和日承訓父千汝都事叱越孫按廉使祐 后貫鵝州 居義城

金魯秋 字孔聖生 孝宗壬辰壬午知中樞陞嘉善父孝曄興武 王廣信后貫金海居義城

金宇振 字汝擎號武溪生 孝宗乙未官僉正刑判自粹后貫慶 州居漆原

車正輪 字元吉號就學生　孝宗丙申甲戌都事父愼光進士廷傑孫察訪啓敏曾孫剛烈公云革后貫延安居漆谷

具聖立 字亨秀號後松生　仁祖丙子官掌令父同樞彥成部將連佑孫文節公鴻后貫綾城居漆谷

金振兌 字克善官府使父賚憲元一　贈兵判世綱孫文愍公駬孫后貫金海居永川

具聖年 字亨老號敏窩生　仁祖己卯癸酉官禮佐父嘉善彥成部將連佑孫文節公　鴻后貫綾城居漆谷

河得亨 字禹卿官僉正陞刑議父　贈掌樂正聖澄校理　潤后貫晉州居晉州

金壽鳴 字景都號淸效生　顯宗庚子辛丑叅奉陞扈衛都摠父部守光拭太師宣平后貫安東居安東

李恒泰 字大來號仙鶴生　顯宗辛亥通德郎父司果杜漢縣監頊老孫軍資正時馥曾孫靑安君煬吉后貫淸安居蔚山

宋鳴漢 生　孝宗壬辰官中樞父得楠僉正應賢曾孫貫恩津居河陽

朴玄錫 字天翰生　顯宗癸卯叅奉父主簿宗烈奉事　琦孫文敬公宜中后貫密城居比安

權海楠 字魯叟號溪堂生　孝宗乙未丁巳奉事父忝載太師幸后貫安東居安東

尹起磻 字伊遠生　顯宗庚子直長父宣武郎成直昭靖公　坤后貫坡平居靑松

金時相 字允中號孝庵生　顯宗甲寅官吏議父嘉善汝信校尉命權曾孫文敏公冲漢后貫月城居長鬐

李樂 字文仲生丁巳通德郎父判官誠哲直長安道曾孫文純公滉后貫眞寶居漆谷

嶠南科榜錄卷之二　一　四

金儀章 字來鳳生己未都正父瀾文愍公馹孫后貫金海居尙州

李國達 字敬五號修堂生丙寅官叅奉父副事士龍進士惟元后貫星山居星州

○**景宗朝**

崔榮苙 字成玉號東湖生 顯宗乙巳辛丑官承旨父弘樹主簿壽淵孫生員亂亭玄孫文昌侯致遠后貫慶州居永川

金時泰 字致永生 顯宗乙巳壬寅都正嘉善居翊孫貫義城居玄風

沈一大 字浩源號德窩生 肅宗辛酉忠義衛父忠義衛世勳訓導懲濂曾孫進士淸后貫青松居青松

金紀元 官工議父軍資正承生叅奉聃壽后貫義城居尙州

郭奎斌 字公望生 肅宗戊辰將仕郎父天龜同正承文后貫苞山居玄風

全永傑 字成老號愼窩生 肅宗庚午癸卯執義己酉 贈戶叅父昌禹忠烈公以中后貫旌善居漆谷

○**英宗朝**

姜有齊 字有卿生 顯宗庚戌丙申副護軍壽嘉善父戶叅徽俊毅烈公民瞻后貫晋陽居陜川

裵舜業 字水瑞號淸岩生 肅宗丁巳兵叅父命善 贈通政僊良玄孫貫達城居漆谷

金大吉 字延中號漁汀生 肅宗甲子庚申叅奉官判決事父軍資正承湖商山君得齊后貫商山居尙州

金厚世 字錫汝生肅宗乙丑官副護軍父萬虞忠毅公文起后貫金海居慶州

崔億哲 字大賢生肅宗丁卯承旨父啓奉侍郎濤后貫慶州居永川

河萬伯 字成述生肅宗戊辰司果父通政遇龍文孝公演后貫晉陽居玄風

李言默 字重吉號西湖生肅宗庚午丙午同敎寧父贈參判時馨文憲公陽元后貫全州居金泉

李德采 字文尙號石川生肅宗癸酉乙未副護軍父左尹聖祐靖毅公擢男后貫慶州居尙州

金昌鉉 字以老生肅宗丙子丙戌同樞父命中承祚安敬公永貞后貫金海居金山

徐必重 戊申折衝錄揚武原從功貫利川居金泉

權福壽 字仁善生肅宗甲申丁未參奉官郡守父都事海楠太師幸后貫安東居安東

李維岳 號月軒生肅宗乙酉壬子副司果父判官孝芬透訓恂后貫安岳居陜川

鄭泊碩 字永瑞號池隱生肅宗丁亥甲午戶參父壽鳳殷烈公匡烈后貫晉陽居河東

鄭聞朝 字友三生肅宗壬辰乙丑參奉　正宗戊戌　贈參議僕射穆后貫東萊居永川

尹喆 字敬之生肅宗乙未官監察父日厚襄平公士昕后貫坡平居新寧

裵京祖 字在鎬號禮隱生肅宗丁酉官府使陞嘉善父胤經判書晉孫后貫星州居尙州

嶠南科榜錄附錄卷之二　五

崔揆宅 字百爾號永慕堂生肅宗己亥癸亥都事贈戶叅父 贈戶叅致德侍郎淸后貫慶州居慶州

安信永 字喆之生肅宗己亥護軍陞嘉善父司直壽哲文成公 裕后貫順興居達城

裵星昌 字德文號退隱生肅宗己亥甲午敎授父工議度午僉 正邁玄孫貫達城居柒谷

崔泰賢 字汝益號薪岩生肅宗庚子己卯同樞父贈嘉善時 景叅奉天綱后貫慶州居星州

金星鍾 字鈕得號靑窩生景宗辛丑官戶叅父樂汝貫慶州居 晋州

李守宅 字浩然號二水亭生景宗壬寅壬辰忠義衛父世郁 贈叅判琢后貫全州居永川

朴繼聃 字聞九號啞軒生景宗壬寅壬午戶議父校尉命三忠 貞公審問后貫密陽居永川

崔華瞻 字仲五號溪潭生景宗壬寅庚辰通訓父極天承旨榮 岦孫贊成得海后貫慶州居河陽

金明旭 字道元官兵佐父通政振兌資憲元一孫文愍公馹孫后 貫金海居永川

朴聖元 字玄可號愚隱生景宗壬寅叅奉父禮中部將宇男后 貫咸陽居尙州

金啓植 字羣弼號海隱生景宗壬寅官兵叅安敬公永貞后貫 金海居迎日

姜性濟 字永生副護軍父一鉉殷烈公民瞻后貫晋州居尙州

河再淸 字雲淑生景宗癸卯官訓判父司果萬伯文孝公溳 后貫晋陽居玄風

張英發　字春可叅奉陞嘉善父佑聖忠莊公思儉后貫順天居比安

李東英　字晋伯戊申府使判典翮后貫慶州居彥陽

權炫　字煌甫號南溪生景宗甲辰甲戌翊衛父執中都事尙律曾孫持平㭭后貫安東居新寧

金順昌　字德甫號英隱生景宗甲辰訓判父贈戶叅泰貞忠毅公文起后貫金海居英陽

蔡膺規　字圓大號觀水齋官直長贈戶叅父夢良縣監石堅后貫平康居玄風

李就元　字尙浩生乙巳資憲父禹淑文忠公崇仁后貫星州居高靈

金龜老　字河範號退軒生丁未官監察父叅奉好生貞肅公仁鏡后貫慶州居慈仁

卜文道　字明法生癸丑乙未官副護軍父就圭平章事奉守后貫沔陽居星州

權世範　字用經號下田生戊午官訓正父贈叅議燦都事尙律玄孫持平㭭后貫安東居新寧

黃就壎　字祐生生戊辰甲戌都事父兵議膺中訓導元兆孫襄武公希碩后貫平海居靑松

○正宗朝

禹漢榮　字君翼生肅宗丁亥官叅奉父嘉善世弘通政泰鳳孫牧使仁鏡玄孫文僖公倬后貫丹陽居彥陽

尹有寬　字允之生肅宗庚子忠義衛贈嘉善父厚日襄平公士昕后貫坡平居新寧

崔洙瞻 字秋卿號梅谷生 景宗甲辰庚子參奉官判官父極天 承旨棨岦曾孫主簿壽鼎玄孫貫慶州居河陽

朴晩根 字周彦號望樵生 景宗丙辰官副正父聖三監察舜命 曾孫興生后貫密陽居永川

金厚老 字厚宗生 英宗辛亥戊戌副護軍父折衝漢柱文愍公 駟孫后貫金海居迎日

河龍彬 生 英宗辛亥戊申折衝父折衝巨信文孝公演后貫 晋州居新寧

洪舜泰 生 英宗乙卯丙午嘉善父中樞善杰參議世亨曾孫太 師殷悅后貫南陽居星州

白致命 生 英宗乙卯僉樞父進士時連進士興允玄孫進上 鸞后貫水原居玄風

張寬玉 字成倫生 英宗丙辰戊戌副護軍父同樞東濩忠貞公 安世后貫仁司居安東

金柱德 字信孚號屛齋生 英宗丁巳官刑議陞嘉善父軍資正 正參忠毅公文起后貫金寧居義城

金尙三 字和汝生 英宗丙辰官同樞父再廸進士聲儀玄孫節 孝公克一后貫金海居淸道

裵誼活 字永叟生 英宗辛酉官監正父萬瑞尙龍后貫星山居 星州

朴貫瑛 字九文生 英宗甲子乙卯戶參父掌樂院正泰起貫寧 海居榮川

李遇陽 字而甫生 英宗乙丑己亥僉樞父副司果明炫參奉後 老曾孫江陽君開后貫陜川居迎日

金志鉉 字繼善號西洲生 英宗丙寅官司果父昌祚命寧君牧 卿后貫金海居尙州

權一範 字用萬生　英宗戊辰丁未都正父翊衛一炷都事尙律玄孫持平㧑后貫安東居新寧

金宅熙 字德兼生　英宗戊辰官漢城判官父宇倂大憲永貞后貫金海居尙州

權順經 字善度號聲菴生　英宗己巳參奉官郡守貫安東居尙州

金振熙 字聲煥號岡軒生　英宗辛未兵參父戶參星鍾貫慶州居晋州

裴龍泰 字雲瑞生　英宗辛未乙巳副護軍父元昌僉正邁后貫達城居漆谷

張光佑 生　英宗辛未官郎廳父　贈同樞直和　贈工議起仁孫府尹安世后貫仁同居永川

金宅漢 字文信生　英宗壬申甲辰司僕正太師宣平后貫安東居安東

金完 字元汝生　英宗甲戌參奉　贈工議父軍資正允德判書不比后貫金海居善山

金彭齡 字景强生　英宗甲戌水軍節制使父重玉留守芸后貫金海居盈德

權綈 字天鶴號樂隱生　英宗乙亥正郎父嘉善椿通政愿孫判書㓉后貫安東居義城

鄭惟範 字和涼號石圃生　英宗丙子同樞父福起良景公熙啓后貫慶州居尙州

李萬興 字乃淑號松谷生　英宗丁丑丙午工議父　贈軍資正昌龍大提學繹之后貫永川居河東

具得漢 字睦汝號慕庵生　英宗壬午戊申參奉父塾童教道昌會孫文端公鳳齡后貫綾城居永川

金聲鉉 字聞天生 英宗乙亥乙巳叅奉父叅判命漢安敬公永貞后貫金海居金泉

金虎三 字友益生 英宗丁亥官護軍父順起忠貞公俊榮后貫金寧居尙州

崔惟恒 字義文生 英宗癸巳軍資正父嘉善佳八判官禮弘后貫慶州居盈德

朴守億 字賢允生 英宗丙申軍資正父叅奉聖聃監察舜命玄孫興生后貫密陽居永川

崔光遂 字而仲號槐軒生 英宗丙申丁巳監察壽護軍父昌億訓判洙贍孫贊成得海后貫慶州居河陽

趙一慶 字而久生 英宗丙申壬子叅奉父致鎭貞節公 旅后貫咸安居大邱

○純祖朝

河浩載 生 英宗戊申戊辰折衝父折衝龍彬文孝公 演后貫晉州居新寧

趙禎瑞 字敬儀生 英宗戊午掌樂正父同樞寬昌 贈左尹皇得孫貞節公 旅后貫咸安居新寧

金德厚 生 英宗辛未叅奉父元寶忠毅公文后貫金寧居咸昌

李元樞 字乃成生 英宗戊寅乙亥叅奉父廷佑文忠公齊賢后貫月城居慶州

曺壹潤 字義一生 英宗辛巳叅奉進士仲明后貫昌寧居梁山

申忠瑞 字善汝生 英宗甲申叅奉父 贈吏佐道濂齊正公孝昌后貫平山居禮安

金啓城 字君壽號竹軒生 英宗丙戌禁都通正廷老玄孫忠毅公文起后貫金寧居河陽

車元 字始亭號芝軒生 英宗己丑辛酉副護軍陞嘉善父知中樞鳳梧校理天輅后貫延安居尙州

申昞熙 字壽仁號九溪生 英宗辛卯丙戌假監役父薛會文僖公槷后貫平山居善山

朴仁立 壬辰訓正贈承旨興生后貫密陽居永川

金星億 字晩秀生 英宗丙申辛卯左承旨父司僕寺正宅漢通德郎思說孫貫安東居安東

李亨玉 字君八號商湖生 正宗丁酉戊子工議父通訓重達毅靖公擢男后貫夔州居尙州

李夏榮 字景學號覽軒生 英宗丙申壬戌叅奉父集弼文忠公齊賢后貫月城居義城

尹光莘 字召彥號澗松生 正宗庚子甲午左副承旨父監察訥貫坡平居禮安

張仁鄴 字綏萬號海隱生 正宗辛丑孝薦承旨私諡孝正父折衝璞嘉善後達孫忠貞公安世后貫仁同居迎日

朴光宇 字重悟生 英宗壬辰官監役父進士聖民忠正公彭年后貫順天居晋州

裵鍾禧 字聖律號永軒生 正宗壬寅叅奉父監正宜活尙龍后貫星山居尙州

朴必秀 字聖鎭生 正宗癸卯戶叅父戶叅貴瑛貫寧海居榮川

李柄鎭 字聖文號東齋生 正宗癸卯壬寅叅奉陞中樞父叅判周老文憲公陽元后貫全州居金泉

李潤鎭 字雲瑞生 正宗甲辰戊辰副護軍父以臣訓鍊院正蘊秀后貫慶州居新寧

金孟源 字魯夆號松竹生 正宗丁未縣監父致重忠毅公文起后貫金寧居大邱

趙徹祐 字尚彥生 正宗癸卯官護軍父一采同樞 弼孫貞節公旅后貫咸安居咸安

金洛鎬 字殷贍號草隱生 正宗戊申甲子引儀父義復文愍公馹孫后貫金海居達城

朴春來 字士遂號春亭生 正宗庚戌護軍父準直承旨薰后貫密陽居尚州

梁相錫 字舜瑞生 正宗壬子通仕郎父敦寧府事在五贈戶叅周煥孫文襄公誠之后貫南原居義城

黃正玉 字文成號竹軒生 正宗癸丑以孝叅奉父 贈禮叅鴻侍中忠俊后貫昌原居慈仁

夏正益 字乃謙號追慕齋生 正宗甲寅官奉事 贈童教父學必巳溥 汶后貫達城居達城

盧大光 字汝見生 正宗甲寅叅奉父進七弼文府使雲元孫大諫思遠玄孫文簡公守愼后貫光山居大邱

李東瓘 字振玉號琴溪生 正宗甲寅癸巳都事 贈禮叅父思沅嘉善景聃孫大學繹之后貫永川居永川

李裕大 字致文號松广生 正宗乙卯癸巳左尹父工議亨玉穀靖公擢男后貫慶州居尚州

崔仲輝 字明瑞生辛巳副護軍父嘉善元玉叅判致雲后貫江陵居禮安

李鎭禹 字聲遠生 正宗丁巳叅奉父應遠翼平公季男后貫平昌居尚州

金永萬 字仁遠生純祖丁卯乙卯戶叅父承旨星億司僕宅漢孫貫安東居安東

李日啓 字士敬號農窩生純祖癸酉乙巳都正父東煥監察鶴齡孫同樞福后貫咸安居固城

車學軫 字學瑞號鸎岩生純祖乙丑丙午判決事父應玉同樞泰三曾孫叅奉象載玄孫剛烈公云革后貫延安居漆谷

崔壽章 字仲悅號松窩都正父都事撲宅侍郞淸后貫慶州居慶州

張應源 字文彥生正宗己未副護軍父通政季福僉使命虎后貫仁同居義興

林重義 字敬昊生甲子叅奉父叅成通德郞茂孫忠敬公祐后貫蔚珍居英陽

〇**憲宗朝**

金思翊 字和吉號訥齋生英宗丙申官禁都父叅奉星大副護軍杰臣曾孫忠翼公命元后貫月城居慶州

河聖泰 生英宗丙申丁酉通訓父以潤文孝公演后貫晋州居新寧

千禹大 字瑞應生正宗庚戌己亥節制使父中樞順益忠莊公萬里后貫潁陽居聞慶

金善逸 字壽命生正宗丁巳水軍節制使父節制使彭齡留守芸后貫金海居盈德

金時瓚 字聲振生正宗庚申叅奉父宗默叅賛龜后貫金海居昌原

鄭守成 字致先生純祖壬戌叅奉父同樞惟範良景公熙啓后貫慶州居尙州

裵相殷 字敬叟號聲巖生純祖己卯甲辰敦寧都正父孟淳工判晋孫后貫星山居尙州

金光衍 字允甫號梅軒生庚辰丙午中樞父左尹世祐軍資正道遊曾孫就礪后貫彦陽居陜川

盧恢龍 字汝彦號島翁生純祖庚辰都事父致謙景佐后貫安康居聞慶

尹榮老 字殷仲生純祖丙子戊寅將仕郎父養德郡守科后貫坡平居盈德

朴鎭祿 字子華生純祖辛巳教官陞嘉善父郁載文惠公元義后貫泰安居尙州

卜潤光 字仁七號遯峯生純祖辛巳戊申參奉父重基副護軍文道孫奉事致慶后貫沔陽居星州

李東栢 字華允號小琴溪生純祖辛酉乙巳都正贈參議父思沅嘉善景聃孫大提學釋之后貫永川居永川

曺錫永 字永浩號學岩生純祖辛巳乙未監察父聲文翰林挺生后貫昌寧居星州

方道熀 字德潤號愚溪生純祖乙酉庚子都事贈吏參父中樞啓八大憲有寧后貫軍威居陜川

崔世胤 字季彦號西山生純祖丙戌甲辰以老參奉官童教贈戶判父贈參議濟九提學東浩后貫慶州居永川

林九鎭 字德裕號石圃生純祖丁亥參奉父學濂西澗椿后貫醴泉居尙州

李泰慶 字和叔號湖隱生純祖戊子甲辰副護軍贈工判父工議春培翼平公季男后貫平昌居尙州

○哲宗朝

崔鉉在 字應三生 正宗丁巳庚戌叅奉 父 贈戶判摯壽文昌 咲致遠后貫慶州居奉化

金魯赫 字聲寬號農山生 正宗庚申副護軍 父鶴柱貫慶州居 尙州

朴寔熙 字仲天生 正宗庚申戶議 父原杓文獻公環后貫密 陽居尙州

周基烈 字聖居生 正宗庚申壬戌司果 贈吏議 父叅奉孝克 文敏公世鵬后貫尙州居聞慶

宋元萬 字致榮生 純祖壬戌叅贊 父 贈承旨彙純贊成言愼 后貫礪山居尙州

金基先 字尙龍生 純祖甲子叅奉 父容福洛城君先致后貫商 山居聞慶

李軾榮 字聖煥生 純祖甲子庚戌司諫 父集脩文忠公齊賢后 貫慶州居英陽

裴德煥 字而峻號梧岡生 純祖甲子丙辰官都正 父鎭述應祥 后貫達城居漆谷

金顯明 字明俊號石堂生 純祖己巳叅奉 父宗植僉正守賢后 貫金海居永川

安載明 字君賢生 純祖甲戌癸亥副司勇 父 贈叅判景祐文 成公裕后貫順興居長鬐

金顯仁 字瑞俊生 純祖乙亥叅奉 父都正裕植僉正守賢后貫 金海居永川

文性奎 字應七號聽溪生 純祖丙子叅奉 父興伯忠宣公益漸 后貫南平居高靈

鄭仁默 字德汝生 純祖丙子庚戌都正 父錫東之虎后貫東萊 居義城

[illegible]卷之二

蔡以默 字仁彦號晦山生 純祖丁丑禁都貫平康居玄風

具烈祖 字休吉號晚窩生 純祖丁丑壬戌禁都父致喜叅奉得漢孫文端公鳳齡后貫綾城居永川

金琮九 字宗玉生 純祖戊寅副護軍父萬基咸寧君饒后貫成昌居尚州

徐相運 字致一號南齋生 純祖己卯假監役父道淳沉后貫達城居尚州

金在雨 字永七號雲崗生 純祖庚辰官中樞通政東燮曾孫冲裕后貫慶州居慈仁

朴致平 字君行號蓮溪生 純祖庚辰乙卯官禁都父義元校理英孫后貫密陽居永川

鄭大永 字義秉生 純祖辛巳叅奉父叅奉守成良景公熙后貫慶州居尚州

鄭漢秀 字明進生 純祖辛巳戊午叅奉官都事父鳳祥僕射穆后貫東萊居永川

咸浩瑾 字敬善生 純祖壬午都事父學福東平君傅霖后貫江陵居尚州

李聖學 字而習生 純祖甲申己酉監役中樞宗運孫秀亭后貫羽溪居禮安

金弼俊 字俊吾生 純祖乙酉叅奉陞通政父璋義城君龍庇后貫義城居義城

石明俊 字德正生 純祖丙戌官邊將陞知中樞父致瓊吏叅成玉后貫忠州居大邱

金成權 字成玉號鶴山生 純祖丁亥叅奉父相哲貞肅公仁鏡后貫慶州居慈仁

陳尙郁 字士從生　純祖庚寅敎官父萬億　贈工議有根后貫驪陽居尙州

李時潤 字應重生　純祖庚寅庚申參奉官參議　贈參判父都事東璣通政景聃曾孫大提學釋之后貫永川居永川

朴章柱 字文仲號蒼岩生　純祖庚寅參奉父慶直萬戶仁老后貫密陽居永川

崔致鴻 字雲謙號雪軒生　憲宗丙申乙卯參判父參奉應奎參判民會孫直提學德后貫海州居永川

宋大會 字君叔生　憲宗辛丑參奉父源勉贊成言愼后貫礪山居咸昌

安吉鎬 字道光號淸波生　憲宗癸卯辛酉參奉父錫夏文成公裕后貫順興居尙州

崔富培 字致瑞號白隱生　憲宗丙辰癸丑參奉父赫宗直提學德后貫全州居尙州

金命鎭 字健仲生　純祖丁丑官中樞父禹圭太師宣平后貫安東居安東

李秉善 字士章生　純祖辛未護軍父義裕　拱后貫禮安居安東

〇高宗朝

尹相殷 字子五生　正宗丁巳丁卯承旨父通政泰赫昭靖公坤后貫坡平居蔚山

朴頤坤 字汝養生　純祖甲子副護軍父參贊基舜惠文公元義后貫泰安居尙州

李東植 字而振號隴窩生　純祖乙丑甲戌博士父聖國文忠公崇仁后貫星州居高靈

金聖淳 字聖剛號目峴生純祖丁卯甲戌護軍父護軍萬鎭文愍公馹孫后貫金海居奉化

尹箕鎭 字聖五生純祖丁卯府事陞嘉善父贈嘉善碩奎執義師晳后貫坡平居尙州

張致石 字德壽生純祖丁卯甲子叅奉父嘉善受星護軍寬玉孫忠貞公安世后貫仁同居安東

崔亯樹 字道日生純祖丁卯壬午副護軍父嘉善萬齡贊成廉后貫慶州居慈仁

徐有學 字君八生純祖戊辰副護軍父聖修文忠公居正后貫達城居草溪

李永胤 字永彦生純祖戊辰壬午副護軍父通政宗快通政俊國孫吏叅秀亨后貫羽溪居禮安

金德厚 生純祖辛未叅奉父元賓忠毅公文起后貫金寧居咸昌

金尙穆 字汝若生純祖辛未己卯中樞父副護軍永垕判官德龍后貫金海居慶州

李能發 字燦之號蘭齋生純祖壬申己巳假監役父廷斗持平東禮后貫星山居高靈

余致德 字汝貞生純祖壬申壬午嘉善父贈戶叅喜仁兵議春后貫宜寧居善山

朴弼坤 字子良生純祖壬申副護軍父戶叅煥蘅惠文公元義后貫泰安居尙州

李厚榮 字輔天號松節生純祖癸酉戊寅嘉善父嘉善裕大毅靖公擢男后貫慶州居尙州

朴大業 字成彦號枕江亭甲戌叅奉壽陞同樞父贈嘉善日周嘉善再迎孫忠貞公審問后貫密陽居安東

河起宗 生 純祖甲戌戊辰折衝 父通政鳳彦 文孝公 演后貫 晋州 居新寧

尹元履 字善長生 純祖甲戌丙申都事 父勉大 戶判墷后 貫坡 平 居青松

鄭台永 字斗應號默圃生 純祖丙子都正 父 贈左尹成培 靖 節公 矩后 貫東萊 居軍威

金觀宗 字殷休號竹賢生 純祖丁丑甲辰叅奉 父 瑞 副司直 漢仝后 貫義城 居漆谷

洪祐燮 字善長生 純祖丁丑主簿 父勉周郡守 翼孫 文敬公 履祥后 貫豊山 居義城

金壽漢 字順和生 純祖戊寅戶叅 父輝泰進士 學成孫 戶叅汝 旭后 貫中和 居盈德

表完實 字完兼生 純祖己卯丁卯官吏議 父昌建 贈領相 贇后 貫新昌 居靈山

李泰宇 字士亨號五友堂生 純祖庚辰辛巳叅奉陞嘉善 父 贈工議在珏 贈叅判 涿后 貫全州 居永川

金輝濬 字文叔號希齋生 純祖庚辰辛巳監役 父樂崇 文節公 淡后 貫禮安 居榮川

李道殷 字英伯號省軒生 純祖辛巳甲子叅奉 父尚珠 童敎範 叅會孫 星山伯能一后 貫星山 居星州

孫學淵 字達之號戒志堂生 純祖癸未乙亥孝行叅奉 父德海 敎官漢益會孫 密城君 贇后 貫密陽 居晋州

盧淙容 字元吉號棲錦堂生 辛巳 辛丑主事 父相贇 贈吏判漢 錫后 貫光州 居金海

金大衡 字舜則號晚松生 純祖辛巳秘書丞 父監察會淳 咸寧 君 饒后 貫咸昌 居尚州

洪魯殷 字建祚生　純祖辛巳糸奉　父護軍奉劉南陽君　澍后
貫南陽居尙州

房煥郁 字弼彦生　純祖辛巳糸奉　父斗滿訓鍊院正九連后貫
南陽居盈德

裵德弼 字殷老號四松齋生　純祖壬午甲子糸奉　父海述　贈
通政僉億良后貫達城居漆谷

千元大 字士元生　純祖壬午監簭　父啓箴花山君萬里后貫穎
陽居安東

朴基鎭 字德汝號樂岩生　純祖壬午都事壬寅陞嘉善　父贈
嘉善日周嘉善再淳孫忠貞公審問后貫密陽居安東

裵顯奉 字文日號月山生甲申糸奉　父通政相吉　贈戶糸萬輔
孫觀察使桓后貫興海居榮川

金錫洞 字允瑞號溪齋生　純祖癸未己丑都事　父　贈都事正
業吏議宗仁會孫貫金海居義城

裵龍淳 字文淑生　純祖癸未甲申監役陞都正直學　裕后貫
星山居金泉

申儀東 字孟立生　純祖癸未副護軍　父匡六文僖公　檃后貫
平山居聞慶

千宇永 字盛益生　純祖癸未丙戌副護軍　父三佐忠莊公萬里
后貫穎陽居聞慶

朴基洪 字君善號西庵生　純祖癸未丁亥嘉善　贈禮議　父左
尹世熙文獻公璞后貫密陽居尙州

李震宇 字周伯號五友亭生　純祖甲申辛巳中樞　父　贈上議
在珏忠義衛守宅玄孫孝寧大君補后貫全州居永川

李泰益 字而習生　純祖甲申戊寅副護軍己卯陞同樞　父左尹
德胤同樞宗運孫吏糸秀亨后貫羽溪居安東

裵相周 字文叟號樂生　純祖甲申丙子監察陞副護軍父孟淳軍資正誼活會孫貫星山居尙州

金啓坤 字和仲生　純祖甲申辛卯監役官郡守壽陞通政父履恒都事鴻晋孫忠毅公文起后貫金寧居慈仁

金在壽 字而大號竹隱生　純祖甲申壬寅議官陞嘉善父洛運司成復一后貫義城居尙州

權有孚 字穉若生　純祖乙酉通政父範變際可后貫安東居安東

林基和 字和仲生　純祖乙酉官同樞父軍資正得榮恭惠公整后貫平澤居尙州

白浩運 字亨之號石塢生　純祖乙酉監察父居一僉樞思秀曾孫忠簡公文寶后貫大興居靑松

李秉珪 字致洵號庠湖生　純祖乙酉禁都仁老后貫仁川居奉谷

李周國 字華範生　純祖丙戌壬寅參奉陞通政父漢謙德陽君岐后貫全州居金海

朴來燦 字聖淑生　純祖丙戌壬寅議官父護軍師日貫密陽居蔚山

韓養根 字自潤號秀峯生　純祖丙戌癸未監役父　贈戶判用喆襄夷公瑞龜后貫淸州居醴泉

金基載 字鎭樂生　純祖丙戌辛巳都事文簡公　淨后貫慶州居尙州

金顯斗 字台應生　純祖丙戌己卯副護軍　贈承旨父　贈司僕正履判官德龍后貫金海居慶州

崔舜哲 字舜道號流溪生　純祖丁亥戊子官都正父東柱訓判洙瞻曾孫贇成得海后貫慶州居永川

林淳天 字景九生 純祖丁亥甲午秘書丞父彝鉉忠貞公 珪
后貫平澤居義城

金明喆 字性權號松庵生 純祖丁亥癸未都正父左尹致穆 博
士三達后貫靈岩居固城

禹哲龍 字會哉生 純祖丁亥壬午官都正父栽根祭酒 倬后
貫丹陽居安東

閔復鎬 字希仲生 純祖丁亥壬寅議官陞通政父祖鎬學令孝
懽后貫驪興居金山

秦喜鵬 字雲卿號雲軒生 純祖丁亥壬午都正父司果命煥知
中樞東秀孫知中樞泳曾孫貫豊基居豊基

姜儀文 字到周號石湖生 純祖丁亥辛卯通政父濩貫萬戶
就后貫晉陽居固城

金有聲 字而遠生 純祖丁亥丁卯司勇父引儀洛鎬文愍公馹
孫后貫金海居達城

朴祺永 字顯叟生 純祖丁亥都正父 贈叅判鎭學武毅公毅
長后貫務安居慶州

李致宇 字文瞻號栁下生 純祖戊子癸巳叅奉陞嘉善父 贈
工議在珏孝寧大君 補后貫全州居永川

金喆源 字兩吉生 純祖戊子官都事父在榏繼元后貫金海居
醴泉

蘇大根 字保宅生 純祖戊子甲戌都事父漢泳守門將論東后
貫晉州居漆谷

李鍾阜 字德彥號鶴洲生 純祖戊子戊子官都事父在敏判書
英后貫星山居星州

朴鍾坤 字致坤號云岩生 純祖戊子叅奉文穆公 英后貫密
陽居玄風

崔啓文 字聖行號溪庵生 純祖戊子叅奉父慶遠侍郞 清后
貫慶州居永川

黃海龍 字雲瑞號金軒生 純祖戊子乙酉監役父載宅翼成公
喜后貫長水居陝川

洪道集 字貫五生 純祖丁亥甲戌官都正父 演莊簡公 戒
后貫南陽居星州

朴永甲 字泰英號菊源生 純祖己丑壬申叅奉父秘書丞準善
武肅公震英后貫密陽居固城

盧膺軾 字德輝號南谷生 純祖己丑庚寅同敦寧父 贈左尹
以雜吏正克復后貫光州居草溪

權重衡 字平叔號溪隱生 純祖庚寅監察父叅判 暄叅議春
茂后貫安東居安東

朴相學 字允範號海雲生 純祖庚寅主事文穆公 英后貫密
陽居玄風

崔基信 字平善號桃溪生 純祖庚寅乙亥叅奉父 贈戶議景
翰侍郞濟后貫月城居

鄭斗義 字聖華生 純祖庚寅假監役父光檍宣傳萬儀曾孫東
平君種后貫東萊居達城

金載壔 字伯憲號瀆溪生 純祖辛卯都事父鎔翰 贈吏叅宗
傑后貫義城居安東

金在貞 字元汝生 純祖辛卯官秘書丞父中樞邦範 遜后貫
金海居醴泉

申鴻來 字致漸號遯溪生 純祖辛卯禮議壯節公崇謙后貫平
山居新寧

尹就柏 字德卿號遯窩生 純祖辛卯甲午嘉善父 贈嘉善滋
烈執義師晳后貫坡平居尚州

盧渙根 字培殷號錦西生 純祖辛卯主事父叅奉秉國進士守
誠后貫安康居聞慶

尹滋哲 字鍊汝生 純祖壬辰副司直父世雄昭靖公坤后貫
坡平居盈德

鄭鑽寬 字景淵號樸隱生 純祖壬辰議官陞嘉善父東宅 贈
吏叅龜齡后貫東萊居眞寶

金大炳 字汝乾號止窩生 純祖壬辰己丑都事父相錫司諫
恂后貫月城居慶州

趙性旭 字景升生 純祖壬辰辛卯都事陞通政 貞節公旅
后貫咸安居靑松

吳必善 字德瞻號石谷生 純祖壬辰乙酉禁都父中樞聖鳳文
簡公漢后貫海州居密陽

朴尙彬 字光弼生 純祖癸巳官護軍父軍資正守億興生后貫
密陽居永川

黃基洪 字允瑞生 純祖癸巳副護軍陞同樞父 贈戶叅鼎運
左尹濬后貫昌原居淸道

趙鏞卓 字元同生 純祖癸巳司僕正父中奎護軍性珍孫貞節
公旅后貫咸安居靑松

梁柱邦 字善明生 純祖癸巳戶叅父 贈左承旨道民府院君
水精后貫南原居河東

金炳秀 字春元號雲興生 純祖癸巳戊子都事壬寅壽通政父
監役應根太師宣平后貫安東居安東

金弘培 字明淑號梅崗生 純祖癸巳癸未監役父通政顯瑞忠
簡公普后貫金海居陜川

金昌大 字潤汝號孝仁齋生 純祖癸巳丁亥孝薦叅奉父國寬
文愍公馹孫后貫金海居尙州

崔應天 字應元生純祖癸巳參奉父尙翊贈嘉善根富孫判官禮弘后貫慶州居盈德

裵學舜 字華仲號樂隱生純祖甲午禁都工謙漢周孫監司龍吉后貫興海居青松

金旭東 字重明號維岩生純祖甲午參奉父教官聲漢太師宣平后貫安東居安東

崔奎淳 字致謙生純祖甲午丙戌監役父贈童教錄大文惠公善門后貫中和居居昌

金駿洪 字許彦生純祖甲午壬寅監察陞通政父應英工正遠漢后貫慶州居長鬐

金元熙 字景春生純祖甲午中樞父贈嘉善季永文簡公淨后貫慶州居尙州

金周輝 字仁伯生憲宗乙未戊子副護軍父樹潤贈刑議龍岩玄孫贊成成丹后貫義城居義城

洪尙坤 字世謙生憲宗乙未監察父秉沂掌令演玄孫文正公彦升后貫南陽居密陽

朴祐林 字福汝生憲宗乙未戊子都事壽同樞父贈工參光渫贈工議從周孫忠貞公審問后貫密陽居安東

河錫一 字亨元號惠田生憲宗乙未通德郎父折衝赴宗文孝公演后貫晋州居新寧

金柄斗 字輝老號栢軒生憲宗乙未假監役父昌溢文愍公馹孫后貫金海居清道

馬魯華 字倫敏號珍菴生憲宗丙申通政父洛燮忠靖公天牧后貫長興居義城

趙秉裕 字士欽號近溪生憲宗丙申戊子禁都陞通訓父彦學知事任后貫漢陽居英陽

黃基潤 字允中生憲宗丙申監察父 贈戶叅鼎連左尹濬后貫昌原居淸道

南載煥 字應老生憲宗丙申監役父通政正一 贈左承旨胤世玄孫貫英陽居尙州

金顯正 字成弼號石川生 憲宗丁酉都正貫金海居尙州

吳璣泳 字成俊號秋坡生 憲宗丁酉甲申監役陞內藏院卿父贈嘉善相穀 贈掌樂正鴻后貫海州居機張

金秉璇 字致望生憲宗戊戌癸卯議官陞通政父登運進士見后貫善山居善山

張攝相 字永五生 憲宗戊戌都事父周遠文康公顯光后貫仁同居密陽

呂奎元 字敬允號桂軒生 憲宗戊戌己丑副護軍父同樞龍燮判書克誨后貫星山居聞慶

金性應 字敬叔號晦山生 憲宗戊戌庚寅護軍都正時泰玄孫僉使 連后貫金海居玄風

徐在鎬 字尙中號蓮山生 憲宗戊戌監察陞嘉善父寬錫左尹沉后貫達城居達城

金東鍊 字永彥號紫軒生 憲宗戊戌都正禮判乙和后貫慶州居永川

權鳳鉉 字舜祥號松塢生 憲宗戊戌主事父致伯贈 叅判應平后貫安東居新寧

姜大鳳 字周榮生 憲宗戊戌丙戌議官父世釘御使師贍后貫晉州居慈仁

車聖祿 字汝善生 憲宗戊戌壬寅副護軍父以漢校理天輅后貫延安居尙州

金敬濟 字聖宗號柳史生 憲宗戊戌忝奉壽通政父商玉判書 自粹后貫慶州居尚州

李培巑 生 憲宗戊戌丁亥監察父熙根完原君 居高靈 燧后貫全州

南秦奎 字景七號武岩生 憲宗戊戌忝奉贈中樞父五衛將 升海兵使蓀后貫英陽居壽松

金永河 字源汝號深棲生 憲宗戊戌壬寅忝奉陞通政父德泰 忠烈公方慶后貫安東居榮州

黃性燦 字章五號菊圃生 憲宗戊戌癸巳官五衛將父敬秀侍 中忠俊后貫昌原居漆谷

張用業 字名殷號梅軒生 憲宗戊戌甲辰官議官父贈秘書丞 命圭贈秘書郎甘聖孫忠顯公夏后貫丹陽居聞慶

金斗培 字明汝號雪峯生 憲宗戊戌丙午官工議父通政顯瑞 忠簡公普后貫金海居陜川

徐在淳 字敬益生 憲宗己亥官忝奉父周輔忠肅公渻后貫 大邱居善山

俞廷煥 字燦瑞號玉川生 憲宗己亥癸酉官縣令父贈嘉善 東性景安公汝霖后貫杞溪居盈德

金正五 字致伯生 憲宗己亥戊寅官監役父敎都恭節公瑞 后貫慶州居尚州

金政武 字德俊號觀心軒生 憲宗己亥壬辰官忝奉陞通政父 世洛貞肅公仁鏡后貫月城居盈德

趙基珏 字德潤號蒼隱生 憲宗己亥壬寅官議官陞嘉善父同 樞大郁貞節公旅后貫咸安居青松

申奉均 字士玉生 憲宗己亥官忝奉父都事用德齊靖公孝昌 后貫平山居盈德

申泰熙 字文秀號奇山生 憲宗己亥壬辰官叅奉父嘉善徵俊壯節公崇謙后貫平山居禮安

崔應述 字景三號永和堂生 憲宗己亥戊寅官都事父 贈通政自鶴文昌候致遠后貫慶州居慶山

李極熙 字南壽號直齋生 憲宗己亥甲申官叅奉父源善星山伯能一后貫星山居星州

金達玟 字斗彥號老樵生 憲宗己亥癸卯官叅奉父志仁致東后貫金海居達城

周鶴旼 字健汝號松皐生 憲宗己亥官吏叅父 贈吏議基烈文敏公世鵬后貫尙州居聞慶

李龍奎 字聖德生 憲宗己亥戊子官都事父嘉善仲胤叅判秀亨后貫羽溪居安東

林會洙 字純甫生 憲宗庚子官議官陞通政父熙鎭貫醴泉居尙州

楊春圻 字善長號松齋生 憲宗庚子官通政父慶伯禮議孝智后貫淸州居新寧

金顯國 字聲振號聽流堂生 憲宗庚子官同敦寧父光植貫金海居軍威

李榛榮 字元實生 憲宗庚子官叅奉父孟德文忠公齊賢后貫月城居尙州

金璽鑌 字致彥號松庵生 憲宗庚子官壽官陞嘉善父次圭忠貞公澍后貫善山居尙州

安尙宅 字悳儒生 憲宗庚子丁亥官叅奉父泳培文惠公元崇后貫驪興居金泉

吳濬根 字舜瑞號崗潭生 憲宗庚子官議官父 贈吏叅元泳漢城判尹致雲后貫海州居聞慶

姜錫鼎 字戒吾生 憲宗庚子官主事陞通政父蒙奎兵判淮仲后貫晉州居盈德

韓漢基 字天有號泉窩生 憲宗庚子官府使父通政爾應嘉善光遠孫文靖公繼禧后貫淸州居慶州

鄭慶義 字致道生 憲宗庚子甲午官叅奉陞通政父成述榮陽公龔明后貫延日居義城

林愷夏 字茂兼生 憲宗庚子辛丑官同樞父寅覺進士叓后貫平澤居梁山

李補鉉 字俊彥生 憲宗庚子甲申官叅奉父碩淳判官重華后貫星山居星州

徐㪷淳 字星七號松岩生 憲宗庚子官侍讀父駉輔文忠公居正后貫達城居草溪

金商旭 字景信號聽松生 憲宗庚子官監察階嘉善父萬喜刑判自粹后貫慶州居聞慶

李彙寬 字舜高生 憲宗庚子丁亥官都事父叅奉宗國松安君子修后貫眞寶居安東

洪勉燮 字允樞號菊村生 憲宗庚子辛卯官同樞父 贈戶叅秉模南陽君彥潮后貫南陽

羅萬基 字景瑞號芝岡生 憲宗辛丑官叅奉陞通政父榊仁通政長守曾孫縣監尚裴后貫壽城居興海

朴能錫 字文汝號野樵堂生 憲宗辛丑官叅奉陞通政父通政源桂觀察召榮后貫密陽居盈德

林宗秀 字士彥生 憲宗辛丑官察訪陞中樞父都正順白 贈戶叅完哲孫縣監承業后貫平澤居聞慶

文載都 字士範號竹史生 憲宗辛丑已亥官議官父鐸規江城君益漸后貫南平居金海

金永鎭 字執慶號雲樵生 憲宗辛丑官叅奉 贈叅判父亨達內苑令得和后貫商山居聞慶

金源國 字允敬號竹圃生 憲宗辛丑議官陞嘉善父 贈嘉善字鎭忠貞公澍后貫善山居尙州

金基震 字士賢號秋峯生 憲宗辛丑叅奉陞通政父聖煥貫善山居尙州

金文鎭 字羽瑞號玉溪生 憲宗辛丑官都事陞嘉善父相仁忠貞公大欽后貫慶州居慈仁

趙完奎 字玉瑞生 憲宗辛丑官叅奉父性求克源后貫咸安居安東

盧應燮 字柄運號龜圃生 憲宗辛丑壬寅官叅奉父以永進士碩垕后貫光州居草溪

朴英度 字舜一生 憲宗辛丑官監役父太源主簿廷瀋后貫高靈居高靈

許相直 字可亨號灿僴生 憲宗辛丑甲申官監役父大濡貞節公麒后貫金海居三嘉

金載植 字聖運生 憲宗辛丑官叅奉父允坤文愍公馹孫后貫金海居善山

金是鉉 字致秀號秋溪生 憲宗壬寅癸巳官監役陞承旨父基旭 贈叅贊邦允曾孫忠烈公以甲后貫旌善居漆谷

李炳斗 字明瑞號伊岡生 憲宗壬寅甲午官禁都父東益判官重華后貫星山居星州

鄭秀慶 字光運號蠡窩生 憲宗壬寅丙午官僉樞父[illegible]台永靖節公矩后貫東萊居軍威

陳源益 字敬宰號受山生 憲宗壬寅官主事父浩善 贈工議有根后貫礪陽居尙州

金仁培 字淇淑號晦霞生 憲宗壬寅官禁都父通政顯致護軍大根孫判官世灌后貫金海居盈德

崔孝彰 字明遠生 憲宗壬寅乙巳官叅奉壽陞通政父處默持平道源后貫朔寧居泗川

金達璟 字景彥號晦湖生 憲宗壬寅癸卯官主事父志仁版圖判書管后貫金海居達城

李景相 字敬叔生 憲宗辛丑官叅奉父鴻哲進士惟元后貫星山居星州

金正復 字致明生 憲宗壬寅戊寅官都事父敎都恭儉公瓚后貫慶州居尙州

金晩喜 字致壽號旺谷生 憲宗壬寅官議官刑判自粹后貫慶州居尙州

金錫俊 字禹三號芝齋生 憲宗壬寅官監察父基鎬貫慶州居尙州

李汶業 字元吉號雲窩生 憲宗壬寅壬寅官叅奉父福龍訓院正蘊秀后貫慶州居新寧

權泰鼎 字允禮生 憲宗壬寅官叅奉陞嘉善父協辨重鶴秘書丞錫麟孫康定公轍后貫安東居盈德

金重培 字士興生 憲宗壬寅官叅奉陞通政父贈護軍顯祿金寧君時興后貫金海居尙州

金聲碩 字希汝生 憲宗癸卯官叅奉陞通政父東烈貫慶州居河陽

南休洙 字繼卿生 憲宗癸卯官叅奉父通德郎穆煥承旨隆達后貫英陽居尙州

文鎭元 字公善生 憲宗癸卯庚申官都事父允永三憂堂益漸后貫南平居尙州

金精奎 字仲汝號懼窩生 憲宗癸卯丙戌官都事父炳壽貫金海居固城

周時成 字致翼號溪隱生 憲宗癸卯官叅奉陞嘉善父贈吏叅道世瑜后貫商山居漆原

張柱翊 字武仲號晚庵生 憲宗癸卯庚子官叅奉父鳳儀忠貞公安世后貫仁同居仁同

崔相淳 字孝源號晚覺生 憲宗癸卯官叅奉壽通政父慶琥府使鐵堅后貫永川居慈仁

金龍鍾 字德和生 憲宗癸卯官同樞父在泗文忠公先致后貫商山居尚州

朴捧夏 字虞卿號心齋生 憲宗癸卯戊戌官叅奉父通政蘭東嘉善基淵孫恭簡公楗后貫密陽居長鬐

權義淳 字士宜號景陽齋生 憲宗癸卯官叅奉父僉樞在聖文忠公近后貫安東居軍威

李承慶 字潤國生 憲宗癸卯丙午官秘書丞父贈通政文耆讓寧大君禔后貫全州居河東

姜永模 字致賢生 憲宗癸卯癸卯官叅奉父義會文良公希孟后貫晋州居達城

盧應爽 字舜彥號蘿圃生 憲宗癸卯庚寅官禁都父贈左尹以懽吏正克復后貫光州居草溪

權光鎭 字華一號龜岩生 憲宗癸卯官都事壽吏議父通政範根貫安東居安東

朴明俊 字潤賢生 憲宗甲辰官叅奉父相根貫密陽居新寧

李彥秀 字子善生 憲宗甲辰官叅奉父基碩貞簡公璆后貫全州居迎日

金商仁 字子春號秋陂生 憲宗甲辰官叅奉貫慶州居尙州

金源斗 字順敬號川皐生 憲宗甲辰官秘書丞陞嘉善父贈嘉善宇鎭忠貞公 湖后貫善山居尙州

金廷應 字景和號南窩生 憲宗甲辰辛卯官叅奉副司果鳳壽玄孫僉使 達后貫義城居玄風

劉文璔 字重源生 憲宗甲辰癸巳官五衛將父允臣禮判畢雨后貫昌居居統營

曺守煥 字景翼生 憲宗甲辰官叅奉文簡公好益后貫昌寧居蔚山

申熙壽 字順五生 憲宗甲辰辛丑官叅奉父祖敬按濂使祐后貫鵝州居義城

林啓鉉 字春一生 憲宗甲辰官叅奉陞嘉善父基億護軍祈榮孫忠愍公慶業后貫平澤居寧海

吳繼泳 字承彥生 憲宗甲辰戊子官五衛將陞嘉善父贈戶叅震成碧城君致雲后貫海州居義城

具然哲 字善五生 憲宗甲辰官護軍父時應部將連佑后貫綾城居桼谷

金相翼 字聲遠生 憲宗甲辰丙戌官通政父道濟毅忠公文起后貫金寧居青松

金鍾福 字允一生 憲宗癸卯甲申官都事父在培安敬公永貞后貫金海居金泉

崔翰升 字昌可號景山生 憲宗甲辰官副司直父台鎭完山君阿后貫全州居固城

金炯孝 字良浩生 憲宗甲辰己丑官通政父丁權忠毅公文起后貫金寧居達城

李元雨 字仁彦號玉下生憲宗甲辰甲辰官叅奉父贈同樞鍾裕文忠公齊賢后貫月城居義城

金顯燮 字達瑞號春田生憲宗甲辰甲辰官叅奉陞通政司馬彦國后貫金海居慈仁

李圭元 字和允生憲宗乙巳乙丑官通政父司諫軏榮文忠公齊賢后貫慶州居英陽

金濟東 字汝楫生癸酉乙巳叅奉父主事佑漢太師宣平后貫安東居安東

徐丙玟 字文玉號晚聾生憲宗乙巳丁酉官議官陞通政父守東嘉善萬弘孫貞平公鈞衡后貫達城居榮川

金錫道 字敬倫生憲宗乙巳丁亥官都事忠貞公俊榮后貫盆城居青松

薛宅奎 字景安號天山齋生憲宗乙巳庚子官議官陞通政父通政敏道弘儒侯聰后貫淳昌居安東

柳盛祐 字慶道生憲宗乙巳壬午官護軍父贈叅判尙千文簡公寬后居金泉

李道敏 字孝汝號小川生憲宗乙巳乙酉官叅奉父尙奎守門將春滿孫星山伯能一后貫星山居星州

許焯 字奎五號琴坡生憲宗乙巳官都正父均侍郎有全后貫金海居迎日

安思潤 字致屋生憲宗丙午丙子官秘書丞父思珪文成公裕后貫順興居長鬐

李泳基 字夏彦號村隱生憲宗丙午甲申官都事陞通政父直煥兵叅大任后貫昌寧居長鬐

鄭仁悳 字濯謙號石下生憲宗丙午官叅奉陞通政父快永貫淸州居安東

李圭璐 字應瑞號山齋生 憲宗丙午官叅奉父嘉善厚榮毅靖公擢男后貫慶州居尙州

鄭元基 字聖道生 憲宗丙午官禁都父煥主司成從詔后貫延日居金泉

河象壽 字華瑞號晦山生 憲宗丙午己亥官監察父嘉善載鏞文孝公演后貫晋州居迎日

李鍾範 字景久號拙叟生 憲宗丙午官監察 贈兵議父贈嘉善圭曄忠翼公時發后貫慶州居青松

朴容悳 字士一號竹軒生 憲宗丙午戊子官中樞文穆公英后貫密陽居尙州

尹相直 字子聖號克窩生 憲宗丙午官叅奉陞通政父嘉善鼎老贈叅議在豹曾孫郡守科后貫坡平居盈德

權丙昊 字養五生 憲宗丙午官議官父陽和進士起準孫贈承旨命甲后貫安東居安東

張炳斗 字奇瑞號梅鶴齋生 憲宗丙午乙巳官禁都父楨文肅公順孫后貫仁同居慈仁

韓聲烈 字公振號槐泉生 憲宗丙午乙酉官叅奉父監役養根贈戶判用喆孫襄夷公瑞龜后貫清州居醴泉

李基洪 字禹三號守吾生 憲宗丙午官通政父仁攝訓判雲琥后貫星山居星州

金敎源 字周彦生 憲宗丙午戊午官叅奉父鎔熙恭節公瑞后貫慶州居河陽

朴俊欽 字俊汝生 憲宗丙午丙申官主事父命翰興生后貫密陽居永川

朴海鈞 字允五生 憲宗丙午己丑叅奉官掌禮院卿進士明胤后貫密陽居高靈

金鴻善 字振洪號默岩生憲宗丙午甲辰官叅奉父五衛將海喆貫靈岩居固城

金石九 字忠實生憲宗丙午官叅奉父宗秀忠毅公文起后貫金寧居金山

金炯極 字贊九生憲宗丙午癸巳官五衛將父甲權忠毅公文起后貫金寧居金泉

鄭龍鎭 字文瑞生憲宗丙午戊戌官叅奉父圭俊之虎后貫東萊居義城

金東熙 字瑞五生憲宗丁未官叅奉父聲佑齊肅公碅后貫慶州居咸昌

黃寅燮 字南瑞號檜圃生憲宗丁未甲申官副司果父生員秉運生員宗振孫莊武公衡后貫昌原居義城

朴基亨 字萬立生憲宗丁未官主事父戶議雲熙文獻公壎后貫密陽居尙州

尹炳一 字元伯生憲宗丁未甲午官議官父嘉善就相執義師晳后貫坡平居尙州

崔在洛 字士弘生憲宗丁未辛未官叅奉陞通政父通政有鉉文昌候致遠后貫慶州居奉化

鄭鎬相 字岐瑞生憲宗丁未丙午官叅奉父世淳領相道傳后貫奉化居奉化

李寅澈 字允瑞號梅史生憲宗丁未丁酉官禮叅父鐸巡文忠公開后貫陝川居陝川

金敎宏 字國瑞號麥翁生憲宗丁未丁丑官禮叅父贈吏議履致判尹善彥孫平章事起孫后貫慶州居長鬐

李運基 字德貫號岩齋生憲宗丁未庚寅官叅奉壽嘉善父仁煥兵叅大任后貫昌寧居長鬐

金基商 字德三號蒼圃生憲宗丁未甲辰官主事父叅奉教萬贈吏議履致孫平章事起孫后貫慶州居長鬐

李鍾春 字景鐸生憲宗丁未癸卯叅奉官都正父圭旭文忠公齊賢后貫慶州居迎日

李亨雨 字文瑞號玉隱生憲宗丁未己亥官博士父贈同樞鍾裕文忠公齊賢后貫慶州居義城

朴夏來 字禹若號東圃生憲宗丁未乙未官主事父準景司諫光祐后貫密城居慶山

金景洙 字碩文號晩隱生憲宗丁未官都事父叅奉端宗司直漢仝后貫義城居漆谷

朴永夏 字孟淑號溪樵生憲宗丁未壬辰叅奉官秘書丞父在應通政貴鉉玄孫進士雲后貫密陽居醴泉

南達洙 字益壽生憲宗丁未官監察父稷煥同樞正範孫贈承旨隆達后貫英陽居尙州

權啓和 字繼賢號菊圃生憲宗戊申官博士父行準僉樞命峻玄孫大憲定后貫安東居醴泉

金明烈 字致道號五儀堂生憲宗戊申辛卯官叅奉兵使用超后貫義城居星州

朴煃 號峯窩生憲宗戊申己丑官叅奉父中秀生員永昊孫武毅公毅長后貫務安居寧海

李鍾復 字周應生憲宗戊申丙午官叅奉父圭濶文貞公敬中后貫慶州居義城

裵珷絿 字章玉號梧汀生憲宗戊申甲戌官叅奉父基寬教授星昌玄孫貫達城居漆谷

林大元 字亨運生憲宗戊申辛卯官副司勇父禁都陽碩通政萬益曾孫襄平公自蕃后貫醴泉居盈德

金顯周 字性和號受未齋生憲宗戊申官議官父光植貫金海居義城

趙汝奎 字元五生憲宗戊申官叅奉父性春貞節公旅后貫咸安居義城

金東洛 字周都號晩松生憲宗戊申官叅奉父通政宗植掌令乙軫后貫慶州居盈德

白重昊 字敬民號雲溪生憲宗戊申父亨運僉樞思秀玄孫文簡公文寶后貫大興居淸松

姜養永 字元日生憲宗戊申乙未官主事父志忠掌令宗德后貫晉州居義城

崔雲默 字默如號竹圃生憲宗戊申癸卯官叅奉父叅奉卿述持平認后貫慶州居玄風

金敎洙 字士元號靑谷生憲宗戊申官叅贊父兵叅振熈貫慶州居晉州

姜載會 字遠老號溪菴生憲宗戊申辛卯官秘書丞父在周都巡撫使淮伯后貫晉州居達城

金浩[illegible] 字致裕號雲岡生憲宗戊申官都正父叅奉顯明僉正守賢后貫金海居永川

陳戊烈 字仁敬生憲宗戊申甲午官叅奉父贈工叅碩舜驪陽君寵厚后貫泗川

張七相 字君實號菊隱生憲宗己酉官議官父曄遠文康公顯光后貫仁同居密陽

尹相殷 字衡伯生憲宗巳酉官叅奉父喜東文肅公瓘后貫坡平居迎日

陸恒逵 字明彦生憲宗己酉乙己官叅奉父炳龜護軍承福后貫沃川居尙州

林喆夏　字聖三生 憲宗己酉官都事父萬翠西河椿后貫醴泉居尚州

朴基暄　字景華生 憲宗己酉官參奉父戶議雲熙文獻公墺后貫密城居尚州

金顯震　字致先號竹賢生 憲宗己酉官參奉父春植金寧君牧卿后貫金寧居尚州

金龍培　字俊汝生 憲宗己酉丙午官參奉父通政顯仁金寧君牧卿后貫金海居長鬐

權士俊　字致萬生 憲宗己酉甲辰官參奉父載演進士得仁曾孫贈吏判守經后貫安東居義城

權東善　字啓明號蓉南生 憲宗己酉癸卯秘書承父塤襄平公琙后貫安東居醴泉

李道榮　字致玉生 憲宗己酉壬寅參奉官同知父 贈吏參龍應同樞溫新孫襄僖公興商后貫月城居尚州

權道守　字聖極號芝庵生 憲宗己酉庚寅官參奉癸巳陞嘉善父鳳仁通政有中孫判官永通后貫安東居醴泉

李源澤　字雲齋號樂峯生 憲宗己酉甲申官通政父鎭元察訪壽建后貫星州居星州

崔顯璟　字景叔生 憲宗己酉庚子官參奉護軍道一曾孫貫慶州居醴泉

李三儀　字淑見生 憲宗己巳官都事父 贈承旨鈺字世子師禴后貫全州居密陽

金溶默　字雲卿號來山生 憲宗己酉乙巳官侍從副卿陞嘉善父護軍德柱翼元公士衡后貫安東居醴泉

朴致升　字基仲生 憲宗己酉官參奉父載李忠靖公世均后貫密城居慶州

二十二

金斗永　字永淑號退隱生　哲宗庚戌官叅奉父鍊碩觀察使字宏后貫聞韶居義城

洪祐誠　字致玉號三宜堂生　哲宗庚戌官都事　贈上議父叅奉洛周叅議夏周后貫豊山居竿溪

李樺熙　字子善號農軒生　哲宗庚戌官議官父安相中樞梅臣后貫星山居星州

崔翊朝　字祥輝號忍軒生　哲宗庚戌庚辰官叅奉父進士泰準進士彔魯係檢詳梃豪后貫忠州居醴泉

朴興淳　泉字致雲生　哲宗庚戌戊子官察訪定憲公成陽后貫咸陽居安東

全永瓘　字應九號松石生　哲宗庚戌辛卯叅奉官都事父誠大進士在學孫平簡公貢后貫旌善居安義

方震坤　字聖日號雲谷生　哲宗庚戌辛卯官都事　贈通訓父通訓周厦贈戶判興運孫叅判崇后貫溫陽居淸道

吳衡昊　字敬伯生　哲宗庚戌乙巳官叅奉父副護軍喜得文襄公延寵后貫海州居長鬐

安河教　字道賢號槐亭生　哲宗庚戌壬午官通政陞嘉善父戶判思憲文成公裕后貫順興居長鬐

權道胤　字緒賢生　哲宗庚戌辛卯官從仕郎父化仁判官永通后貫安東居龍宮

徐相燉　字潤瑞號桂亭生　哲宗庚戌丙申官主事陞通政[illegible]后貫大邱居大邱

李埰　字聖郊號月溪生　哲宗庚戌癸巳官文案父通政尙武同知忠民后貫碧珍居漆谷

黃聖基　字孟老生　哲宗庚戌官議官父叅奉濟禹侍中忠俊后貫昌原居慈仁

李暢坤 字孟珍號德菴生 哲宗庚戌官叅奉父應一叅判智源后貫星州居尙州

金華一 字允執生 哲宗庚戌官叅奉陞通政父致汶忠毅公文起后貫金寧居盈德

金鎣建 字義仲號竹塢生 哲宗庚戌官叅奉陞秘書承父興大府使逸駿后貫金海居迎日

權丙晋 字明吉生 哲宗庚戌乙酉官都事父洛周貫安東居榮川

安炳教 字俊汝號自隱生 哲宗庚戌己亥官監察父思翊文成公裕后貫順興居長鬐

黃河鎭 字山甫生 哲宗庚戌甲午官副護軍父護軍錫泰定略公貴成后貫平海居安東

金在燁 字景文號碧宇生 哲宗庚戌官叅奉父壽泓文愍公駉孫后貫金海居軍威

金駿植 字孔直號德隱生 哲宗庚戌官叅奉陞通政父齊寧大憲永貞后貫金海居尙州

金正主 字文仲生 哲宗庚戌官議官父通政炳翊太師宣平后貫安東居河陽

咸履元 字士瞻生 哲宗庚戌官叅奉父浩瑾傳系后貫江陵居尙州

李寶賢 字春吉生 哲宗辛亥乙巳官議官父光贊判典翮后貫慶州居昌原

金永九 字處旭號雲岩生 哲宗辛亥戊戌官都[illegible]左尹遇喆孫博士三達后貫靈岩居固城

趙光濟 字命新生 哲宗辛亥官叅奉父司僕正鏞卓護軍性珍曾孫貞節公旅后貫咸安居青松

曺秉文　字景博號退庵生　哲宗辛亥官㕘奉陞通政父啓進兵使學臣曾孫文簡公好益后貫昌寧居永川
金奎鏞　字文瑞號良松生　哲宗辛亥癸未官監役父泰豐節孝公克一后貫金海居陜川
張世鐸　字聖九生　哲宗辛亥官禁都父㕘奉　休恭武公彦良后貫德水居咸昌
曺喜成　字聖瑞生　哲宗辛亥丙午官㕘奉父通政玦煥翰林致虞后貫昌寧居慈仁
李圭元　字明五生　哲宗辛亥官㕘奉父椿榮文忠公齊賢后貫月城居聞慶
朴甲喆　字友三號止庵生　哲宗辛亥壬寅官通政父九倬大憲瑞生后貫比安居永川
姜永珪　字應成號池塢生　哲宗辛亥壬午官通政父　贈吏㕘是欽　贈㕘議世萬孫文景公孟卿后貫晋州居眞寶
李裕晶　字致先生　哲宗辛亥官工議陞嘉善父　贈掌禮院卿啓道生員學奎孫文忠公光佑后貫月城居醴泉
洪龍柱　字汝圭生　哲宗辛亥甲辰官主事父　贈嘉善遠萬賢靖公誥后貫南陽居尙州
黃致坤　字周伯號坪窩生　哲宗辛亥庚子官㕘奉壽戶㕘父在錫佼理打后貫平海居慶州
李貞和　字元一號晩齋生　哲宗辛亥官司僕父通德郎浩直進士鈺孫文烈公陽昭后貫順天居慈仁
姜泰馨　字國擧號松岡生　哲宗辛亥官通政父護軍佑汶　贈工㕘致奎孫菁原君利温后貫晋州居盈德
朴尙英　字華應號愚山生　哲宗辛亥乙未官㕘奉父性敏揚茂后貫密城居安東

朴熙俊 字致玉生 哲宗辛亥官叅奉父春來承旨 薰后貫密陽居尚州

吳鎭榮 字乃允號薇菴生 哲宗辛亥甲辰官副護軍陞嘉善父贈叅判宗羲文襄公延龍后貫海州居長鬐

千秉元 字益初生 哲宗辛亥內戌官副司勇父護軍宇永漢城左尹祥后貫潁陽居聞慶

羅鎭坤 字聖原號晚窩生 哲宗辛亥癸卯孝薦叅奉父致基判書緯后貫壽城居達城

金炳殷 字德玄號遯翁生 哲宗辛亥官都事父中樞培根定獻公係行后貫安東居盈德

金範洙 字聖敏生 哲宗辛亥官叅奉陞通政父叅奉弼俊義城君龍庇后貫義城居義城

許炘 字明五號琴軒生 哲宗辛亥官中樞父通政 城侍中有全后貫金海居迎日

崔洙祚 字若善號學圃生 哲宗辛亥官議官父珩寶判書 爲后貫遂安居盈德

李文榮 字周善生 哲宗辛亥內午官議官父嘉善應栢書狀官文佐后貫月城居咸昌

金碩俊 字明瑞號玉隱生 哲宗辛亥官左尹父錄業貫金海居義城

金定坤 字順安號棲菴生 哲宗壬子乙未官叅奉父泰聖嘉善漢秋玄孫儉閑欽祖 后貫豐州居盈德

車南燮 字春智號小山生 哲宗壬子癸卯官叅奉陞通政父通政憲祿校理天輅后貫延安居尙州

黃永讚 字圭伯號三溪生 哲宗壬子官叅奉父致虞嘉善玉善玄孫判書有定后貫平海居壽松

二十四

李淳龜 字君瑞生 哲宗壬子官參奉父進士文虎 贈工參挺斗孫禮參世復曾孫吏參世仁后貫星山居星州

金甲鉉 字善章生 哲宗壬子甲辰官參奉父寬昊翰林 勇后貫金海居草溪

全漢炳 字文瑞生 哲宗壬子官秘書丞父奎燦慶山君永年后貫慶山居晉州

朴基成 字聖觀號隴溪生 哲宗壬子甲午官參奉陞戶參父 贈承旨宗漢府使世吉后貫密陽居青松

崔璣洛 字幾玉號蓉左生 哲宗壬子辛卯官參奉父鉉禹同樞世根曾孫貞武公震立后貫慶州居英陽

嚴燦永 字應魯號竹溪生 哲宗壬子壬寅官嘉善父戶參鳳鎭 贈戶參履健孫忠毅公興道后貫寧越居慶州

權仁榮 字德祐生 哲宗壬子官秘書丞父用七吏判輗后貫安東居尙州

權萬直 字士元號竹坡生 哲宗壬子甲辰官參奉陞通政父副護軍杓儉部守順經后貫安東居尙州

朴基曜 字文煥生 哲宗壬子官參奉父戶議雲熙文獻公擇后貫密陽居尙州

秋鎭永 字伯卿號桂山生 哲宗壬子辛未官參奉陞秘書承父鏞弼教官尙義曾孫忠壯公永鏡后貫秋溪居大邱

金教永 字亨叔號石圃生 哲宗壬子官嘉善父履文莊公台瑞后貫慶州居迎日

朴和默 字明淑生 哲宗壬子庚午官參奉父廷賢文憲公永均后貫密陽居安東

李圭鳳 字致五生 哲宗壬子官參奉陞嘉善父 贈通政時榮判尹之帶后貫月城居慶州

金必均 字仁淑號檜溪生哲宗壬子丁酉官監察父琪煥文愍公馹孫后貫金海居昌原

金基孝 字明極號愚塢生哲宗壬子庚子官叅奉陞通政父潤吉生員錬后貫金海居豊基

丁大俊 字理見生哲宗癸丑己亥官叅奉父世教忠靖公應斗后貫羅州居善山

崔振鶴 字聲九號松湖生哲宗乙卯官吏曹叅判父通政奉教興來后貫慶州居永川

朴周善 字洪甫生哲宗癸丑甲辰官叅奉父永九縣監允贇后貫高靈居陜川

李萬株 字元吉號聾窩生哲宗癸丑丙午官監察陞通政父潤華郡守大期后貫全義居草溪

朴齊肅 字士敬號醉霞生哲宗癸丑辛丑官叅奉父禧壽平度公訔后貫潘南居義城

姜鉦文 字文汝號鰲隱生哲宗癸丑丙戌官承旨父昌執文貞公貞祐后貫晋陽居河東

林允根 字道元生哲宗癸丑乙巳官同樞父秘書承淳天忠貞公珪后貫平澤居義城

申泰麟 字景仁生哲宗癸丑官協辦陞嘉善父贈嘉善錫姬贈秘書承命敬孫文貞公贇后貫平山居寧海

金奉植 字春實生哲宗癸丑官叅奉父濟帆文愍公馹孫后貫金海居善山

金得鍾 字而叔生哲宗癸丑官議官父在殷文忠公先致后貫商山居尙州

馬鎬象 字和緝號芝原生哲宗癸丑官通政父通政魯華忠靖公天牧后貫長興居義城

文命澤 字仁善生 哲宗癸丑官叅奉父富衡江城君益漸后貫南平居金海

申德均 字潤五號石峯生 哲宗癸丑丙午官叅奉父監役昞黙文僖公槩后貫平山居善山

朴來善 字致善號石湖生 哲宗癸丑壬寅官主事陞通政父萬材密城君元生后貫密陽居尙州

文周永 字致祚生 哲宗癸丑戊寅官叅奉父國敏江城君益漸后貫南平居尙州

裵益洪 字而範號洛隱生 哲宗癸丑甲午官叅奉父叅奉德弼贈通政億良后貫達城居漆谷

申郁均 字致和號小潭生 哲宗癸丑丁未官叅奉父相允齊靖公孝昌后貫平山居大邱

李熙英 字明善生 哲宗癸丑乙未官叅奉陞通政父秉文大學釋之后貫永川居永川

郭星翰 字士允生 哲宗癸丑官叅奉陞通政同正承文后貫苞山居玄風

李根培 字敬燦號松隱生 哲宗癸丑叅奉陞嘉善父 贈惠民署正今白大學釋之后貫永川居河東

朴周完 字尙善生 哲宗甲寅甲辰官主事父永九縣監允贊后貫高靈居陜川

朴齊俊 字應九生 哲宗甲寅癸卯官叅奉父璡壽平襄公冑后貫潘南居義城

金仲洽 字正憲生 哲宗甲寅辛卯官中樞父戶叅永萬承旨星億孫司僕寺正宅漢曾孫貫安東居安東

朴來鍾 字曉應號鶴崖生 哲宗甲寅癸巳官禁都父都正震永贈兵判承老后貫高靈居高靈

金英洙 字衡必號遯齋生 哲宗甲寅官通政父參奉弼宗司直漢仝后貫義城居漆谷

盧秀鎬 字允實號觀柳生 哲宗甲寅壬寅官議官父應台進士碩亘后貫光州居草溪

鄭斗晩 字仁老號菊圃生 哲宗甲寅官監役父禁都壽運大學矩后貫東萊居金泉

朴基舜 字尙云生 哲宗甲寅丁酉官參奉父比澤文敬公宣中后貫密陽居尙州

徐錫奎 字道源號樂菴生 哲宗甲寅己巳參奉官秘書丞父嘉善旲炳學諭渡后貫達城居永川

李亨載 字龗彦生 哲宗甲寅丙子官參奉父參議時聞都事東瓊孫大學釋之后貫永川居永川

金致仲 字元瑞生 哲宗甲寅壬寅官參奉陞同副承旨父佑億忠毅公文起后貫金寧居寧海

金龍珠 字水奉生 哲宗甲寅戊子官參奉父重潤府使逸駿后貫金海居密陽

金履鑌 字應八生 哲宗甲寅官參奉父基普文忠公得培后貫商山居閒慶

金鳳應 字士草號松圃生 哲宗甲寅丁酉監察僉使連后貫義城居玄風

權丙辰 字善七生 哲宗乙卯乙未官主事陞通政花山府院君專后貫安東居安東

李若雨 字武元號石可生 哲宗乙卯戊寅官主事父鍾鎭文忠公齊賢后貫月城居義城

金覺煥 字順元生 哲宗乙卯丁酉官參奉父樹井贊成成丹后貫義城居義城

李一碩 字泰用生 哲宗乙卯辛丑官吏叅父承旨尙佾護軍永春孫廣平君 能扁貫星山居固城

金在珪 字敬振號默窩生 哲宗乙卯丙午官叅奉陞通政父郡守啓坤都事鴻晋曾孫忠毅公文起后貫金寧居慈仁

張仁德 字壽汝生 哲宗乙卯乙巳官議官陞通政父贈嘉善師哲贈通政奎文孫安襄公末孫居貫仁同居榮川

李以璟 字景玉號甑山生 哲宗乙卯乙未官主事副正瑞雨后貫慶州居漆谷

李竝榮 字致和號甑南生 哲宗乙卯官秘書丞父 贈議官龍弼贈承旨源新孫文靖公達衷后貫月城居尙州

沈宗夔 號蓉軒生 哲宗乙卯壬寅官叅奉官議官 贈兵叅父贈教官相周忠惠公連源后貫青松居醴泉

吳在善 字致宇生 哲宗乙卯官都正父仲默忠烈公達濟后貫海州居尙州

朴鎭先 字景瑞生 哲宗乙卯官議官父花得校理英孫后貫密陽居迎日

黃敬淵 字鳳彥號菊史生 哲宗乙卯丙午官叅奉陞通政父鑑民侍中忠俊后貫昌原居固城

孫廷國 字盛連號枕山齋生 哲宗乙卯辛丑叅奉官都正父東振靖平公洪亮后貫一直居義城

金在潤 字周完生 哲宗乙卯乙酉官承旨父 贈承旨琮默贈兵議尙燉孫平章事國后貫義城居河東

韓琦錫 字敬彥號老農生 哲宗乙卯戊子官叅奉陞中樞父嘉善守教翰林瑞鳳后貫清州居永川

權泰昌 字興根號杏窩生 哲宗乙卯乙巳官主事陞通政父鋼判書 鞫后貫安東居義城

韓潤浩 字稀星生 哲宗乙卯叅奉陞通政父貴宗襄節公確后貫淸州居盈德

金寅根 字春殷號西隱生 哲宗乙卯丙戌官叅奉父準淳貫安東居安東

文鎭成 字明瑞生 哲宗乙卯甲申官叅奉陞通政父允永忠宣公益漸后貫南平居尙州

林孟洙 字繼夏生 哲宗乙卯官叅奉父議官膺鎰西河椿后貫醴泉居尙州

金先鎭 字致賢號九梅軒生 哲宗乙卯乙酉官叅奉父浩圭瑛后貫安東居英陽

崔錫珍 字子翼生 哲宗乙卯官工叅父憲壽司成洧后貫月城居慶州

金洪鎭 字範九號隱山生 哲宗丙辰壬辰官主事僉使景錄后貫安東居星州

李珒 字允慶號晚覺生 哲宗丙辰乙酉官左尹父贈工議瑞基牧使杜后貫陝川居河東

李圭炯 字聖五號守愚生 哲宗丙辰庚子官通政父萬根嘉善承裕孫典書景芬后貫陝川居迎日

孔錫善 字學賢生 哲宗丙辰乙酉官承旨父贈同樞萬奎俯后貫曲阜居河東

金基善 字振亮號海山生 哲宗丙辰辛卯官都事父五衛將載詣博士三達后貫靈岩居固城

吳銓 字士仲生 哲宗丙辰丙午官叅奉父載元進士守盈后貫高敞居義城

許慶宰 字周會號香山生 哲宗丙辰官叅奉父致樂麒后貫金海居固城

嶠南科榜錄附錄卷之二　二十七

李弘儀 字鳳見生 哲宗丙辰官叅奉 父贈承旨鈺宇世子師 鎦沂后貫全州居密陽

金星伯 字伯瑞號晩松生 哲宗丙辰壬寅官叅奉 父吏叅浩養 右水使榮福曾孫版圖判書管后貫金海居慶州

金允芝 字明五號雲泉生 哲宗丙辰壬寅官議官陞通政義城 君龍庇后貫義城居大邱

權丙漢 字禹範號錦下生 哲宗丙辰甲辰官主事 父錫奎光祿 守洪后貫安東居安東

權甲運 字和一生 哲宗丙辰戊戌官叅奉 父通政致正司正壽 福后貫安東居長鬐

孫秀光 字明玉號松竹生 哲宗丙辰癸巳孝薦叅奉陞承旨 父 永馥同樞明澳孫景節公仲暾后貫月城居青松

朴基潤 字彙瑞號菊軒生 哲宗丙辰壬辰官叅奉 父健杜萬戶 仁老后貫密陽居永川

金振鍾 字卿叔生 哲宗丙辰官叅奉 父在殷文忠公先致后貫 商山居尚州

宋景澤 字賛振生 哲宗丙辰辛巳官叅奉 父錫岩進士汝霖后 貫恩津居固城

裵顯俊 字慶五生 哲宗丙辰庚子官叅奉 父相祐監司龍吉后 貫興海居義城

沈宜喆 字景八生 哲宗丙辰官叅奉青松伯元符后貫青松居 青松

姜世華 字士鎭號活壽生 哲宗丙辰官叅奉文景公孟卿后貫 晋州居眞寶

全奎泳 字明重號晩松亭生 哲宗丙辰乙巳官叅奉 父性烈司 直希哲后貫沃川居榮川

沈箕燮 字盈進號梅隱生　哲宗丙辰甲辰官叅奉父同樞相沈典理判書元符后貫青松居丹城

裵炳翼 字文伯生　哲宗丙辰辛卯官叅奉父相能直提學闓后貫星山居星州

千冀弼 字聖化號廣庵生　哲宗丙辰官叅奉陞通政父宗永兵判萬里后貫潁陽居尙州

禹夏浸 字珠賢生　哲宗丙辰甲午官叅奉父東駿文信公倬后貫丹陽居密陽

金述鎭 字元伯生　哲宗丙辰官都正父續圭瑛后貫安東居安東

朴大浩 字子有生　哲宗丙辰壬寅官叅奉父嘉善永熙文献公壎后貫密陽居金山

金侹秀 字長彦號智水齋生　哲宗丙辰壬申官叅奉陞通政父時輅順忠公宣弓后貫善山居善山

崔瓚 字振玉號春海生　哲宗丙辰官叅奉父叅奉澤憲副提學萬里后貫海州居聞慶

崔周厦 字膺益生　哲宗丙辰官都事父叅奉應天原從勳禮弘后貫慶州居盈德

林漢基 字應天號南皐生　哲宗丙辰官訓鍊判官父俊尙貫平澤居尙州

秋秉特 字學善號農圃生　哲宗丙辰甲辰官主事貫秋溪居尙州

呂道鉉 字元善號石岩生　哲宗丙辰官叅奉貫咸陽居尙州

李鍾赫 字武卿生　哲宗丙辰官叅奉父進士圓奎副提學孟賢后貫載寧居尙州

尹昌來 字周甫號枕澗生 哲宗丙辰辛卯官叅奉父吏議汝稷監察 納后貫坡平居禮安

林淳輔 字應善號石泉生 哲宗丙辰丙午官叅奉父護軍漢坤忠愍公慶業后貫平澤居密陽

崔鉉一 字舜慶號松塢生 哲宗丙辰官都正父河壽司成 納后貫月城居慶州

姜永璇 字國彥號竹澗生 哲宗丁巳丁酉官叅奉父都正志亨贈贇成淮伯后貫晉州居義城

金相閏 字德敏生 哲宗丁巳壬寅官都事父致道叅奉 强后貫光山居靈山

金潤鍾 字國元號烏溪生 哲宗丁巳官主事父通政基震貫善山居尙州

金應洛 字英瑞號斗山生 哲宗丁巳丙午官叅奉父昊鎭節孝公克一后貫義城居陜川

金謦錬 字孟文生 哲宗丁巳壬寅官叅奉父通政采圭忠貞公大欽后貫夔州居慈仁

朴春睦 字敬章號雲溪生 哲宗丁巳戊子官都正父 贈嘉善東鎭凝川君臣蕤后貫咸陽居慈仁

金桂漢 字仁宅生 哲宗丁巳辛丑官叅奉父呂鎭太師宣平后貫安東居安東

金商石 字昶爽號樵隱生 哲宗丁巳丁亥官監察吏叅光億曾孫刑判自粹后貫慶州居漆原

裵致鳳 字致敬號義堂生 哲宗丁巳甲午官正言父護軍相周尙龍后貫星山居尙州

陳義善 字子應號秋波生 哲宗丁巳乙酉官監察父基祿工議有根后貫礪陽居尙州

金貴賢 字希仲生　哲宗丁巳己酉官叅奉父震烈　贈工叅連鳳后貫義城居星州

金在希 字邦彦生　哲宗丁巳官叅奉父秉燦順忠公宣弓后貫一善居善山

李奎文 字謙五號星黎生　哲宗丁巳己酉官叅奉父斗容讓寧大君禔后貫全州居漆谷

尹龍炳 字聖文號蒼澗生　哲宗丁巳甲申官叅奉陞副司果父相斗大司成倬后貫坡平居醴泉

朴基鎬 字德春生　哲宗丁巳甲午官叅奉父　贈承旨宗漢副護軍福泰曾孫府使聖望后貫密陽居青松

黃景周 字聖從號南坡生　哲宗丁巳官叅奉陞通政父鍾律貴成后貫平海居安東

權洞 字文汝號何山生　哲宗丁巳己亥官都事父都正鎬晉郍事成業后貫安東居安東

李樹和 字斗讚生　哲宗丁巳壬辰官都正父敬錫忠肅公藝后貫鶴城居蔚山

朴埰憲 字敬爰號藍谷生　哲宗丁巳官通政父議官來燦貫密陽居蔚山

金大鑽 字汝弘號鶴山生　哲宗丁巳庚子判尹父　贈嘉善炳仕同樞天厚后貫安東居咸昌

都致永 號海隱生　哲宗丁巳官叅奉父副司果鎔有判書有道后貫星州居義城

朴來灌 字石晚號沙岩生　哲宗丁巳乙酉官都事父都正基修文献公坰大后貫密陽居尚州

安宅鍊 字應三號樵隱生　哲宗丁巳官叅奉　贈嘉善父通政基泰察訪遇坤后貫順興居新寧

金炳武 字德仁生 哲宗丁巳官都事父中樞培根定獻公係行后貫安東居盈德

孫世淵 字致淡生 哲宗丁巳官叅判父吏叅璋鎬 贈工議德沉后貫密陽居迎日

盧秉國 字永善號錦叟生 哲宗丁巳官叅奉父騎龍進士守誠后貫安康居聞慶

金麟權 字聖實號聾叟生 哲宗戊午官叅奉陞通政父尙奎嘉善貴化玄孫忠毅公文起后貫金寧居盈德

金顯周 字士見號橘隱生 哲宗戊午癸巳官承旨父 贈承旨文斗安敬公永貞后貫金海居河東

李基榮 字君善生 哲宗戊午癸巳官監察父嘉善泰震府使景湖后貫豐州居金海

金佑漢 字經天號松圃生 哲宗戊午甲辰官主事父中樞命鎭太師宣平后貫安東居安東

曺秉敬 字致孝生 哲宗戊午官議官陞通政父嘉善舜承文莊公偉后貫昌寧居靑松

許琬 生 哲宗戊午癸巳官教官父叅判 渡左尹萬錫孫貫金海居永川

車炳允 字聖浩生 哲宗戊午乙巳官吏議父敬轍剛烈公云革后貫延安居靈山

金仁植 字文吉號隱齋生 哲宗戊午丁酉叅奉官同樞父通政海東 贈刑議應致玄孫文敏公冲漢后貫月城居長鬐

裵在仁 字致戒號梅隱生 哲宗戊午丙午官秘書丞父坤祚大諫規后貫星山居星州

孫秀亨 字雲瑞生 哲宗戊午官都正父 贈通政致中景節公仲暾后貫月城居河陽

梁宗河 字亨淳生 哲宗戊午壬寅官㕘奉父鳳凾文襄公誠之后貫南原居迎日

李泰淳 字亨室號紫下生 哲宗戊午庚子官㕘奉父正綱僉樞春孟孫正字時詥后貫星山居星州

禹元熙 字善長號伊樵生 哲宗戊午官㕘奉父秉道文僖公倬后貫丹陽居慶州

金聖珪 字有振號石章生 哲宗戊午丁亥官都正陞嘉善父郡守啓坤都事鴻晋曾孫忠毅公文起后貫金寧居慈仁

金溶柱 字允善生 哲宗戊午己丑官㕘奉父華仁忠毅公文起后貫金寧居晋州

石駉俊 字景淑號默軒生 哲宗戊午官㕘奉吏㕘成玉后貫忠州居大邱

朴沃鎭 字希仲號隱樵生 哲宗戊午庚寅官副護軍父啓鱗㕘奉遷善后貫密陽居永川

金秉泰 字泰和號華山生 哲宗戊午辛丑官㕘奉陞通政父振球進士聃壽后貫義城居金山

尹珍東 字德中生 哲宗戊午官都正父通政澤奎昭靖公 坤后貫坡平居蔚山

金元性 字聖振號洛菴生 哲宗戊午丁酉官監察父同樞東世左尹義之后貫清風居禮安

蔣斗寬 字辰俊號芝菴生 哲宗戊午癸卯㕘奉官秘書丞父振坤府使後璲后貫牙山居永川

金基祚 字秀麗生 哲宗戊午乙巳㕘奉官禁都父副護軍周輝贊成成丹后貫義城居義城

崔潤晋 字允執號寓岩生 哲宗戊午癸巳官㕘奉父舜鳳監察光璲曾孫贊成得海后貫慶州居河陽

權圭洛 字敬欽號鶴稼齋生哲宗戊午庚寅官叅奉父中樞斗萬叅議宅永孫都事尙律后貫安東居新寧

申永球 字順和號隴浦官叅奉壯節公崇謙后貫平山居尙州

權杓俊 字啓宣號桐村生哲宗戊午官副護軍郡守順經后貫安東居尙州

嚴文鉀 字元汝號石菴乙酉官監役父廷憲忠毅公興道后貫寧越居蔚山

洪泳淑 字德賢生哲宗戊午叅奉官禮叅父叅奉魯殷南陽君澍后貫南陽居尙州

朴道顯 字乃彧號精軒生哲宗戊午壬寅官叅奉父護軍震龍工判遇春后貫密陽居密陽

崔昌煥 字元弼生哲宗戊午壬寅叅奉官監察父琦述文昌侯致遠后貫慶州居奉化

權鴻洛 字局彥生哲宗戊午叅奉父錫百忠毅公應銖后貫安東居仁同

林一相 字範壽號問山生哲宗巳未丁酉主事父叅判謇洙都正鵬后貫羅州居義城

李基永 字君五生哲宗己未叅奉父馥元文順公奎報后貫驪州居高靈

李得雨 字克實生哲宗己未甲辰主事父鍾洪文忠公齊賢后貫慶州居淸道

林柱植 字近午生哲宗己未叅奉陞嘉善父贈嘉善淳哲恭惠公整后貫平澤居盈德

金永輝 字君燮號梅軒生哲宗巳未戊子叅奉官經歷父都事俊和貫義城居永川

文永碩 字明善號德隱生　哲宗己未叅奉父在河忠宣公益漸后貫南平居尙州

申相㙊 字晋玉號東庵生　哲宗己未丙申主事父叅奉泰熙壯節公崇謙后貫平山居禮安

吳圭洛 字圭伯生　哲宗己未庚子官教官陞嘉善父　贈協辦連根徵士國華后貫海州居義城

安千奎 字贇瑞號慕岩生　哲宗己未官監察父處大副提學祖同后貫順興居星州

南熙杓 字致文生　哲宗己未叅奉陞嘉善父中樞泰圭五衛將升海孫兵使　蓀后貫英陽居青松

金律淳 字百能號鳳隱生　哲宗己未叅奉父鶴渡護軍虎三玄孫叅判啓元后貫金寧居尙州

尹善文 字甫玄生　哲宗己未甲辰官秘書丞父嘉善湯權太師莘達后貫坡平居昌寧

安載鳳 字章五生　哲宗己未癸未禁都父通政烇鎭中樞潤璉曾孫貫順興居醴泉

千玎洛 字文克號菊圃生　哲宗己未癸卯官議官父宣傳錫七忠壯公萬里后貫潁陽居固城

沈景燮 字乃進號汕庵生　哲宗己未甲辰官監役父同樞相沇典理判書元符后貫青松居丹城

尹鳳周 字敬斗號南竹汀生　哲宗己未叅奉　贈禮判滋鴻孫貫坡平居尙州

閔泳泰 字伯道號愚村生　哲宗己未癸卯叅奉父祖鎬掌令孝憧后貫驪興居金山

張斗龍 字亨七號松隱生　哲宗己未官工議父鏞弘興義衛彪后貫仁同居慶州

鄭奎錫 字漢鳴生 哲宗己未官軍司馬父監役斗羲宣傳萬儀玄孫東平君 種后貫東萊居達城

朴魯興 字慶和生 哲宗己未官議官父東碩工判士吉后貫密陽居河陽

李　汶 字景準號洛醒生 哲宗庚申丙午叅奉陞通政温惠公師孟后貫德山居漆谷

崔慶淳 生 哲宗庚申癸卯主事父尙祿縣監欣命后貫海州居義城

李寬德 字文伯生 哲宗庚申辛卯叅奉父舜賺星山伯能一后貫星山居星州

梁在義 字舜直號鹿隱生 哲宗庚申叅奉父元煥文襄公誠之后貫南原居金海

鄭建燮 字敬一號高菴生 哲宗庚申癸卯議官父嘉善東旭良景公熙啓后貫慶州居金泉

閔道植 字學遠生 哲宗庚申癸卯教官父泳鳳掌令孝懽后貫驪興居金山

裵致熙 字致晬生 哲宗庚申戊子官監察父相文尙龍后貫星山居尙州

李應植 字致五號德圃生 哲宗庚申官都正父基彥叅判智源后貫星州居尙州

李在吉 字允祚號松庵生 哲宗庚申叅奉父宗衍叅判智源后貫星州居尙州

朴雲熙 字仲天生 哲宗庚申官戶議父原杓文獻公墹后貫密陽居尙州

崔錫默 字伯憲生 哲宗庚申官監察父崙壽禮議 灝后貫慶州居慈仁

金敎亨 字元弼生 哲宗庚申癸奉父翰熙吏判 鵠后貫慶州 居尙州

金會淳 字致善生 哲宗庚申官監察陞通訓父副護軍琮九臧 寧君饒后貫咸昌居尙州

金永模 字繼善號隱窩生 哲宗庚申癸奉父 贈嘉善源川忠 貞公澍后貫善山居尙州

金商龍 字見九號石蘭生 哲宗庚申官議官父議官晚喜刑判 自粹后貫慶州居尙州

昔鍾奎 字致萬號德隱生哲宗戊午壬辰監察父大演元會后貫 慶州居金泉

金景鎭 字在善號翠磵生 哲宗戊午庚子癸奉父明季文簡公 淨后貫慶州居金山

郭致兌 字致雲號蘆隱生 哲宗庚申癸奉父通政東國文憲公 元振后貫苞山居玄風

申應昊 字而淑號聾山生 哲宗庚申丙午議官父主事相大壯 節公崇謙后貫平山居禮安

朴鍾一 字景七生 哲宗庚申乙巳癸奉父嘉善嗜穆進士宗蕃 后貫密陽居安東

金元道 字道敬生 哲宗庚申中樞父嘉善吉俊鶴城君 完后 貫金海居固城

黃夏源 字德甫號栗隱生 哲宗庚申癸卯癸奉父癸奉始欽奉 事埰孫戶癸德秀后貫平海居青松

李鍾間 字章玉號錦溪生 哲宗庚申癸卯癸奉父主幹文忠公 齊賢后貫慶州居永川

金琪淵 字時見號過齋生 哲宗庚申丙戌監役父都正正錄義 城君錫后貫義城居陜川

秦尙億 字聖培生哲宗庚申己丑監察父都正喜鵬知中樞泳翊孫貫豊基居豊基

沈宜植 字景立號老山生哲宗庚申官郡守進士清后貫青松居青松

河相泰 字永淑號東隱生哲宗庚申丙午參奉父錫一文孝公演后貫晋州居新寧

鄭演臣 字處允號竹塢生哲宗辛酉甲午禁都孝貞公玉良后貫草溪居梁山

金秀赫 字致活生哲宗辛酉辛丑議官陞通政父禧淵戶參龍在曾孫應教光燁后貫順天居醴泉

林斗華 字舜七生哲宗辛酉主事父永浩通政奎國曾孫西河椿后貫醴泉居醴泉

趙圭明 字舜和號逸松生哲宗辛酉癸卯參奉官議官父通政性旭贈吏參錫祐孫貞節公旅后貫咸安居青松

朴鎭東 字明仲號洛村生哲宗辛酉左承旨父吏議徽壽進士守進后貫密陽居安東

崔奎弘 字聖道號星岩生哲宗辛酉丁亥參奉父贈判尹秉洙參奉天綱后貫慶州居星州

李中珏 字聖獻生哲宗辛酉參奉父晩皓主簿善道后貫眞寶居寧海

陳昌善 字夏彦號石川生哲宗辛酉都事父基周贈工議有根后貫礪山居尙州

李澤和 字而魯號柳川生哲宗辛酉戊子禁都父嘉善泰倫大學釋之后貫永川居永川

金宇集 字功彦號龍岩生哲宗辛酉監察父議官永浩都事恩翊孫忠翼公命元后貫慶州居青松

鄭圭煥 字君善生　哲宗辛酉敎官父叅奉權吉殷烈公臣烈后
貫晋陽居晋州

金思隱 字德招號亀軒生　哲宗辛酉丁酉禁都父光植文忠公
得培后貫商山居聞慶

金昞濟 字丙植生　哲宗丁巳辛卯叅奉陞副承旨刑判自粹后
貫慶州居漆原

洪鍾模 字成德生　哲宗辛酉甲午叅奉父秘書丞致敏碩果后
貫南陽居固城

安致洪 字明執生　哲宗辛酉壬寅承旨父時仲文成公　珦后
貫順興居長鬐

太秉珏 字暎瓏生　哲宗辛酉甲辰議官父相淑執義斗南后貫
永順居慶山

張震相 字達五號島隱生　哲宗辛酉乙巳叅奉父植遠文康公
顒光后貫仁同居長鬐

禹錫德 字河瑞號松堂生　哲宗辛酉癸巳叅奉陞通政父嘉善
鼎祿左議政仁烈后貫丹陽居尙州

洪德裕 字達卿生　哲宗辛酉議官父延厚貫南陽居奉化

林秉洙 字羲正生　哲宗辛酉議官父議官膺鎭西河　椿后貫
醴泉居尙州

林治洙 字禹若號竹塢生　哲宗辛酉乙巳叅奉父漢鎭西河
椿后貫襄陽居尙州

具廷植 字景三號竹軒生　哲宗壬戌甲午叅奉父光七文節公
鴻后貫綾城居英陽

沈琥澤 字啓五號松韶生　哲宗壬戌主事父叅奉宜善學士
逖后貫青松居青松

金永珣 字文午生 哲宗壬戌壬寅嘉善父百鍊通政光日曾孫文愍公馹孫后貫金海居迎日

裵鳳祥 字聖韶號采軒生 哲宗壬戌辛丑參奉贈吏判德文后貫星山居河陽

鄭泰元 字文郁號于今生 哲宗壬戌秘書承父同中樞矩鎬贈禮參在詵孫文安公穆后貫東萊居彥陽

許執九 字善鳴生 哲宗壬戌參奉正憲公伯琦后貫金海居永川

崔必錫 字德重生 哲宗壬戌都事父嘉善昊壽進士臣隣后貫慶州居淸道

孫亮熏 字鳴國號素軒生 哲宗壬戌壬寅參書父復遠翰林肇瑞后貫一直居密陽

朴炳七 字元弼生 哲宗壬戌參奉官禁都父中和忠九后貫密陽居奉化

薛鎭世 字德温號晩窩生 哲宗壬戌庚子參奉父通政宅奎弘儒侯聰后貫淳昌居安東

金相彥 字景執號俗隱生 哲宗壬戌壬寅參奉父監役淑源都事錫鎬孫商山君得齊后貫商山居尙州

權泰軾 字善之號痴齋生 哲宗壬戌乙未參奉父麟永信靖公相一后貫安東居尙州

金秉植 字均學號華隱生 哲宗壬戌乙巳參奉陞通政父振球進士聃壽后貫義城居金山

沈琮燮 字應進號溪庵生 哲宗壬戌癸巳秘書丞父同中樞相源典理判書元符后貫靑松居丹城

趙圭憲 字乃彬生 哲宗壬戌議官父性昌 贈吏參錫祜孫貞節公旅后貫咸安居靑松

金在寬 字聖華號農窩生 哲宗壬戌議官陞通政 贈護軍碩龜玄孫兵使用超后貫義城居星州

趙元奎 字聖和生 哲宗壬戌官叅奉父性根 贈通政淳煜玄孫貞節公旅后貫咸安居義城

金悌培 字聖邦生 哲宗壬戌教官陞工叅父 贈禮判顯崑 贈叅判漢植孫安敬公永貞后貫金海居金山

金益孝 字性極號誠齋生 哲宗壬戌叅奉陞判官父潤吉生員鍊后貫金海居豊基

金容禧 字士吉號慕溪生 哲宗壬戌叅奉父假監役柄斗文愍公馹孫后貫金海居淸道

文錫周 字大深號海隱生 哲宗壬戌丙午叅奉父議官載郁江城君益漸后貫南平居金海

禹萬東 字和日號潤石生 哲宗壬戌辛巳叅奉父世海左相仁烈后貫丹陽居尙州

金是奉 字允錫號竹山生 哲宗壬戌議官父叅奉春福叅判洪宇后貫金海居迎日

朴允奎 字應五號松塢生 哲宗壬戌乙巳叅書父宗根密陽君陟后貫密陽居尙州

吳斗泳 字聖述生 哲宗壬戌丙午叅奉父嘉善容善縣監景醇后貫海州居尙州

權義榮 字聖彦生 哲宗壬戌叅奉父用七吏判 皖后貫安東居尙州

沈宜善 字義善號五友堂生 憲宗庚子叅奉學士 遜后貫靑松居靑松

金斗勳 字世賢號松岩生 哲宗癸亥叅奉父通政純重文敏公冲漢后貫慶州居迎日

梁在日 字太奎號梅軒生 哲宗癸亥司業父議官兢煥文襄公誠之后貫南原居東萊

盧性仁 字振見生 哲宗癸亥枀奉父通政喆敬進士强文曾孫文簡公守愼后貫光山居青松

金相珪 字敬源號晚休生 哲宗癸亥丙午枀奉陞通政父郡守啓坤都事鴻晋曾孫忠毅公文起后貫金寧居慈仁

林鎔圭 字潤秉生 哲宗癸亥枀奉父通政恕春都事再華曾孫暄后貫羅州居迎日

沈相穆 字官一生 哲宗癸亥壬寅枀奉父英澤恭肅公澮后貫青松居尙州

鄭在誠 字德明號愚溪生 哲宗癸亥戊戌枀奉父 贈通政禧鼂殷烈公臣烈后貫晋陽居河東

金容漢 字鳳瑞生 哲宗癸亥戊子都正陞嘉善父中樞鍊斗文愍公駬孫后貫金海居大邱

崔璀秀 字明彦號南湖生 哲宗癸亥教官父副司果翔强貞武公震立后貫慶州居固城

曹文煥 字文玉生 哲宗癸亥己亥都事陞嘉善父監察秉斗監役河一孫縣監尙貞后貫昌寧居河陽

宋源錫 字乃弘號遯窩生 哲宗癸亥壬寅主事父鎭旭貞烈公松禮后貫礪山居仁同

姜錫會 字汝欽號後亭生 哲宗癸亥察訪父在周都巡問使淮伯后貫晋州居達城

金在浩 字亨淑號樵山生 哲宗癸亥壬寅都事父云哲忠毅公文起后貫金寧居長鬐

李興雨 字春心號鶴山生 哲宗癸亥枀奉父鍾成文忠公齊賢后貫月城居尙州

金敬燮 字致卿生 哲宗癸亥叅奉父相龜盆城君遵榮后貫金寧居尙州

朴鍾運 字允瑞生 哲宗癸亥叅奉父通政者俊進士愼后貫密陽居義城

黃在漢 字希淑號秋岡生 哲宗癸亥壬寅議官父副司果寅燮莊武公衡后貫昌原居義城

張興植 字筆瑞號農圃生 哲宗癸亥叅奉左尹仲陽后貫仁同居尙州

權經錘 字緯景生 哲宗癸亥叅奉父必稱太殿直孝當后貫安東居醴泉

金相淵 字舜若生 哲宗癸亥叅奉父惪源文忠公得培后貫商山居聞慶

秋鎭求 字伯卿號桂山生 哲宗壬子叅奉官秘書丞父鏞弼致宮尙義曾孫忠壯公水鏡后貫秋溪居大邱

李鍾道 字明瑞號龜山生 哲宗癸亥壬辰叅奉父贈通政聖俊曕通訓恒胤孫吏叅秀亭后貫羽溪居禮安

林炳壕 字慶添號春可生甲子辛卯都正父基相節度使晋后貫羅州居蔚山

李用赫 字熙若生甲子壬寅叅奉父夏烈 珙后貫禮安居安東

崔尙基 字應八生甲子甲午叅奉父榮日文昌侯致遠后貫慶州居義城

李奎慶 字誠伯號蓮亭生甲子己酉叅奉父聖容讓寧大君褆后貫全州居漆谷

徐錫奎 字華淑生甲子壬寅吏叅父周基軍資正 復玄孫忠靖公穎后貫達城居迎日

李晩注 字鳴瑞生甲子辛丑叅奉父通政彙洙文純公滉后貫眞寶居禮安

金祉東 生甲子主事官議官父副司果浩淵副護軍鳳鎭孫貫安東居安東

黃玩欽 字文若號友堂生甲子叅奉父奉事埰嘉善性虞孫叅議膺中后貫平海居青松

裵致鳳 字致敬號義堂甲午正言父副護軍相周尙龍后貫星州居尙州

廉在鉉 字建五號烏山生甲子乙未叅奉官議官父武科仁壽忠敬公悌臣后貫坡州居安東

金容杓 號不知軒生甲子孝行敎官節孝公克一后貫金海居永川

金洛鎭 字元京生甲子癸卯叅奉父宇圭贈禮叅卓根曾孫贈吏叅麗三后貫安東居醴泉

全致璟 字景玉生甲子甲辰叅奉陞通政父駿臣文忠公昇后貫天安居慈仁

鄭永河 字洛應生甲子乙巳叅奉父弼鎔府使大弘后貫迎日居醴泉

金顯業 字元一號松庵生甲子監察官秘書丞父贈嘉善道植贈承旨濟得孫金寧君牧卿后貫金海居盈德

尹炳五 字季元生甲子戊戌叅奉父嘉善就相執義師哲后貫坡平居尙州

李圭寅 字景洛號松下生甲子叅奉父植榮貫慶州居河陽

張星漢 字德瑞號忍窩生甲子乙酉都事父贈義禁府事恭鎭玉山君安良后貫仁同居醴泉

孫基亭 字左京號雲叟生甲子辛丑衆奉父胄憲翰林肇瑞后貫一直居密陽

朴來吉 字致圓號花隱生甲子都事父贈兵議基旭文獻公[illegible]后貫密陽居尚州

權心奭 字子敬生乙丑衆奉父通政晉和贈承旨命甲后貫安東居安東

金佑權 字善五生乙丑都事父溶彥忠毅公文起后貫金寧居大邱

申炳熙 字養奎號愚岑生乙丑甲午都事陞通訓父承旨檳文傳公槩后貫平山居安東

崔秉權 字順長號淵亭生乙丑癸卯監察父衆奉顯洪文成公阿后貫全州居固城

宋基烈 字翼秀生乙丑議官父奎燦正嘉公瑞后貫礪山居善山

黃圭逸 字大彥號東岡生乙丑丙午主事父貞旭監察令祿后貫昌原居慈仁

宋盛浩 字成雲號石川生乙丑衆奉父中樞有寬正嘉公瑞后貫礪山居義城

申相璟 字景玉號西庵生乙丑辛卯通政父衆奉泰熙壯節公崇謙后貫平山居禮安

崔嵬泰 字敬八號晦崗生乙丑壬辰都事父都正舜哲訓判洙贈玄孫貫慶州居河陽

李鍾國 字道元生乙丑壬寅主事官議官父衆奉圭夏文忠公齊賢后貫慶州居咸昌

崔潤道 字晟瑞號雲溪生哲宗戊午甲午通政父舜九監察光遂曾孫贊成得海后貫慶州居河陽

金成鎬 字允緝號訥山生乙丑官議官陞通政父載護通政應瑞曾孫贈吏叅宗傑后貫義城居安東

尹德文 字乃沃生乙丑癸巳都事太師幸達后貫坡平居昌寧

金昌鉉 字聖殷號龜崗生乙丑乙酉都事父 贈協辦致順 贈秘書永禮末孫忠毅公文起后貫金寧居尙州

姜永達 字德三生乙丑戊戌通政父 贈戶議致欽 贈左承旨世瀅孫文景公孟卿后貫晋州居眞寶

崔成壽 字成正號海隱生乙丑議官父僖大監察世華玄孫觀察灌后貫尙州居寧海

周時赫 字國瑞號耕隱生乙丑庚寅叅奉官議官父叅判鶴畋文敏公世鵬后貫慶州居聞慶

尹相佑 字敬甫號洗心軒生乙丑甲午都事父副司直滋哲右相壕后貫坡平居盈德

金顯澤 字道一號一菴生乙丑壬辰叅奉官秘書丞父通政[illegible]植通政濟鍊孫金寧君牧卿后貫金海居盈德

林暐洙 字義順生乙丑叅奉父議官膺鎭西河椿后貫醴泉居尙州

金聖元 字致雲生乙丑叅奉父得龍進士守一后貫醴泉居尙州

裵基聖 字賢淑號春潤生乙丑都五都正相殷孫晋孫后貫星山居尙州

崔炳烈 字紋鮮號栢庵生乙丑議官陞通政父嘉善翼根文肅公灝后貫月城居慶州

鄭玹洛 字聖居生丙寅辛丑叅奉父之寬貞簡公琢后貫淸州居義城

梁在奕 字文奎號晦田生丙寅辛卯叅奉父議官兢煥文襄公誠之后貫南原居東萊

丁祺燮 字衡淑號農溪生丙寅壬寅叅奉父大彬進士興敎孫監司夢吉后貫羅州居新寧

辛時洪 字敬直生丙寅乙酉都正父通政貞龜鏡后

許烋 字敏汝號松石生丙寅癸卯議官父戶叅璥大學邕后貫金海居統營

崔錫夏 字元道生丙寅戊戌都正父叅判致鴻叅奉應圭孫文憲公冲后貫海州居永川

柳心鎬 字龜用生丙寅辛丑博士父基福護軍廷燧孫贈吏叅復起后貫全州居安東

李仁浩 字卿可號月生丙寅叅奉陞通政父贈童敎鍾達判書英后貫星山居星州

黃思欽 字聖若生丙寅庚子叅奉父嘉善致億通政性千孫兵議臏中后貫平海居慶山

趙鏞杜 字聖弼生丙寅壬寅叅奉典書悅之后貫咸安居安東

梁承海 字君明生丙寅丙午通訓贈吏議父天錫貫南原居尙州

朴相信 字華仲號鴻隱生丙寅孝薦工議父東漢進士亨仝后貫月城居青松

金貴源 字天若生丙寅秘書承父秘書丞在眞遜后貫金海居醴泉

鄭寅淳 字文中號台谷生丙寅戊子議官父圭赫左尹世和后貫東萊居與興亭

權相玉 字致文號溪雲生丙寅辛卯叅奉父復性太師幸后貫安東居英陽

宋錫禎 字敬章號菊圃生丙寅戊子都事父通政國明叅判樺壽后貫恩津居金海

崔錫夏 字元道號稼翁生丙寅己亥都正父叅判致鴻叅議宗興孫太師冲后貫海州居永川

黃在浩 字聖運號鳳宇生丙寅壬寅主事父宜燮生員秉連孫莊武公衡后貫昌原居義城

石載俊 字慶秀號小溪生丙寅叅奉官議官父致奎吏叅成玉后貫忠州居大邱

李鍾義 字明和號雲樵生丙寅主事父圭鳴毅靖公擢南后貫慶州居尙州

李澤龍 字聖集號石圃生丙寅監察父叅奉暢坤叅判智源后貫星州居尙州

朴明夏 字淳汝號農山生丙寅辛丑叅奉貫密陽居尙州

孫晋玖 字致三生丙寅叅奉父秀根進士季墩后貫月城居新寧

孫基祖 字右京號竹庭生丙寅辛丑叅奉父斗憲翰林肇瑞后貫一直居密陽

申璐燮 字聲振號南樵軒生丙寅乙巳秘書承陞嘉善父贈協辦達植顯叅議元祿后貫鵝州居大邱

孫亮秀 字明錫號碧堂生丙寅叅奉父永海府尹萬雄后貫慶州居尙州

李豊煥 字亨伯號求堂生丁卯主事陞通政父縣監宗植吏判支廈后貫平山居豊基

李純一 字善五號梅北生丁卯庚寅監察父鎮奎軍資監正鐗后貫碧珍居陜川

黃佑英 字應淑號愛山生丁卯丁酉副司勇父　湲忠節公　瑞后貫平海居迎日

金禧永 字聖綏號秋岡生丁卯壬寅議官父致鏞副護軍之律孫進士思義后貫金海居慶州

曺翰鍾 字士欽號遯岩生丁卯叅奉父喜潤都事光鎰后貫昌寧居密陽

金富潤 字聖瑞生丁卯甲辰主事父都正讃律禹範后貫金海居慶州

姜在馨 字文玉號愚石生丁卯甲午都事父遠永淮仲后貫晋陽居晋州

石文宅 字熙源號翠隱生丁卯戊戌叅奉官議官父嘉善基潤芮城君鄰后貫慶州居慈仁

金永灝 字鳳一號青峯生丁卯癸巳教官父縣監尚鍾侍郎世貞后貫靈岩居固城

林炳疇 字範九號芸湖生丁卯監察父武科弘相禮叅　鵬后貫羅州居金泉

金鍾麟 字孔範生丁卯叅奉陞通政父重培金寧君時興后貫金海居尚州

姜理馨 字文善生丁卯叅奉官監察父健溶　樸后貫晋州居尚州

鄭奇煥 字致雲生丁卯壬寅叅奉父都事漢秀僕射　穆后貫東萊居永川

林在馥 字鍾五號愚隱生丁卯監察父叅奉時夏西澗　椿后貫醴泉居尚州

申鉉洙 字養善號三峯生丁卯壬寅柔書父柔奉德均文僖公
槩后貫平山居善山

徐相烋 字伊原號月圃生丁卯壬寅柔奉陞通政父柔奉在淳忠
肅公 湝后貫達城居善山

金鳳泰 字周鉉生戊辰乙巳柔奉父承斗文忠公宗直后貫善山
居善山

金佑鍾 字國燮號梧村生戊辰柔奉陞通政父通政基震貫善山
居尚州

曺奎煥 字聚五號竹塢生戊辰辛未柔奉陞通政父秉演文忠公
漢英后貫昌寧居仁同

徐泰永 字應瑞生戊辰己亥柔奉父通政聖欽監察近中后貫達
城居陜川

梁琪煥 字敬潤生戊辰甲午吏柔父戶柔柱邦 贈左承旨道民
孫府院君水精后貫南原居河東

金致洙 字性五號錦湖生戊辰官議官父嘉善尚鍾興武王庾信
后貫金海居高靈

李宰鉉 字聲五生戊辰壬寅柔奉父圭顯 贈工柔成榮孫書狀
官文佐后貫月城居醴泉

李漢基 字玖麗號槐隱生戊辰癸卯柔奉父熙碩獻納士澄后貫
星山居永川

金基伯 字聲玉號玉軒生戊辰丙午柔奉父善熙文簡公 浄后
貫慶州居尚州

高混 字聖源號渭翁生戊辰丙戌教官父通政彦睦直提學士
原后貫開城居尚州

南晩洙 字聖魯號小賴生戊辰甲辰承訓郎父錫胤英毅公 敏
后貫英陽居醴泉

宋龍敏 字士元生戊辰教官父通訓啓鱗㕘議　琦后貫恩津居固城

林盛坤 字雨秀生戊辰㕘奉父國載同中樞還興玄孫文憲公季美后貫彭城居奉化

吳鎬泳 字周卿號慕月堂生戊辰丙午㕘書父基善應鼎后貫海州居蔚山

李圭熙 字國亟號峴樵㕘奉父議官文榮書狀官文佐后貫慶州居咸昌

李君浩 字允成生戊辰乙巳㕘奉父鍾興翼平公季男后貫平昌居尙州

金相昊 字乃欽號無悶堂生戊辰丁未㕘奉父琦珠文敏公冲漢后貫慶州居玄風

金演珏 字重汝號桃隱生戊辰甲辰㕘奉父溶曄護軍宗範孫忠毅公文起后貫金寧居盈德

金振龍 字允若號安軒生己巳甲午禁都父　贈戶㕘聖葉貫光山居固城

金春浩 字亨一生己巳壬寅吏㕘父聲重通政稱森曾孫貫金海居迎日

李相潤 字允初生己巳丙午㕘奉父㕘贊曄雨　贈義禁府事厦秀孫文忠公齊賢后貫月城居玄風

金永琪 字春瑞生己巳壬寅㕘奉父嘉善慶孝冲漢后貫慶州居山淸

韓翼源 字禹伯號石此生己巳㕘奉父都事錫佑戶㕘重儀孫貫淸州居醴泉

白宗基 字公淑生己巳癸巳教官父通政南遊戶㕘樂寀孫貫水原居晋州

權道周 字聖鐸號桐岩生己巳辛卯叅奉父鳳仁通政有中孫判官永通后貫安東居醴泉

金平日 字重浩號蘭溪生己巳戊戌官議官父嘉善涏杜忠靖公以章后貫金海居統營

朴齊灝 字孝淑生己巳叅奉父正言明壽進士宗喬孫司諫時源曾孫大諫承任后貫潘南居榮川

李宗儀 字敬順號慕農生己巳戊子都事父潤宇孝寧大君補后貫全州居聞慶

金聲國 字亨直生己巳己亥叅奉父監察鳳應僉使連后貫義城居玄風

林泳鎭 字聖涵號蒼巢生己巳叅奉父監役奎晋西河椿后貫醴泉居聞慶

石相奎 字允明號白樵生己巳戊戌主事父叅奉熙楝府院君良善后貫忠州居慶山

金泰永 字士集號霞隱生己巳議官父商輔察訪理元后貫順天居聞慶

權重祿 字燦瑞生己巳議官父郡守致鎬忠毅公應銖后貫安東居新寧

南戚洙 字順敬生己巳議官父通政錫煥左承旨隆達后貫英陽居尙州

金勳圭 字雲一號岩西生己巳叅奉父烱胄忠毅公文起后貫金寧居尙州

吳秉秀 字聖肯生己巳丁酉叅奉父通政萁根彥毅后貫高敞居盈德

沈懿澤 字善仲號德岩生庚午壬寅叅奉典理判書元符后貫青松居青松

徐錫祚 字致涇號松塢生庚午壬寅杀奉陞嘉善父同中樞得基兵議守幹會孫忠靖公顥后貫達城居迎日

車鳳晋 字德三生庚午杀奉父正孫剛烈公云革后貫延安居盈德

李鎮元 字元佾號龍岩亭生庚午丁亥杀奉官吏杀父　贈吏杀聖德嘉善仲胤孫杀判秀亨后貫羽溪居安東

姜岐浩 字文玉號松軒生庚午丙午主事父議官大鳳御使師瞻后貫晋州居慈仁

金善在 字明淑生庚午丙午杀奉父嘉善道周　贈敎官起鳳后貫義城居義城

崔鉉吉 字春和生庚午議官縣監繼宗后貫月城居永川

金相貴 字汝華號海隱生庚午癸卯杀奉官議官父都事奎祐同中樞熙壽孫大安君殷烈后貫慶州居迎日

金顯奎 字文見號九下生庚午杀奉父通政廷權司藝履祥后貫金海居慈仁

金相才 字永瑞生庚午甲辰杀奉陞通政父達福文愍公馹孫后貫金海居・河陽

林明植 字星八生庚午丙午杀奉陞通政父秘書承淳天忠貞公垶后貫平澤居義城

曺秉洪 字致九生庚午杀奉父嘉善永承　贈嘉善錫南孫襄平公益濤后貫昌寧居河陽

尹渭遇 字善文號石樵生庚午甲午杀奉父嘉善甲鎛判書　堭后貫坡平居青松

金東曄 字敬五生庚午都事父亨濟刑判自粹后貫慶州居英陽

金炳星 字聖一號蓮坡生庚午癸卯議官父敬根 贈吏叅麗三玄孫主簿三友后貫安東居醴泉

方行源 字仁澤號甘隱生庚午壬寅叅奉父 贈戶叅植根叅議思友后貫軍威居金泉

朴天銖 字仁錫生庚午甲午都事父時穆知中樞廷賓后貫密陽居梁山

河成龜 字潤益生庚午辛丑議官父通政聖千禦侮 濎后貫晋州居金海

李炳奎 字文淑號竹塢生庚午甲午禁都父東和大學釋之后貫永川居永川

李圭復 字惠長號陰湖生庚午乙巳議官父相榮貫慶州居善山

裵基舜 字賢暎號石亭生庚午壬辰判決事 贈戶叅父東鳳都正相殷孫貫星山居尚州

崔武煥 字應文生庚午甲辰叅奉父鳳成左相潤德后貫通川居尚州

禹種俊 字世明號旺桂生庚午官議官父通政錫德左相仁烈后貫丹陽居尚州

尹濟來 字士集號晚覺生庚午癸卯郡守父吏議汝稷監察 汭后貫坡平居英陽

李鍾瓘 字聖三號蘇隱生庚午壬寅叅奉官叅判父 贈嘉善昂在完豊君元桂后貫完山居慶州

金榮國 字永守號溪岩生庚午壬寅叅奉父 贈吏叅厚源文敬公壽童后貫安東居長鬐

盧道根 字聖三號鳳樵生庚午叅奉父見國都事恢龍孫進士守誠后貫安康居長鬐

尹素五 字順元生辛未秘書丞父顯相平靖公壕后貫坡平居永川

申　相 字周馹號農隱生辛未辛卯叅奉父贈戶叅大禹壽左承旨賢權孫文僖公槩后貫平山居泗川

金復基 字明淑生辛未叅奉父通政烔孝忠毅公文起后貫金寧居達城

李萬承 字仁彦號松田生辛未叅奉父叅奉弼泰忠僖公悋后貫全州居固城

河載禹 字文允生辛未官禮議父贈左承旨斗運贈兵判洪泰孫吏佐受一后貫晋陽居晋州

金昌鎬 字子瑜號秋水生辛未乙巳叅奉父通政基準忠貞公大欽后貫慶州居慈仁

沈東澤 字平仲號松石生辛未博士進士淸后貫青松居青松

嚴世碉 字子翊號鳳崗生辛未官議官父贈判尹碩浩忠毅公興道后貫寧越居永川

李源庸 字賢守號西岩生辛未辛丑叅奉父叅奉運鎬松安君子脩后貫眞寶居安東

李潤一 字性直號黽岡生辛未壬辰叅奉父正煥判書鳴謙后貫碧珍居陜川

金　址 字乃洪生辛未叅奉父之容貫慶州居釜山

文致南 字致五生辛未壬寅通政父淑陽江城君益漸后貫南平居安東

張翊文 字國弼生辛未癸卯議官父復吉安襄公末孫后貫仁同居榮川

朴琪浩 字琪玉生辛未主事父主事俊欽副正晚根玄孫興生后貫密陽居永川

李運韶 字應舜號樂圃生辛未甲辰議官陞嘉善父嘉善宅垓通政相益孫上將軍守椿后貫永川居長鬐

金善權 字舜如生辛未父 璋軍資正汝礪后貫慶州居永川

金麟浩 字孔瑞號海史生辛未叅尉父監察商旭刑判自粹后貫慶州居聞慶

李鶴魯 字聲在生辛未甲辰叅奉父根衡同敦寧時容孫兵議之華后貫全義居高靈

金洛源 字聖則號耕庵生辛未官主事父 鎔 贈吏叅宗傑后貫義城居安東

尹相殷 字聖魯生辛未癸巳叅奉父通政汝雲執義師晳后貫坡平居尚州

尹 桄 字佑欽生辛未甲午叅奉父貞一進士仁[illegible]后貫坡平居達城

林栢洙 字挺春生辛未叅奉父議官膺鎮西河 椿后貫醴泉居尚州

金顯洛 字龜瑞號菊隱生辛未叅奉父駿植大憲永貞后貫金海居尚州

安宅弼 字敬默號滄隱生辛未甲辰議官官叅書父思珪文成公裕后貫順興居長鬐

朴海成 字敬淳生辛未主事父通政好鎭恭簡公 楗后貫密陽居盈德

金鏞俊 字周逸號月圃生辛未叅奉父都正培根嘉善啓植曾孫安敬公永貞后貫金海居長鬐

吳明煥 字恒必生辛未忝奉陞通政父嘉善益模碧城君致雲后貫海州居安東

宋學淳 字致成生辛未甲午忝奉父東壽冶城君孟英后貫冶城居榮川

申晩均 字聖初生辛未壬寅教官父相大壯節公崇謙后貫平山居善山

張炳煥 字士郁生辛未忝奉父應喆進士潛后貫仁同居尚州

金翌九 字仁具生辛未癸卯忝奉父都事基載文簡公淨后貫慶州居尚州

曺誠煥 字允仲生壬申都正陞嘉善父嘉善秉祥文莊公偉后貫昌寧居青松

洪在[illegible] 字萬範號翠岩生壬申丙午通政父中樞勉燮贈戶忝秉模孫南陽君彥澍后貫南陽

黃永彩 字而悅號石田生壬申丙午議官父忝奉瑋鎭同中樞禮周孫贈左尹敏麟曾孫牧使俊良后貫平海居醴泉

崔東恒 字泰明生壬申癸巳忝奉父必峻完山君阿后貫全州居固城

金靖燮 字奉敬號秋塘生壬申乙巳議官父秘書丞相亨忠貞公俊榮后貫金寧居尚州

金炯砥 字聖明號寒雲生壬申中監察父景權忠毅公文起后貫金寧居尚州

安鎔學 字景立生壬申壬寅副承旨父命旭文成公珦后貫順興居迎日

徐相禧 字成五生壬申壬寅忝奉父通政翊淳忠肅公渻后貫達城居金泉

趙鏞燮 字泰員生壬申五衛將父五衛將國奎貞節公旅后貫咸安居固城

裵基蘭 字聖範號旺溪生壬申中樞父禁都致鳳工判晉孫后貫星山居尚州

徐錫吉 字奇叔號稼隱生壬申從仕郎陞通政達城君晉后貫達城居尚州

黃昞祀 字璣瑞號我泉生壬申癸卯參奉父相九通政文源曾孫觀察使天繼后貫平海居醴泉

申泰憲 字晉秀生壬申丁酉參奉父耆錫文貞公[illegible]后貫平山居盈德

金孔植 字聲振號白軒生壬申郡守父監役正五恭節公瑞后貫慶州居尚州

朴來璇 字聖建號竹隱生壬申議官父參奉基曜文獻公揆后貫密陽

俞致鎬 字卿汝號鶴巢生壬申主事陞嘉善父贈通政廷煥景安公女霖后貫杞溪居盈德

金孝鎭 字文七生壬申參奉父嘉善玉均贈左承旨德根曾孫判官孫權后貫安東居寧海

姜泰一 字舜執生壬申壬寅參奉父聖鎬殷烈公民瞻后貫晉州居善山

禹東萬 字雲景號雲浩生壬申甲午參議父世達左相仁烈后貫丹陽居尚州

文鍾周 字大見號避松生壬申丙午參奉父議官載有江城君益漸后貫南平居金海

千秉祿 字華玉號菊圃生壬申己亥承旨父通政禹永忠壯公萬里后貫穎陽居聞慶

曺喜俊 字和實生壬申議官父忝奉守煥文簡公好益后貫昌寧居蔚山

金光洙 字光彥號江隱都正父通德郎旭大通政應柱曾孫節孝公克一后貫金海居蔚山

朴柱夏 字聖寬號淸岩生癸酉忝奉陞通政父通政來政文獻公興大后貫密陽居尙州

崔鉉宗 字善益生癸酉忝奉縣監繼宗后居永川

鄭承模 字周顯生癸酉議官父翼運贈吏判龜齡后貫東萊居眞寶

金昌洪 字善若生癸酉議官父都正東錬禮判乙和后貫慶州居永川

金亨琣 字和執生癸酉甲辰主事父五衛將顯載文愍公馹孫后貫金海居善山

金在鍾 字允伯號蒼史生癸酉壬寅主事父副卿溶默護軍德柱孫翼元公士衡后貫安東居馬山

金永宅 字處一號雲樵生癸酉監察父都正芳善博士三達后貫靈岩居固城

林震根 字晦汝號松軒生癸酉主事父嘉善愷夏牧使檜后貫平澤居梁山

金烔甲 字京燦生癸酉忝奉父同中樞潤祚贈嘉善華琇孫忠毅公文起后貫金寧居盈德

金溶夏 字義卿生癸酉忝奉同樞有興玄孫忠毅公文起后貫金寧居安東

林在鳳 字翔千號竹苞生癸酉都事父忝奉時夏西河椿后貫醴泉居尙州

李東奎 字稺明號農窩生癸酉叅奉父壽浩星山伯能一后貫星山居星州

文仁穆 字致雲生癸酉官南營文案父德聖忠宣公益漸后貫南平居咸安

李正植 字聖玉號野壠生癸酉叅奉父在俊叅判智源后貫星州居尙州

朴東昌 字永春號松圃生癸酉通政文穆公英后貫密陽居尙州

朴鳳夏 字汝寬號石連生癸酉議官陞通政貫密陽居尙州

朴櫻碩 字善益生癸酉癸卯議官陞通訓文穆公英后貫密陽居善山

朱璇斗 字景弼號新岩堂生癸酉叅奉刑判夢龍后貫新安居尙州

韓栒源 字明善生癸酉癸卯叅奉父德龍貫清州居慶州

崔錫玗 字聲振生癸酉官都正父同樞鳳周恭順公齊顏后貫慶州居金泉

崔基榮 字周卿號藍田生癸酉辛丑叅奉父斗弼戶叅東麟孫文昌候致遠后貫慶州居興海

權養元 字舜八號重泉亭生甲戌甲午叅奉父叅判通卒 贈嘉善應翼孫戶叅謙后貫安東居禮安

金相濱 字德賢號南棠生甲戌丙午叅奉父五衛將應祚文愍公馹孫后貫金海居河東

朴憲贊 字君瑞生甲戌壬寅叅奉父義林忠貞公審問后貫密陽居安東

金卓熙 字應天號雲南生甲戌庚子叅奉官秘書承父弼銖忠順衛漢碩后貫義城居義城

韓奎錫 字聚五號晩松生甲戌壬寅叅奉父漢起通政爾應孫主簿夢鸞后貫清州居青松

金廷璧 字佐卿號可次生甲戌壬寅官議官父同中樞珪碩贈戶叅殷業孫直提學琪后貫義城居義城

裵重煥 字公伯號荷汀生甲戌乙巳叅奉父高模觀察桓后貫興海居安東

李敬承 字仁五號松岩生甲戌丙午叅奉父叅奉弼泰忠信公佺后貫全州居固城

白樂朋 字盛三號居然居士生甲戌叅奉父嘉善洙煥文肅公仁傑后貫水原居盈德

趙定植 字周日號愼默齋生甲戌辛丑主事陞通政父議官基珏貞節公旅后貫咸安居青松

鄭仁奎 字文燦生甲戌癸巳官都事父嘉善鶴咸贈僉樞始協孫吏叅介保后貫東萊居河陽

金奉圭 字景三號漢浦生甲戌乙巳主事父叅奉炳斗判官保權后貫安東居醴泉

申永圭 字文祚號龍洲生甲戌叅奉父通政應周齊靖公孝昌后貫平山居安東

權相奎 字星五號文溪生甲戌官主事父主事鍾仁通政震亨后貫安東居禮安

李弘杰 字四秉號雲岡生甲戌辛卯叅奉官監察父都正樹和忠肅公藝后貫鶴城居蔚山

李恒雨 字乃衡生甲戌丙午叅奉父通政鍾弼嘉善主寬孫大學蒨后貫慶州居盈德

徐廷奎 字文九號農圃生甲戌叅奉父宗載貫蓮城居尙州

李鍾郁 字振如號石隱生甲戌主事陞通政父圭瑞穀靖公擢男后貫月城居尙州

金判培 字文伯號樂汕生甲戌丙午叅奉父顯大金寧君牧卿后貫金海居尙州

金炳柱 字希郁生甲戌甲辰主事父相義萬戶駿文后貫淸道居河陽

吳國煥 字聖弼生甲戌甲午叅奉官副護軍父嘉善益模碧城君致雲后貫海州居安東

尹榮來 字士集號退山生甲戌壬寅叅奉父吏議汝稷監察汭后貫坡平居英陽

金在浩 字善吾生甲戌壬寅叅奉父議官衡翬掌令漢哲后貫義城居尙州

李鍾憲 字國鳴號悅樂堂生甲戌癸卯叅奉父圭寅大隱后貫月城居慶州

裵義鳳 字允彦號秋堂生甲戌癸巳官禁都父相周工判晋孫后貫星山居尙州

白滿基 字慶順號龍原生乙亥官議官父重禧監察浩運孫忠簡公文實后貫大興居靑松

朴聖鎬 字性元生乙亥甲辰叅奉父時璟校理民俊后貫密陽居密陽

白樂圭 字益三號休雲生乙亥癸卯叅奉父贈同樞湘洙文敬公仁傑后貫水原居尙州

李鍾德 字德賢號虎隱生乙亥壬辰議官父叅奉圭元文忠公齊賢后貫慶州

徐憲碩　字星旭生乙亥乙未吏叅父有承達城君　晉后貫達城　居統營

朴光沐　字應直號春江生乙亥叅奉父議官雲漢密城君思愼后　貫密陽居尙州

申燮均　字景初號健岩生乙亥壬寅戶議父相遠壯節公崇謙后　貫平山居善山

金𢏚權　字和用號雲菴生乙亥主事父　璋軍資正汝礪后貫慶　州居永川

朴演厦　字起範號蘆隱生乙亥辛丑禁都父叅奉道顯承旨　琰　后貫密陽居密陽

林晨鍾　字瑞一號東溪生乙亥辛丑叅奉父監察興圭判書　壎　后貫羅州居永川

金商鳳　字漢翼號蓮溪生乙亥壬辰敎官父在德樂春后貫順天　居聞慶

金泳濟　字仗璇號湖隱生乙亥甲午監役父商龍刑判自粹后貫　慶州居尙州

陳禧斗　字景贊號石村生丙子叅奉父基俊翰林　灘后貫驪陽　居高靈

李彥雨　字可善號松澗生丙子叅奉陞通政父　贈兵議鉉範忠　翼公時發后貫慶州居青松

申泰昇　字大允號雲窩生丙子叅奉父錫俊　贈兵議致洛玄孫　文貞公賢后貫平山居盈德

南鉦濩　字學源號鶴樵生丙子叅奉父錢泰　贈承旨隆達后貫　英陽居醴泉

裵相周　字文叟號樂亭生丙子監察陞護軍父孟淳尙龍后貫星　州居尙州

金相建 字輳老號龍岩生丙子辛丑叅奉官秘書丞父五衛將俊炯護軍聖淳曾孫文愍公馹孫后貫金海居奉化

姜道熙 字景三號竹吾生丙子叅奉父通政泰馨護軍佑汶孫菁原君利温后貫晋州居盈德

李泰熇 字靈旻號蘭湖生丙子議官父五衛將佑尙校理希閔后貫陜川居草溪

朴植用 字順益號渭軒生丙子壬寅叅奉父喜春叅奉興居后貫密陽居尙州

金錫學 字致章號愚溪生丙子都事父叅奉仁權通政宗之孫文敏公冲漢后貫慶州居長鬐

金在鍊 字允强號海秋生丙子壬寅主事父溶默秘書丞榮柱孫大學彦沉后貫安東居醴泉

金載鎔 字喜善號石樵生丙子丁酉秘書丞父必均文愍公馹孫后貫金海居昌寧

千秉時 字璟文號文昭生丙子辛丑叅奉父通政壽永左尹祥后貫潁陽居聞慶

趙鏞聲 字鳴玉號晩愚生丙子甲辰叅奉官秘書丞父俊奎少尹忠后貫咸安居安東

崔正鎔 字景三生丙子叅奉父學升完山君阿后貫全州居固城

申濬休 字舜可生丙子叅奉父泰琦文貞公贇后貫平山居盈德

金鳳植 字順七生丙子主事父聖元守一后貫義城居尙州

朱宰民 字明七號南岡生丙子甲辰議官父通政拱益刑判夢龍后貫新安居晋州

秋聖燁 字治馨號石川生丙子參奉陞通政貫秋溪居尙州

林淳泰 字明奎號翠岡生丙子參奉父九鉉恭惠公整后貫平澤居尙州

李愚億 字大卿號鶴沼生丙子丁酉主事父參奉龜和承旨尙逸后貫碧珍居善山

申聖均 字性伯生丙子乙巳參奉父監察敬熙文僖公槩后貫平山居善山

申鉉淑 字浩善號茅亭生丙子甲辰議官父參奉德均文僖公旣后貫平山居善山

韓濟東 字汝楫號秋航生丁丑辛丑參奉父生員克源判書哲冲后貫淸州居淸道

趙柄鎭 字撫卿生丁丑丙午議官陞通政父衛將永濟忠毅公宗道后貫咸安居安東

柳淵旭 字厚卿號農窩生丁丑丙午秘書丞父中樞昌鎬提學義孫后貫全州居大邱

朴昌夏 字士元號西谷生丁丑參書父承旨萊珍文獻公撰后貫密陽居尙州

嚴壹燮 字仲文號海川生丁丑丙午議官父道煥鳳起后貫寧越居密陽

朴熙倚 字致英號修齋生丁丑參奉父議官膺和貫密城居宜寧

崔世烈 字敬道號約雲生丁丑癸卯參奉父秉東直提學德后貫全州居尙州

河澤根 字在律號隱樵生戊寅癸卯監察父通政龍弼文孝公演后貫晋州居長鬐

嶠南斗譜錄附錄卷之二　四十六

河殷祚 字舜弼號訥窩生戊寅丁酉都正父尙禹文孝公演后貫晉州居陝川

李梓源 字龍瑞號新隱生戊辰官承旨父　贈崇政、潤龜典書守全后貫陝川居河東

李範基 字宗善生戊寅參奉父都正寬碩靖武公好誠后貫星山居固城

高時默 字而寬號濟崗生戊寅乙巳參奉父昌勳副護軍命說后貫開城居聞慶

尹周逵 字士有號遯岩生戊寅參奉父炳俊大諫　耕后貫坡平居陝川

金鳳祚 字允瑞生戊寅參奉父應仁鷄林君　稛后貫慶州居固城

安仁業 字聖一生戊寅癸卯參奉父參奉吉偏文成公　裕后貫順興居尙州

崔秉奎 字準洪號小雲生戊寅乙未參奉父潤先監察光璲玄孫贊成得海后貫慶州居河陽

黃性源 字乃聽號三松生戊寅庚子主事父都正台欽奉事　琛后貫平海居青松

徐廷孝 字性舜號深山生戊寅壬寅主事陞通訓父通政丙玟嘉善萬弘曾孫貞平公鈞衡后貫達城居永川

崔鳳翰 字士一號清南生戊寅壬寅參奉陞通政父司果世彰鷄林君光位后貫慶州居金泉

尹校 字乃善生戊寅主事父掌令夏一牧使　宕后貫坡平居達城

孫顯哲 字明可生戊寅主事父武祚景節公仲暾后貫慶州居榮川

李洪圭 字英伯生戊寅辛丑中樞父吏叅一碩承旨尙佾孫廣平君能后貫星山居固城

吳達根 字敬弼生戊寅主事父同樞寬泳縣監景醇后貫海州居尙州

兪致源 字明圓生戊寅叅奉父 贈議官伯煥景安公汝霖后貫杞溪居盈德

金成鶴 生戊寅丁酉議官父瑞龜翰林 坪后貫皇朝居金海

鄭泰儉 字元吉生戊寅叅奉父來喆四勿后貫迎日居慶州

辛完植 字公佑號雨香生己卯辛丑叅奉父泳鎬忠壯公 礎后貫靈山居靈山

李愚贇 字汝剛號淸隱生己卯癸卯主事父昌和平靖公約東后貫碧珍居靈山

金炳麒 字德夫號月汀生己卯癸卯叅奉判書 順后貫星山居高靈

金奎淵 字取五號芝軒生己卯壬寅主事父榮鎭司成復一后貫義城居尙州

皇甫宙 字致明號雷岩生己卯壬寅護軍忠定公 仁后貫永川居長鬐

曺秉汶 字致賢生己卯議官父嘉善永承 贈嘉善錫南孫襄平公益淸后貫昌寧居河陽

李竝茂 字華日號應春生己卯甲辰議官父都事邦章副護軍業梓孫文靖公達衷后貫慶州居醴泉

朴晉鎬 字周伯生己卯癸卯都正父通政 遂通訓相道孫戶判忱后貫密陽居慶山

黃瀷 字遇順號晚悟生己卯癸卯參奉陞嘉善父參奉始欽奉事悰孫戶參德秀后貫平海居青松

金宗圭 字禮卿號霞汀生己卯己亥參奉父炳哲太師宣平后貫安東居安東

金駿泰 字德五生巳卯庚子參奉父都事鍾基安敬公永貞后貫金海居金山

金顯堅 字道淵生己卯乙巳參奉父通政駿植安敬公永貞后貫金海居尙州

金圭三 字孔賢生己卯壬寅參奉父護軍性應僉使連后貫義城居玄風

金商麟 字瑞九號石菖生己卯參奉陞通政父晚喜刑判自粹后貫慶州居尙州

崔圭泰 字雲一號石南己卯主事父光烈直提學德后貫全州居尙州

金有和 字敬執號高庵生己卯參奉父參奉範洙義城君龍庇后貫義城居尙州

尹炳泰 字慶善生庚辰壬寅參奉父通政悌榮嘉善思栢孫戶判塤后貫坡平居青松

金鍾禹 字鳴善生庚辰壬寅參奉官協判父參奉元培貫金海居尙州

羅景用 字敬花號清石生庚辰參奉父通政鳳九貫安定居尙州

崔相冕 字鶴壽號翠汕主事父通政鳳翰鷄林君光位后貫慶州居金泉

金煥實 字士法號淸岩生庚辰參奉父遠植貫金海居尙州

甘麒鉉 字英八號崇庵生庚辰官郡守父僉中樞在元僉使景仁后貫檜山居昌原

李俓 字性哉生庚辰辛丑叅奉父生員英勳持平東禮后貫星山居高靈

金鍾燁 字聲律號松坡生庚辰乙巳叅奉父監察魯培贈兵議啓植曾孫金寧君牧卿后貫金海居長著

曹泳鎬 字禹卿號一愚生庚辰丁未教官父叅奉喜承翰林致虞后貫昌寧居慈仁

南錫㚖 字元重號北溪生庚辰癸卯主事父夏濟判書暉珠后貫英陽居安東

洪承翊 字景汝號農西議官陞通政直提學載后貫豐山居梁山

羅鎭泰 字舜五號周上生庚辰癸卯叅奉父淑基進士德齡后貫壽城居安東

金禧鎭 字慶烈生庚辰己酉主事父中樞仲洽戶叅永萬孫左承旨呈憲曾孫貫安東居安東

朱相雨 字明國號松塢生庚辰叅奉官議官父嘉善榮玉武烈公夢龍后貫新安居大邱

金炳八 字致玉生庚辰丙午叅奉父泰植司僕正希禹后貫金海居安東

金興圭 字舊玉號松隱生庚辰叅奉父炯遠忠毅公文起后貫金寧居盈德

朱榮斗 字景九號德谷齋生庚辰丙午主事刑判夢龍后貫新安居尙州

朴漢駉 字衡國號農湖生庚辰甲辰主事父祥爛領相 翊后貫密陽居密陽

河德星 號蘭皐生辛巳丙午承旨父錫一文孝公 演后貫晉州居新寧

金淵浩 字士鉉號棲岩生辛巳壬寅通政父 贈吏參德商嘉善敎喆孫平章事起孫后貫慶州居長鬐

朴永洙 字魯源號淡山生辛巳丁酉監察父參議義錫文齊公忠佐后貫咸陽居尙州

金顯世 字應七號洛隱生辛巳甲辰參奉父聖植安敬公永貞后貫金海居尙州

馬淑辰 字慶余號隱齋生辛巳參奉官議官父通政鎬象通政魯華孫忠靖公天牧后貫長興居義城

朴成鎬 字周日生辛巳丙午參奉父通政致遂通訓相道孫吏判忱后貫密陽居慶山

李相東 字華宣生辛巳壬寅參奉父參奉仁浩判書 英后貫星山居星州

孫在敬 字得瑞號芝山生辛巳議官父光輝忠順衛 曦后貫密陽居泗川

全珏燁 字取祚生辛巳參奉父護軍柄運忠簡公 湜后貫沃川居尙州

鄭海龜 字泰雲生辛巳癸卯議官父議官文斐鷄林府院君知年后貫慶州居昌原

金斗奉 字聖必生辛巳參奉父應柄繼元后貫金海居醴泉

張夏相 字士敎號搯堂生辛巳辛丑參奉父刑參錫藎文康公顯光后貫玉山居仁同

尹庸重 字喜中生辛巳壬寅參奉父秘書丞善文太師莘達后貫坡平居昌寧

金陽植 字燦奎號一岡議官父濟珣僉正順卿后貫金海居蔚山

嚴文吉 字武秉甲辰參奉父宗憲忠毅公興道后貫寧越居蔚山

崔淇晩 號晩悔生辛巳甲辰翰林禮議　灝后貫慶州居慈仁

秋德燁 字慶鎭號廣陰生辛巳參奉父主事秉特貫秋溪居尙州

禹聖俊 字明彦生辛巳禁都父寬龍文僖公倬后貫丹陽居尙州

金鶴求 字希伯生壬午主事父參奉振鍾文忠公先致后貫商山居尙州

許柱 字士益號靈洲生壬午壬寅參奉父　贈禮參永守副摠管禎后貫金海居長鬐

鄭恒模 字周如生壬午主事父翼運　贈吏判龜齡后貫東萊居眞寶

丁完燮 字膺壽生壬午癸卯主事父參奉大俊忠靖公應斗后貫羅州居善山

金澤鎬 字國彦生壬午乙未議官父基根主簿光斗后貫月城居永川

金炯贊 字國元號成齋生壬午參奉父星權兵判　漢后貫金寧居靑松

咸秉熙 字德彦生壬午丙午議官父履燮定平公傅霖后貫江陵居尙州

崔洛文 字成文生壬午參奉父鍾植進士東嵂后貫慶州居禮安

權忠一 字德三號花隱生壬午通政父通政永祥嘉善彭甲后貫安東居安東

李相會 字汝贊號錦岡丙午主事父叅奉汝温惠公師孟后貫德山居漆谷

黃致斗 字珠如號蒼嵐生己巳叅奉父五衛將性燦侍中忠俊后貫昌原居漆谷

陸鍾泰 字繼善號翠生生壬午乙巳叅奉父叅奉雲逵護軍承福后貫沃川居尙州

朴世憲 字文伯生壬午乙巳主事父叅書允奎密城君陟后貫密城居尙州

許杰 字鼎和生壬午叅奉父進士濈贈教官鏲孫諒后貫金海居大邱

裵善道 字學卿生癸未辛丑主事官議官父喆周尙志后貫興海居安東

邊建泳 字永庵號醒岩生癸未叅奉父嘉善鏞祐永淸后貫原州居安東

金載默 字德根號小樵生癸未叅奉父禮叅永鎭內苑令得和后貫商山居聞慶

李載元 字敬文生癸未甲辰叅奉官承旨父叅奉熙英大學釋之后貫永川居淸道

劉洪烈 字國彦號松塢生癸未議官父協辦秉琦贈承旨貞源孫文僖公敏后貫江陵居榮川

金顯德 字聖瑞生癸未乙巳叅奉父通政駿植大憲永貞后貫金海居尙州

李時雨 字乃潤生癸未乙巳叅奉父通政鍾弼文孝公蓓后貫慶州居盈德

陸鍾卓 字允祚號梧岡生癸未主事父恒逵護軍承福后貫沃川居尙州

李鍾九 字和潤號雲潤生癸未叅奉父叅奉圭瑢毅靖公擢男后貫慶州居尙州

金錫煉 字舜瑞號白儂生癸未主事父啓明文愍公馹孫后貫金海居尙州

宋謙達 字敬章號此隱生甲申叅奉父主事源錫貞烈公松禮后貫礪山居仁同

金寶東 字震明號石泉生甲申壬寅主事父通訓浩淵太師宣平后貫安東居安東

丁奎集 字運卿生甲申丙午叅奉父殷燮忠靖公應斗后貫羅州居榮川

徐昌錫 字周弼號白愚生甲申主事父載榻監役相運曾孫 沉后貫達城居尙州

咸浩範 字洪之生甲申監察父學福東原君傅霖后貫江陵居尙州

李鍾寅 字慶元號澗石生甲申叅奉父圭白文忠公齊賢后貫月城居尙州

林義相 字可隱生甲申叅奉父叅奉孟洙西河 椿后貫醴泉居尙州

金東植 字芍圃號農林生甲申丙午叅奉父鑽濟刑判自粹后貫夔州居尙州

安承禹 字士潤生乙酉甲辰叅奉父叅奉吉鎬文成公 裕后貫順興居尙州

金昌駿 字士文號德岩生乙酉叅奉父副護軍國洪同中樞再鎬孫文愍公馹孫后貫金海居長署

許鐫 號竹樵生乙酉乙巳議官父教官 琬叅判 渡孫貫金海居永川

金基弼 字文玉號幸松生乙酉丙午主事父議官允芝義城君龍庇后貫義城居大邱

文在天 字周一生乙酉癸卯教官父通政龍顯叅奉性奎孫忠宣公益漸后貫南平居高靈

朴仁夏 字命舜號聽灘生乙酉丙午叅奉父都事來灌文獻公璵后貫密陽居尚州

鄭東鉉 字石連號農圃生乙酉都正文忠公夢周后貫延日居尚州

金顯濤 字振遠號商隱生丙戌議官父聖植安敬公永貞后貫金海居尚州

金成起 字麗仲生丙戌丙午主事父叅奉振亨司果在鳳后貫江陵居尚州

金相徽 字斗禾號誨山生丙戌丙午叅奉父鳳紀忠貞公俊榮后貫益城居延日

徐丙朝 字虞卿號蘭叟生丙戌辛丑主事父通政相燉贍埶成嶰后貫達城居大邱

崔德植 字德瞻生丙戌主事父叅奉洙萬吏議 衛后貫慶州居盈德

權濬哲 字衡玉生丙戌叅奉父仁榮吏判 輗后貫安東居尚州

林覺春 字道連號西雲生丙戌叅奉父監察在謨西河 椿后貫醴泉居尚州

金昌燮 字治鎰號江齋主事父都正光洙通政應柱玄孫節孝公克一后貫金海居蔚山

尹炳寬 字重汝議官父都正珍東昭靖公坤后貫坡平居蔚山

南信彙 字誠初號東溪生丁亥乙巳議官父濟夏判書暉珠后貫英陽居安東

孫亮奎 字敬甫生丁亥參奉父馹遠嘉善孝永孫翰林肇瑞后貫一直居慶州

陳炳郁 字應千號龍菴生丁亥丙午主事父參奉啓行都督璘后貫驪陽居高靈

金斗謨 字國輔號龍坡生丁亥參奉官祕書承父都正聖珪郡守啓坤孫忠毅公文起后貫金寧居慈仁

林銀相 字杜彥生丁亥參奉父參奉皡洙西澗椿后貫醴泉居尙州

李基鶴 字士鉉號翠庭生丁亥主事父參奉暢坤參判智源后貫星州居尙州

鄭暎基 字磐振號洛隱生丁亥癸卯參奉父煥道文忠公夢周后貫延日居善山

禹鎭夏 字致洪號農圃生丁亥主事父參奉萬東左相仁烈后貫丹陽居尙州

申鉉求 字禹三號誠堂生丁亥主事父參奉郁均齊靖公孝昌后貫平山居大邱

吳世英 字敬老號學海生丁亥敎官父主事泰煥議官濬根孫判尹致雲后貫海州居聞慶

崔奉壽 字希叔號農隱生丁亥丙午主事父通政世模文昌侯致遠后貫慶州居長鬐

崔學龍 字龍瑞生己丑議官父命植文昌侯致遠后貫慶州居迎日

沈相冕 字史弼號樂林生戊子叅奉父叅奉懿澤典理判書元符后貫青松居青松

宋仁相 字聖國號蓮坡生戊子癸卯主事父震休典籍東胤玄孫掌樂正道成后貫楊州居榮川

李相杓 字漢初生己丑叅奉父孝簡公鉉雨 贈義禁府事厦秀孫文忠公齊賢后貫慶州居玄風

金赫[illegible] 字華瑞生己丑叅奉父主事成玉叅奉炳玉孫 贈吏參麗三后貫安東居醴泉

安國範 字敬洪生 憲宗丙午官同樞父運泰文成公 裕后貫順興居尙州

李祥濱 字文郁號玉泉生己丑叅奉父進士大馨文忠公崇仁后貫星州居陜川

金基瓚 字應玉號月汀生庚寅主事父禁都思隱文忠公得培后貫商山居聞慶

金斗南 字舜五生辛卯官議官父叅奉相珪郡守啓坤孫忠毅公文杞后貫金寧居慈仁

洪在[illegible] 字學遠號東溪生壬辰叅奉父護軍煥燮南陽君瀣后貫南陽居安東

盧熙哲 字夏經號月隱生壬辰主事父泰根叅奉秉國孫進士守誠后貫安康居聞慶

安性鎬 字杼一議官父敎哲貫順興居金海

李東誠 字伯元號松齋叅奉師孟后貫德山居星州

宋持潤 字汝胤號四愚軒官監察父 贈吏叅哲載都事大成曾孫貞烈公松禮后貫礪山居寧海

曺啓燦 字祐瑞生戊寅議官陞通政父慶夔進士致唐后貫昌寧 居淸道

安昞遠 字舜章號栗儂生壬午癸卯參奉父進士孝弼判事夢得 后貫廣州居梁山

高柄昱 字商伯生丁丑乙巳主事父正言　溶護軍彥光孫司藝 仁繼后貫開城居尙州

禹祺榮 字盛模號蘭坡生乙丑官都事父嘉善東建贈吏判膺 鼎孫判官世臣后貫丹陽居榮川

姜斗善 字士實號市隱生　哲宗己未參奉父錫圭大提學淮仲 后貫晋州居盈德

嚴星浩 字應瑞乙酉官監役父監役文甲忠毅公興道后貫寧越 居蔚山

張峻泰 字光重生甲子左尹父奉安通政大維曾孫僉使命虎玄 孫忠貞公安世后貫仁同居軍威

洪準燮 字一初生庚辰壬寅主事父議官秉謨莊簡公　戒后貫 南陽居金山

安海重 字淳馹號晩石生　哲宗甲寅戊子孝行官都正父景彥 府使　宇后貫廣州居梁山

安孝寬 字致見號大也生　哲宗庚申官議官父平重府使　宇 后貫廣州居梁山

朴達夏 字士秉生　哲宗丙辰通政父來成興居后貫密陽居金 山

朴道煥 字重元號芝岡生　憲宗辛丑官議官父東輔文穆公 英后貫密陽居善山

朴孝達 字武洪號芝田生辛未官參書父議官道煥文穆公　英 后貫密陽居善山

李海遠 字忠伯號一洲生庚午叅奉父稷鉉貞石君隆生后貫全州居善山

金成培 字景瑞生癸酉叅奉父顯泰文愍公馹孫后貫金海居善山

石基述 字武謙號芝叟生憲宗丙午叅奉父完吉通政時龜孫芮城君文成后貫忠州居榮川

石雲煥 字賓卿號月圃生丁丑叅奉父叅奉基述芮城君文成后貫忠州居榮川

薛淇龍 字致伯生憲宗己酉甲辰官主事壽嘉善父贈嘉善鍾大贈護軍在穆孫弘儒侯聰后貫淳昌居青松

薛淇虎 字致仲生哲宗甲寅辛丑叅奉父贈嘉善鍾大贈護軍在穆孫弘儒侯聰后貫淳昌居青松

朴炳寅 字仕近號洛隱生哲宗戊午叅奉父相得文忠公審問后貫密陽居盈德

朴海九 字來善生哲宗癸亥官叅奉父斗鉉忠正公彭年后貫順天居晉州

金星圭 字台三號隱汕生癸酉叅奉父炳樹郡守繼宗后貫安東居醴泉

嶠南科榜錄附錄卷之二終

嶠南科榜錄附錄卷之三

特恩

○成宗朝

劉永孫 通政父縣監覃縣令洽孫居菴君堅規后貫居昌居居昌

○燕山朝

郭承文 同正父淸白吏安邦貫玄風居玄風

○中宗朝

李塤 號松皐僉樞父護軍振孫大學釋之后貫永川居河陽

○明宗朝

林挺栢 通政父叅奉赫引儀彥龍孫醴泉君繼中后貫醴泉居醴泉

○宣祖朝

朴允諴 字士純號松皐生中宗庚午禦侮父司勇瑞節制使秉德曾孫平度公崟后貫潘南居安東

權武成 字進夫號雪梅軒生中宗戊寅戊申上護軍父直長士衡教授軾孫縣監尙宜曾孫貫安東居義城

河漣 字應期號五柳軒生 中宗壬午僉知父叅奉徹岷忠烈公緯地后貫晋州居安東

李壽千 字仁叟生 中宗甲申同中樞父終孫大學釋之玄孫貫永川居永川

成大凱 字司季護軍父叅奉希禮貫昌寧居高靈

金九雲 辛丑中樞父國均忠貞公 澍后貫善山居尙州

○光海朝

徐始鎰 字永眞號九皐生 中宗己丑嘉善父忠義衛得祗文忠公居正曾孫達川府院君彌性后貫達城居草溪

李霖 字澤蒲生 中宗甲辰嘉善父通德郞希富郡守珍孫星山伯能一后貫星山居星州

○仁祖朝

河俊緖 字緖普生 中宗戊戌丙子僉中樞父正郞承先文孝公演后貫晋陽居陜川

宋惟寬 字景弘號石泉生 明宗甲子同樞父 贈叅議麒貞烈公松禮后貫礪山居仁同

安豪俊 字子房生 明宗丙辰戊寅通政父叅奉潤德叅奉侃孫文成公 裕后貫順興

南隆達 字顯彦號懶齋生 明宗乙丑護軍 贈左承旨享鳳岩祠父 贈寺正應元戶叅敏生后貫英陽居安東

李成洛 字士範生 明宗丙寅嘉善父嘉善霖郡守珍曾孫星山伯能一后貫星山居星州

李景華　僉樞父參奉弘基　贈兵參崇禮后貫驪州居迎日

○孝宗朝

金是椋　字宅邑號南崗嘉善父　浩直長宗一孫僕射　宜后貫聞韶居義城

南煌　字明遠生　明宗丁卯副護軍父　贈參議好問進士瑞龍孫判書暉孫后貫英陽居安東

李達運　字道源號星南生　宣祖壬申中樞父益翔參議成節后貫星山居星州

尹耕老　字學稼生　宣祖乙亥僉樞父進士仁洙參奉應璧孫牧使石會孫昭靖公坤后貫坡平居達城

辛順先　字公述生　宣祖癸未護軍陞嘉善父秉節校尉壽童掌令倜后貫寧越居醴泉

金陳　字明遠號默窩生　宣祖乙酉嘉善父原從勳龍瑞副尉沔孫護軍漢卿曾孫判書爲后貫遂安居盈德

柳檽　字廷秀生　宣祖庚子護軍父友潛　贈吏參復起孫提學義孫后貫全州居安東

○顯宗朝

崔東岦　字卓甫生　宣祖癸亥副護軍父　贈持平　認貫月城居大邱

盧喆　字克明生　宣祖癸未僉中樞父判官起宗進士　遂孫司直琢玄孫司諫善卿后貫光州居永川

申季男　字明正生　宣祖甲申通政父應龍壯節公崇謙后貫平山居善山

金貴生 字君善生 宣祖乙酉同中樞父天佑叅贊龜后貫金海居昌原

金厚生 字光彥號栗軒生 宣祖庚子嘉善父在沼忠毅公文起后貫金海居盈德

金礰 字子剛護軍父光載 贈監察 圻孫貫光山居禮安

○肅宗朝

梁重望 字仲善號晦隱生 宣祖丁酉丁巳嘉善父萬逸文襄公誠后貫南原居迎日

李景春 字春長生 宣祖庚子嘉善父嘉善成洛郡守 珍玄孫星山伯能一后貫星山居星州

金漢 字明浩號敬默齋生 宣祖辛丑庚午資憲父 贈資憲善遠 贈嘉善振學孫忠毅公文起后貫金寧居靑公

全時叙 字景三號花林齋生 宣祖辛丑乙丑同中樞父僉樞據司直公轍曾孫平簡公 贇后貫旌善居安義

李士立 字德之生 宣祖壬寅嘉善父嘉善成洛郡守 珍玄孫星山伯能一后貫星山居星州

鄭崇禩 字士和生 宣祖甲辰同中樞父進士之僑襄烈公仁卿后貫瑞山居金泉

張軸觀 生光海壬戌通政父悅弓忠顯公 夏后貫丹陽

李華春 字壯元生 宣祖甲辰嘉善父嘉善成洛郡守 珍玄孫星山伯能一后貫星山居星州

南士玟 字應秀號竹軒生 宣祖戊申丁卯護軍父護軍 煌贈叅議好問孫判書暉珠后貫英陽居安東

許命生 字壽春號默庵生光海己未己卯嘉善父中樞　根龜城君龜年后貫金海居慈仁

禹得楠 字明老生光海庚申庚辰通政陞資憲父兵佐凱復吏議玄圭后貫丹陽居靈山

申汝良 字相美生仁祖甲子丙戌僉樞父之門按廉使　祐后貫鵝州居義城

李成矩 字器方生　仁祖戊辰丁亥護軍父參奉英　碯陽城君春富后貫陽城居比安

李希哲 字景曾生　仁祖辛未副護軍父弘瓚直長允智孫主簿善道曾孫進士　完玄孫判書繼陽后貫眞寶居寧海

成正夏 號台厓生　仁祖辛未護軍父通德郞以恬清白吏安義孫縣監　珽后貫昌寧居昌寧

金世坤 字元仲生　仁祖甲戌護軍父是洙文忠公宗直后貫善山居高靈

南碩賚 字晶瑞號龜堂生仁祖乙亥護軍父通善郞海容工佐樞孫判書暉珠后貫英陽居青松

安義昌 字大義生　仁祖戊寅丁酉嘉善父自平文成公　珦后貫順興居長鬐

金禕 字章叔號松隱生　孝宗癸巳丁巳嘉善父漢奎進士用石后貫光山居奉化

金哲成 字秋白生光海辛酉丙戌通政　贈摠管父參議尙福忠毅公文起后貫金寧居聞慶

○景宗朝

金連生 字光伯號芝村生　宣祖戊戌通政父在沼忠毅公文起后貫金寧居盈德

徐大省 字大仁號樵山生 仁祖癸未辛丑中樞父錫鎬監察 近后貫達城居陝川

權孟仁 字台彥生 仁祖癸未戊申僉中樞父護軍是泰 徵后 貫安東居安東

○英宗朝

鄭碩洐 字聖施生 顯宗庚戌同樞以子玉貴 贈吏叅父 贈吏叅 輯貞簡公 琢后貫淸州居榮川

申應海 字巨源生 仁祖辛巳戊辰工判父進士景楫監察守沆 孫正言 枰后貫高靈居高靈

丁應生 字時若號海隱生 仁祖乙酉甲寅工叅父萬成監司夢 吉后貫羅州居新寧

河遇龍 字抱雲生 孝宗辛卯乙卯通政父逸漢文孝公 演后 貫晋州居玄風

李泳 字道源生 孝宗乙未中樞父 贈吏議國茂舍人回寶 孫松安君子脩后貫眞寶居安東

郭榮遜 字順五生 孝宗己亥辛酉中樞父就年府使 趯玄孫 淸白吏安邦后貫苞山居蔚山

金聲發 字振之號松菴生 孝宗己亥辛酉中樞父通政杞敏忠 毅公文起后貫金海居固城

禹洪昌 字以言生 顯宗庚子丙寅工議父 贈監正錫信文信 公倬后貫丹陽居密陽

丁道凝 字德受生 顯宗辛丑同樞父時運判官彥璹孫大憲胤 禧玄孫忠靖公應斗后貫羅州居榮川

權以枰 字以直號留春亭生 顯宗辛丑資憲父 贈叅判時杓 叅奉尙行孫訓正應錄玄孫持平𢱢后貫安東居新寧

金錫範 字疇卿生 顯宗乙巳僉樞父 贈承旨 怡文純公富弼后貫光山居禮安

金岱 字士宗號洛隱生 顯宗乙巳同樞父 贈大司憲純義文純公富弼后貫光山居禮安

李台命 字鼎叟生 顯宗乙巳己巳中樞父察訪元祺察訪道章孫工議潤雨曾孫觀察禮孫后貫廣州居漆谷

白思柱 字忠汝號南隱生 顯宗丁未護軍陞嘉善父龜聃忠簡公文寶后貫大興居寧海

申叔淡 字君善生 顯宗甲辰僉樞父主簿漢傑承旨之悌曾孫貫鵝州居義城

鄭時僑 字善卿號遯齋生 顯宗己酉甲子護軍陞嘉義參者社父冉煥宣教郎承宗孫滎陽君襲明后貫延日居比安

白思秀 字澤汝號東隱生 顯宗己酉僉樞父龜聃忠簡公文寶后貫大興居寧海

權悅 字以習生 顯宗壬子同樞父 贈戶參壽元承旨航孫縣監儀后貫安東居醴泉

金成漢 字仲亮生 顯宗壬子丙子同樞陞資憲父 贈工參清敏文莊公台瑞后貫慶州居迎日

柳翊時 字國輔生 顯宗癸丑同樞父祥輝 贈吏參復起玄孫提學義孫后貫全州居安東

金最重 字士元生 顯宗甲寅同樞父 贈戶判英震 贈戶參以道孫僉樞成物曾孫貫金海居醴泉

鄭錫重 字汝賚生 肅宗乙卯乙亥同樞父 贈參判克一訓導應星曾孫滎陽君襲明后貫烏川居長鬐

南必薰 字太和號樂惺軒生 肅宗丁巳中樞父護軍世柱參奉宇會孫兵使蓀孫后貫英陽居青松

崔舜鳳 字岐一號陽溪生肅宗戊午丁丑中樞父護軍實仁和肅公玄佑后貫慶州居醴泉

朴尙初 字君遠生肅宗戊午癸未通政父文表忠肅公翊后貫密陽居淸道

李之運 字休仲號栢谷生肅宗辛酉癸未中樞父萬種承旨光軫后貫驪州居密陽

鄭時模 字汝聖生肅宗癸亥壬辰僉樞父通源叅奉國成后貫晋陽居尙州

安義亨 字仁叟生肅宗癸亥同樞父贈叅議鏐司諫靚后貫廣州居密陽

張大維 字致仲號隱德生肅宗癸亥通政父僉使命虎叅奉連富孫忠貞公安世后貫仁同居義興

鄭秘鏈 字圓伯生顯宗甲子中樞叅耆社父典籍堯天吏判龜齡后貫東萊居眞寶

李守綱 字振叔號丹邱生肅宗甲子中樞父槼文純公滉后貫眞寶居禮安

金吉龍 字欲則號默翁生肅宗甲子中樞父校理華重贈戶叅以道曾孫僉樞成物玄孫貫金海居醴泉

徐潛 字汝源生肅宗乙丑中樞父贈刑叅來泰貞平公均衡后貫達城居大邱

李廷龍 字紀汝生肅宗丙寅己丑通政父萬命進士德符后貫廣州居漆谷

李時植 生肅宗丙寅僉樞父贈左尹慶善贈判決事廷桂孫承旨承吉后貫永川居盈德

權怡 字以和生肅宗己巳同樞父贈戶叅壽元贈承旨鈗孫縣監檥后貫安東居醴泉

朴宗品 字華叔生肅宗庚午庚寅嘉善父贈工叅仁耉贈禮議啓南孫贈通訓大明會孫司諫光佑后貫密城居密陽

權治 字通源號晩齋生肅宗庚午壬辰僉樞父慶泰郡守德麟后貫安東居慶州

孫欽大 字天休生肅宗辛未甲午中樞父必碩翰林肇瑞后貫一直居密陽

李權 字龍伯號泰岩生肅宗辛未戊子僉樞陞資[illegible]父贊緒賓客藝后貫鶴城居興海

張四維 字乃綱號南岡生肅宗癸酉通政父僉使命虎叅奉連壽孫忠貞公安世后貫仁同居新寧

金錫重 字命三生肅宗癸酉乙未中樞父贈刑判杜元贈判議鎰玹孫太師宣平后貫安東居安東

朴宗允 字希賓生肅宗乙酉乙卯中樞父就明訓僉而華后貫密陽居高靈

〇正宗朝

沈邦[illegible] 字時彦生肅宗壬戌己亥中樞陞崇祿父贈左尹世僖贈工議淳孫青川君孝淵后貫青松居青松

安碩老 字子健號拙軒生肅宗癸亥丁亥嘉善父贈左尹係弘文成公裕后貫順興居晉州

張震漢 字明叔號蘇隱生肅宗乙亥甲辰嘉善父樺延福君末孫后貫仁同居醴泉

尹光祐 字殷都生肅宗丙戌庚申上護軍父東善通政徵會孫大成偉后貫坡平居醴泉

醫科榜目附錄卷之三　五

金重望 字子久生 肅宗己丑己酉通政父希益司直信衛玄孫 嵒韶候 錫后貫義城居義城

李東英 字伯實生 肅宗庚寅丙辰同樞父 贈吏參允中文翼 公元禎后貫廣州居漆谷

丁志寯 字俊卿生 肅宗壬辰己酉僉樞父生員佰愼判官彥沭 玄孫忠靖公應斗后貫羅州居榮川

安景時 字可中號晚悔生 肅宗壬辰辛亥通政父汝履說書 嶒后貫廣州居永川

李世翊 字希仲生 景宗壬寅甲寅同樞子龜雲貴 贈吏參父 贈吏參守元 贈吏議 榘孫主簿克哲曾孫參奉 岐 玄孫文純公 滉后貫眞寶居禮安

成祖寅 字汝述生 肅宗癸巳僉樞父世坪護軍正夏孫淸白吏 安義玄孫縣監 珽后貫昌寧居昌寧

黃塾 字文伯生 肅宗甲午僉樞父處一 贈工正震亨曾孫 牧使俊良后貫平海居豐基

南命夔 字弘仲生 肅宗乙未丙辰僉樞父相覲判書暉珠后貫 英陽居安東

姜碩耆 字元瑞號自然翁生 肅宗丁酉僉樞父吏參震煥毅烈 公民瞻后貫晉州居金山

李景聃 字太叔號農圃生 肅宗庚子丁巳通政陞嘉善父長春 承旨休徵孫大學釋之后貫永川居永川

蔡斗漢 字克瑞生 肅宗庚子僉中樞父昌顯兵佐 楙玄孫貞 義公貴河后貫仁川居仁同

張景濂 字士仰生 景宗辛丑庚申僉中樞父圭錫忠貞公安世 后貫玉山居仁同

金宅一 字汝純生 景宗辛丑戊午僉中樞父萬彙平簡公 貢后貫陸善居安義

徐必楷 字乃正號老峯生 景宗癸卯丙辰中樞父益大學諭 渡后貫達城居永川

李憲相 字賢伯號忍齋生 英宗己酉僉樞父起中叅奉 壔曾係文元公彦廸后貫驪州居慶州

高應七 字秀遇號星軒生 肅宗己丑嘉善父命天判書彦伯后貫濟州居慶州

李春孟 字時彦號素庵生 肅宗庚子庚申僉中樞享尙親祠父元老正字時齡后貫星山居星州

金弘宙 字而廣號溪雲生 肅宗戊戌戊午通政父相俊進士聃壽孫貫義城居金山

○**純祖朝**

李天培 生 肅宗庚寅己巳同中樞父 贈左尹基榮 贈工議翊萬孫持平東禮后貫星山居高靈

辛五尹 字爾殷生 肅宗丙申乙丑嘉善陞崇政父 贈嘉善萬亨萬戶馹后貫靈山居漆源

申道一 字士貫號四坡生 景宗甲辰僉中樞父夏龜承旨之悌后貫鵝州居義城

朴致和 字春瑞生 英宗乙巳僉中樞父 濡主簿廷璠后貫高靈居高靈

安重泰 字黍伸生 英宗丙午乙丑通政父時興文成公 裕后貫順興居迎日

禹相杰 字儒則號小隱生 英宗戊申丁亥同中樞陞崇政父贈左尹明洪文僖公 倬后貫丹陽居安東

全載玄 字玄伯生英宗戊申丁卯僉中樞父善最副司勇以節孫文平公伯英后貫慶山居大邱

李龜容 字汝成生英宗庚戌僉樞以子彥淳貴贈吏叅父贈吏議世浹文純公滉后貫眞寶居禮安

趙善煜 字慶安號晚休生英宗丙午己卯知樞陞崇政贈嘉善宗岳后貫咸安居青松

李就益 字尚三生英宗庚戌上護軍陞崇政父叅奉禹叔文忠公崇仁后貫星州居高靈

張受濂 字士則號醉叟軒生英宗辛亥僉中樞父圭錫忠貞公安世后貫玉山居仁同

姜允河 字子運生英宗戊午丙子中樞父嘉善鳳彩殷烈公民瞻后貫晋州居善山

李載權 字義重生英宗癸丑癸酉通政父廷贊文烈公嶠后貫鐵城居固城

全守仁 字仁彥生英宗癸丑辛卯同中樞陞崇政父贈左尹命叅訓司果一元孫文敬公忠敬后貫龍宮居青松

趙禮煜 字士實號忍默堂生英宗乙卯戊辰護軍父慶昌貞節公旅后貫咸安居青松

金東燮 字和肅號松溪生英宗丁巳通政貫慶州居慈仁

權宜範 字直卿號柯隱生英宗庚申庚辰僉正父贈叅議燦部事尚律玄孫持平栩后貫安東居新寧

朴敏國 字國瞻號南窩生英宗庚申僉中樞父致一主簿廷璠后貫高靈居高靈

柳師春 字季尊生英宗辛酉僉知贈吏叅父豊昌君澐文忠公成龍后貫豊山居安東

朴齊守 字伯直號晚翠生 英宗己巳壬辰左尹父 璡弼善德孫后貫密城居晋州

〇憲宗朝

鄭秉魯 字彥瞻號晚菴生 英宗癸未同樞父 贈戶叅宅模文莊公經世后貫晋陽居尙州

金光五 字極五號溪南生 英宗甲戌通政父護軍時允校理震孫后貫金海居盈德

〇哲宗朝

薛光斗 生 英宗乙亥丁巳嘉善陞崇政父嘉善守泰弘儒候聰后貫慶州居迎日

孫澄九 字大添號山木軒生 英宗乙亥丙辰同樞父 贈左尹龍駿 贈左承旨胤杰孫景節公仲暾后貫月城居密陽

朴弘運 字孟裕生 英宗乙酉甲寅護軍父 珩通德泰始曾孫兵判義龍后貫務安居寧海

徐萬弘 字羲大號白隱生 英宗壬辰壬子嘉善父 贈吏叅重泰貞平公鈞衡后貫達城居榮川

甘守澤 字春滿生 英宗丙申崇政父 贈嘉善禹昌僉使景仁后貫檜山居昌原

柳厦祚 字支叔生 正宗丁未護軍文忠公成龍后貫豊山居安東

黃中愼 字謹之生 正宗戊申同樞父 贈吏叅者漢 贈寺正埕曾孫貞翼公暹后貫昌原居豊基

朴世樑 字正則號慕菴生 正宗庚戌護軍父尙默府尹萬雄后貫密陽居咸陽

孫星政 字德用號錦里生 正宗甲寅癸未僉中樞父 贈吏叅禎九景節公仲曒后貫月城居慶州

○高宗朝

崔光文 字善明號老庵生 英宗丙申乙丑同中樞父漢成左尹得貴孫完山君阿后貫全州居固城

鄭乃澈 字彈賢生 英宗壬午已巳通政父東樞東平君種后貫東萊居慶山

張廷憲 字義輔號敬齋生 正宗丁酉丙寅護軍父壽南丹山君允和后貫丹陽居榮川

黃琦炯 字義之號淸庵生 正宗庚子同中樞陞嘉善父 贈吏叅三樆義原君居正后貫昌原居昌原

李東麟 字九瞻生 正宗辛丑辛未崇政父 贈戶叅點中 贈承旨世珌孫應敎道長后貫廣州居柰谷

金濟仁 字勉夫生 正宗辛丑甲戌副護軍父重鉉金海君牧卿后貫金海居固城

權載稤 字周光生 正宗壬寅同樞父心度忠定公機后貫安東居安東

琴翼鎬 字周京號竹翠生 正宗癸卯嘉善父 贈戶叅英述贈戶議汝七孫貫鳳城居禮安

徐有智 字榮瑞生 正宗甲辰戊辰同中樞父 贈叅判春修忠肅公渻后貫達城居金泉

石鍾圭 字龍淑號雙楠生　正宗乙巳丁卯都正父勝均嘉善仁模曾孫芮城君都后貫忠州居豐泉

崔祥雲 字揚甫號守吾堂生　正宗戊申丙子護軍父教官奎煥義敏公均后貫全州居晉州

權啓綱 字士文生　正宗戊申丁亥同中樞父永奎太師幸后貫安東居安東

韓興龍 字國翼生　正宗辛亥丙子都正父光溢安襄公終孫后貫淸州居靈山

趙極祜 字舜和號臨淵生　正宗壬子壬申護軍陞嘉善父贈左尹基奉貞節公旅后貫咸安居靑松

朴次遠 字德立生　正宗癸丑壬午工議父叅奉永叔嘉善元直玄孫密城君彥孚后貫密城居長鬐

曺秉仁 字仁宗生　正宗癸丑丙戌通政父叅奉壹潤進士仲明后貫昌寧居梁山

奇東運 字通懸生　正宗癸丑辛巳嘉善父保義貞武公虔后貫幸州居夔州

李東一 字春叔號塔窩生　正宗甲寅甲戌護軍父植震主簿珍后貫宜城居安東

李文漢 字自仁號東庵生　正宗甲寅乙亥嘉善父都正春遇星山伯能一后貫星山居星州

金相殷 字用汝生　正宗甲寅乙亥護軍叅耆杜父敬祜文忠公宗直后貫善山居高靈

權世永 字景祿生　正宗乙卯護軍父錫圭兵正斗南后貫安東居榮州

李鍾宅 字基範號鳳樵生 正宗乙卯通政父校理宗準進士時
敏孫大憲縄直曾孫貫慶州居義城

丁成教 字文仲生 正宗丙辰乙亥護軍父德祖監司夢吉后貫
羅州居新寧

林聖祿 字成玉生 正宗甲寅甲戌同中樞父 贈左尹萬根
贈工議世蕃孫貫安東居青松

權致祚 字君錫生 正宗丙辰護軍父銘煥郡守德麟后貫安東
居慶州

黃光澈 字潤彥號一愚堂生 正宗丁巳戊寅中樞父 贈左尹
應龍 贈工議好彬孫襄武公希碩后貫平海居禮泉

李晃寅 字用觀號洛皐生 正宗庚申同樞父縣監大淳縣監龜
錫孫文純公滉后貫眞寶居禮安

李彙斗 字孟元生 正宗庚申僉樞文純公滉后貫眞寶居禮
安

金碩均 字德之生 正宗庚申庚辰同中樞父 贈叅判元炳司
僕正仁淳孫判官係權后貫安東居寧海

鄭民稷 字穉極生 正宗庚申僉樞父象升掌令宗魯孫文莊公
經世后貫晋陽居尚州

權相直 字英瑞生 正宗庚申嘉善父鎰平 贈領相常后貫
安東居慶州

金聲浩 字美聞生 純祖壬戌壬午護軍父鼎九郡守 憲后貫
商山居尚州

李彙祕 字汝閑號吾廬生 純祖癸亥僉中樞父珍淳 贈吏議
世學曾孫文純公滉后貫眞寶居禮安

柳廷燧 字敬爔生 純祖乙丑護軍 贈吏叅復起后貫全州居安東

朴弘根 字致晦號錦南生 純祖乙丑護軍叅耆社父成春監正之楹玄孫定憲公成陽后貫咸陽居義城

金膺璜 字明汝號雲谷生 純祖丙寅同中樞叅耆社父叅奉基洪護軍銀鐸曾孫禮正繼孫后貫野城居盈德

李時容 字夏瑞號復軒生 純祖戊辰戊子同敦寧父贈工叅在洛兵議之華后貫全義居高靈

柳道永 字士凝生 純祖戊辰同樞父 贈吏叅華鎭 贈寺正奎文孫 贈吏叅復起后貫全州居安東

李能立 字士中號耆軒生 純祖己巳壬辰護軍陞嘉善叅耆社父在賢察訪彥适后貫驪州居慶州

朴孝裕 字仁謙號農窩生 純祖己巳戊子都正德孫后貫密城居晋州

秋灝求 字鍾一號農隱生 純祖己巳甲申叅判父叅議世佑軍資正奉采孫文憲公適后貫秋溪居新寧

李彙徹 字叙五號耳山生 純祖庚午同中樞 父贈吏叅勉淳文純公滉后貫眞寶居禮安

金錫魯 字善汝號松軒生 純祖庚午壬寅通政父秀聲貞肅公仁鏡后貫慶州居慈仁

柳漸文 字士鴻生 純祖庚午護軍父雲林 贈吏叅復起后貫全州居安東

朴廷學 字正甫生 純祖辛未辛卯嘉善父 贈戶叅春德忠肅公翊后貫密城居淸道

李東旭 字致文號新湖生　純祖辛未壬寅都正父輔仁判官重華后貫星山居星州

河斗泓 字斗沈生　純祖辛未辛卯通政父漣淑禦侮將軍瀷后貫晉州居金海

權鈺模 字汝集生　純祖辛未同榜父吉彥縣監樣后貫安東居醴泉

朴震永 字理伯生　純祖壬申庚寅都正父善養贈兵判承老后貫高靈居高靈

金炳仁 字士彥號晦堂生　純祖甲戌壬寅通政贈左承旨父重根刑叅尚雋后貫安東居安東

李中杰 字嚋用生　純祖乙酉壬寅通政父晚器副率程淳會孫刑叅龜雲玄孫文純公滉后貫眞寶居禮安

權鎬善 字周道生　純祖乙亥巳亥都正父用勳都事成業后貫安東居安東

金錫昊 字極五號野叟生　純祖乙亥甲辰通政叅耆社父秀興貞肅公仁鏡后貫慶州居慈仁

朴基德 字慶岳生　正宗丙辰丁丑嘉善叅耆社父贈軍資正光臣尚禮仁挺后貫咸陽居慈仁

李彙準 字子平生　純祖丙子僉樞父通德郎馹淳贈吏叅龜天孫文純公滉后貫眞寶居禮安

林熙鎮 字德文生　純祖丁丑護軍父鶴廉西河椿后貫醴泉居尙州

金學驥 字殷用號龍源生　純祖戊寅癸卯通政父鼎文通政鳳徵孫忠毅公文起后貫金海居固城

曹岐煥 字盛汝生 純祖戊寅壬寅通政父相春翰林致虞后貫昌寧居慈仁

南極魯 字謇之號屏岩生 純祖戊寅辛丑通政陞嘉善父奎漢判書暉珠后貫英陽居安東

李現運 字圭瑞生 純祖戊寅通政司果爾禎玄孫縣監仁符后貫廣州居漆谷

權邦燮 字允彦號鳥樵生 純祖戊寅丁酉通政父龜錫文忠公近后貫安東居陜川

李彙商 字汝命號恥庵生 純祖巳卯壬寅通政文純公滉后貫眞寶居禮安

權聲進 字成仲號聾齋生 純祖己卯己亥都正參奉社父博仁直講奭后貫安東居慈仁

李始潤 字應三生 純祖庚辰壬寅通政陞嘉善父錫孝贈注書命夔后貫碧珍居密陽

李史啓 字敬天生 純祖庚辰壬寅通政父東煥監察鶴齡孫同中樞福后貫咸安居固城

鄭塤 字支叔號鋤隱生 純祖庚辰庚子通政父熗文穆公逑后貫淸州居星州

李晚迪 字公善生 純祖辛巳通政父刑議彙廷吏參彦淳孫文純公滉后貫眞寶居禮安

金商羽 字舜玉生 純祖壬午壬寅通政父通訓權喜刑判自粹后貫夔州居慈仁

金演鎬 字可源號耕隱生 純祖壬午壬寅嘉善參奉社父贈工參致赫淸簡公時習后貫江陵居尙州

朴應春 字寅伯生 純祖壬午壬寅通政父宜植進士文華后貫江陵居盈德

劉正賢 字元益生 純祖壬午壬寅通政父護軍明臣中樞漢儀玄孫文僖公敏后貫江陵居固城

金模俊 字明吉生 純祖癸未甲辰通政父仁淑鶴城君完后貫金海居固城

李承瓘 字養善號晚雲齋生 純祖甲申壬寅通政父翰俊平靖公約東后貫碧珍居靈山

金在濼 字景五號蘭圃生 純祖甲申癸卯通政父貫聲叅奉夢龜后貫英陽居新寧

鄭克愚 字穉復生 純祖甲申通政父民周學令宗魯孫文莊公經世后貫晋陽居尙州

李昌堯 字奇舜號止窩壬寅通政父仁夏孝寧大君補后貫全州居永川

沈義億 字敬弼號慕松齋生 純祖丁亥通政父烱壽判書元符后貫青松居禮安

李汝浩 字魯淳生 純祖丁亥通政父恒行貞愍公瀣后貫眞寶居聞慶

李彙洙 字聖源號竹南通政父贈吏叅是淳文純公滉后貫眞寶居禮安

朴來龜 字益瑞生 純祖壬午通政父升永吏佐宗胤后貫高靈居高靈

金尙旭 字周道號梧溪生 純祖戊辰副護軍父德谥良昭公英烈后貫養城居星州

壽職

〇宣祖朝

朴輅 字質仲護軍父希仁上將軍仁庇后貫高靈居高靈

金慶承 中樞父克畾禮郎直芳玄孫文忠公　昇后貫天安居慈仁

朴礒 字盛之通政父叅奉昌年副正秀元孫文敬公宜中后貫密陽居比安

朴仁傑 同中樞父叅奉大鵬進士文華曾孫鷄林君　純后貫江陵后盈德

〇仁祖朝

李應 通政父　善武科仲老曾孫文忠公齊賢后貫慶州居慶州

李興立 字善汝生　宣祖戊寅嘉善父　贈通政元龍判書　英后貫星山居星州

金戒元 字愼夫嘉善父尚淳忠毅公文起后貫金寧居永川

〇孝宗朝

崔東成 字汝準號漆溪生　宣祖辛巳嘉善父縣監大胤匡靖公鄆后貫慶州居漆谷

河龍　字雲瑞號蓮軒生　宣祖己亥通政父大性文孝公演后貫晋陽居陜川

崔源翊　字載寬生　宣祖己亥通政父司果夢川文昌侯致遠后貫慶州居義城

河仁南　生　宣祖辛丑庚寅嘉善父通政彭老文孝公演后貫晋陽居新寧

石雲[illegible]　字聖瑞生　宣祖丙午通政父彦佑吏叅成玉后貫忠州居大邱

金琇　字明甫生　仁祖庚寅嘉善父主簿震亨文敬公壽重后貫安東居永川

金水龍　字洛瑞副護軍父漢祚忠毅公文起后貫金寧居永川

○顯宗朝

鄭淳　字達甫生　宣祖戊子丙午同中樞父　贈工議大器忠莊公苿后貫晋陽居河東

趙英凱　字呂甫生　宣祖己亥甲辰戶叅父嘉善宗岳貞節公旅后貫咸安居義城

盧⿰忄安　字子安生　宣祖庚子癸丑嘉善父　贈叅判克升司諫善鄕后貫光州居草溪

金榮南　字和叔生　宣祖甲辰通政父奉事曒　郡守鸞瑞孫諿軍漢卿玄孫判書爲后貫遂安居大邱

崔齡壽　字汝遐生光海甲寅命樞父鍊石進士應斗孫贊成　清后貫慶州居寧海

安順昌 字問伯生　宣祖戊辰嘉善父　復都正從廉后貫順興居尙州

金東洛 字應祥左尹父　贈工議仲龍軍資正漢白孫忠毅公文起后貫金寧居永川

(一)肅宗朝

禹得章 生　宣祖丁未通政父牧使仁鏡縣監錫山曾孫文僖公偉后貫丹陽居彥陽

金宇鵷 字大汝號雲庵生光海辛亥嘉善父淵國僉正守賢孫忠簡公普后貫金海居永川

郭繽城 字熙卓生光海壬子中樞父惟白同正承文后貫苞山居玄風

黃忠老 字益壯生　仁祖甲子通政父太傅善慶翼成公　喜后貫長水居盈德

全桂男 字順卿生　仁祖甲子都摠管父禮參守玉慶山君永齡后貫慶山居晋州

鄭再起 字聖甫生　仁祖乙丑通政父承宗直長　瑚孫進士應精曾孫滎陽君襲明后貫延日居比安

房晚璡 字世允生　仁祖丙寅通政父通政孝山通訓希男孫訓正九連后貫南陽居盈德

鄭世機 字省叔生　仁祖丁卯副司直父　贈工議翰周訓正克毅孫兵判淵后貫烏川居慶州

裵順立 字聖甫號汀菴生　仁祖戊辰同中樞　父贈戶正亨遠承旨德秀孫吏參孟厚后貫盆城居陝川

金道允 字聖若生光海庚申同中樞父嘉善永日通政豊南孫忠毅公文起后貫金寧居盈德

禹泰鳳 生仁祖庚午通政父通政得章牧使仁鏡孫文僖公倬后貫丹陽居彥陽

林德運 生仁祖庚午通政陞僉樞父碧春西河椿后貫醴泉居尙州

郭之豪 字敬伯生仁祖壬申通政父嘉善純城同正承文后貫苞山居玄風

鄭儉富 字允誠生仁祖壬申甲辰嘉善父石文忠公夢周后貫迎日居善山

趙時玖 字久玉生仁祖甲戌僉知父贈承旨咸遂贈刑判址會孫貞節公旅后貫咸安居青松

郭之傑 字黍仲生仁祖丙子己卯折衝父嘉善純城同正承文后貫苞山居玄風

李世煥 字明瑞生仁祖丁丑僉中樞父叅奉興震僉樞豪壽孫懷安大君芳幹后貫全州居義興

李進海 字大觀號文窩生仁祖丁丑嘉善父承樹判書梧后貫月城居永川

尹聖臣 字文明生仁祖戊寅中樞父鼎遇宣教郞商任玄孫昭靖公坤后貫坡平居永川

金時榮 字基叔號愼忝齋生仁祖庚辰辛未僉樞父萬鎰贈僉正嶧孫僉使振古會孫貫義城居義城

辛武聖 字文兼號錦磵菴生仁祖庚辰知中樞父通德郞啍郡守喜業孫文莊公應時后貫寧越居安東

文命光 字孟卿生 仁祖庚辰副護軍父啓陽忠宣公益漸后貫南平居尙州

金振華 字子粹號萬守堂生 仁祖辛巳副護軍父光俊嘉善暕孫判書爲后貫遂安居盈德

辛聖蓁 字丕賢號錦厓生 仁祖癸未知中樞父將仕郞暄侍中碩后貫寧越居安東

安璜 字禮玉號秋山生 仁祖甲申判決事父 贈軍資正扶文成公裕后貫順興居達城

周信翰 字邦寶生 仁祖甲申丁酉同中樞 瑜后貫尙山居漆原

宋有明 號冠隱生 孝宗丙申嘉善父得吉貞烈公松禮后貫礪山居寧海

朴沼 字子周生 孝宗丙申護軍陞嘉善父通德郞文徵牧使弘長曾孫判書義龍后貫務安居寧海

裵重倘 字大淑生 孝宗庚寅通政父爾寔大諫 規后貫星山居星州

林英 字忠伯生 孝宗甲午僉中樞父 淑禮參 鵬后貫羅州居金泉

蔣彥立 字成五號東岩生 孝宗己亥嘉義父通政碩南文翊公成發后貫牙山居義城

咸致一 中樞父義天吏判 軒后貫江陵居尙州

金一元 資憲父 贈兵判世綱文愍公馹孫后貫金海居永川

金萬櫶 字性吉中樞父左尹東洛 贈工議仲龍孫忠毅公文起 后貫金寧居永川

○景宗朝

劉漢儀 字君晋僉樞父折衝遠碩文信公 闕 后貫江陵居固城

趙太敏 字是卓號淸嵐生 仁祖丙戌知中樞父致德嘉善宗岳 曾孫貞節公旅后貫咸安居青松

全洪玉 字德立號東岡生 孝宗壬辰中樞父承旨守慶進士倘 直孫金寧君牧卿后貫金寧居淸河

林還興 字道明生 孝宗丙申中樞陞嘉善父護軍漢五兵判、孝 元后貫彭城居安東

洪鋌 字永延生 孝宗己亥僉中樞 贈戶議父進士以訒教 授涉孫大學載后貫豊山草溪

房善龍 字士汝生 仁祖丙戌副護軍父通政周璉訓院正九連 后貫南陽居盈德

○英宗朝

金舜輝 字贇叔號愚軒生 仁祖辛巳嘉善父 贈左尹好心忠 貞公澍后貫山居尙州

金兌輝 字明汝生 孝宗庚寅嘉善父重輔僉樞繼祿曾孫判書 爲后貫遂安居盈德

崔峻昌 字門善生 孝宗癸巳通政父僉樞連生進士應斗玄孫 贇成 淸后貫慶州居寧海

郭天挺 字義卿生 孝宗丙申同樞父通政之豪同正承文后貫苞山居玄風

洪延宗 生 顯宗庚子乙巳軍資正父通仕郎信潑判中樞彥修后貫南陽居星州

禹世弘 生 顯宗庚子嘉善父通政泰鳳通政得章孫牧使仁鏡曾孫文僖公倬居貫丹陽居彥陽

高得逸 字誠乙生 顯宗辛丑通政父斗謙 敬命后貫長興居河陽

金相建 字聖五生 顯宗壬寅同樞父振秀吏判光儲后貫金寧居尙州

金聲應 字應南號松竹生 顯宗癸卯判尹節孝公克一后貫金海居永川

徐善孝 字性明號籠岩生 顯宗戊戌通政貞平公均衡后貫達城居密陽

趙蘭世 字彥光號篤隱生 顯宗戊申丁巳護軍陞嘉善父起昌貞節公旅后貫咸安居青松

河命亮 生 顯宗己酉戊申通政父嘉善一漢文孝公演后貫晋州居新寧

金士信 字四德生 顯宗甲寅嘉善父錦壽忠毅公文起后貫金寧居尙州

南鵬翮 生 肅宗己卯丙子中樞父斗章文安公乙珍后貫宜寧居密陽

郭宗伯 字處行生 肅宗乙卯左尹父中樞天挺同正承文后貫苞山居玄風

李從夏 字世卿辛酉通政父副尉英敏文忠公齊賢后貫慶州居慶州

崔泰徵 字少大生肅宗己未護軍父通政峻昌僉樞連生孫贇成淸后貫慶州居寧海

徐元衛 字士由生肅宗庚申戊午嘉善父贈叅判翼後贈叅判逸玄孫學諭渡后貫達城居永川

洪聖哲 字希仲生肅宗庚申嘉善父僉樞厚京兩陽君奎后貫南陽居安東

盧增輝 字允明號鶴岩生肅宗壬戌嘉善父通政玖善景佐后貫光州居聞慶

李光照 字千里生肅宗壬戌同中樞父贈刑叅時纘忠肅公藝后貫鶴城居蔚山

徐孝曾 字百源生肅宗甲子資憲父萬里進士漢周孫中樞院事沉后貫蓮城居義城

金光鎣 字玉耳號三愚生肅宗乙丑僉樞父僉樞檍進士用石后貫光山居奉化

崔泰崙 字高山號一岩生肅宗丙寅通政父資憲貴芊司成汭后貫慶州居盈德

玄漢天 字白練生肅宗丁卯通政父奉文判書玉亮后貫漣州居慶山

宋德秀 字聖實生肅宗戊辰僉中樞父廷杰府使嚴卿后貫龍城居靈山

崔昌運 字君朱號竹沛生肅宗己巳癸巳通政父恒瞻承旨榮岦曾孫贇成得海后貫慶州居河陽

尹心貞 字平汝號梅溪生　肅宗己巳護軍陞資憲父莘來昭靖公坤后貫坡平居晉州

孫仲立 字文玉號松溪生　肅宗庚午通政　贈嘉善父碩只進士季暾后貫月城居新寧

金希寬 字而容號松坡生　肅宗辛未同中樞父　贈嘉善末立壽兵判漢孫忠毅公文起后貫金寧居靑松

金永善 字善長生　肅宗壬申副護軍父本鶴盆城君俊榮后貫盆城居盈德

金昌一 字文伯生　肅宗壬申知中樞陞嘉善父有衡參奉泰賢孫校理永鍾后貫安東居義城

李汝櫓 字聖甫生　肅宗壬申通政父廷著定簡公孟專后貫碧珍居漆谷

李宗昌 字荆玉號素庵生　肅宗乙亥護軍陞嘉善父護軍千佐領相恒福后貫慶州居安東

石最重 字君大生　肅宗丁丑知中樞父哲會吏參成玉后貫忠州居大邱

嚴世淵 字世起己巳工參父　贈嘉善敬杰　贈迓政泰健孫忠毅公興道后貫寧越居禮安

金大郁 號慕遠齋生　肅宗戊寅僉樞父上護軍八鳳掌令漢哲后貫義城居軍威

郭士甲 字俊卿生　肅宗壬午中樞父左尹宗伯同正承文后貫苞山居玄風

甘來新 字殷仲生　肅宗癸未嘉善父賢彩僉使景仁后貫檜山居昌原

金德龍 字君淑號聽水軒生 肅宗甲申嘉善父嘉善學鳳司諫 恂后貫月城居慶州

金純義 字聖華生 肅宗甲申同中樞父時用吏正圭瓚后貫商 山居尙州

河範錫 字潤甫號濂湖生 肅宗乙酉丙戌同中樞父嘉善海潑 文孝公演后貫晋州居陝川

朱漢秀 字載濟號槐軒生 肅宗甲申庚子通政父景聖武烈公 夢龍后貫新安居星州

朴德齡 字命甫生 肅宗乙酉同樞參奉社父左尹成矩府尹守 弘玄孫文簡公時庸后貫密陽居善山

金弘成 字濟伯生 肅宗戊子僉樞父僉樞光鉉僉樞 楷孫進 士用石后貫光山居奉化

河德平 生 肅宗辛卯壬辰嘉善父水淡文孝公 演后貫晋州 居新寧

金鈺 字明玉號愼齋生 肅宗壬辰通政父壽龜禮判寬后貫 慶州居慈仁

金鉉善 字和叔號復陽齋生 肅宗壬辰嘉善父守瑞貫慶州居 河陽

金碩尙 子祿汝生 肅宗壬辰嘉善父同・樞順發貫金寧居尙州

金純傑 字聖集生 肅宗甲午同中樞父時用吏正圭瓚后貫商 山居尙州

趙始昌 字致求生 肅宗甲午左尹父大任貞節公 旅后貫咸 安居青松

申漢振 字爾鐸號松軒生　肅宗甲午通政父護軍命監按廉使
祐后貫鵝洲居義城

朴得男 副護軍父春世文穆公　英后貫密陽居迎日

金萬興 字興叔號壽隱生　肅宗壬午甲午中樞陞資憲父左尹
漢哲忠毅公文起后貫金寧居聞慶

朴泰中 字周敬生　肅宗己亥同中樞父贈嘉善基成　贈通
政尚吉孫定憲公成陽后貫咸陽居安東

張世奎 字叔彬號華隱副護軍陞嘉善父翰明順天君天老后貫
順天居比安

○正宗朝

金萬伯 字聖律號溪軒生　肅宗庚申護軍節孝公克一后貫金
海居永川

全淮杜 字一敬生　肅宗甲申通政父嘉善起晟慶山君永齡后
貫慶山居晋州

裵厚翊 字翊之號梅軒生　肅宗戊子同中樞父　贈工叅　斜
教授亭遠后貫盆城居陜川

全昌國 字以安號望庵生　肅宗庚寅嘉善父　贈戶叅恒久
贈承旨信重孫版圖判書佑后貫沃川居榮川

李陽亨 字常初生　肅宗甲午通政父大春叅奉英韞玄孫陽城
君春富后貫陽城居比安

趙寬昌 字南極生　肅宗乙未同中樞父　贈左尹望得　贈判
決事　岦孫貞節公　旅后貫咸安居新寧

金是道 字用當號荷足堂生肅宗丁酉工議父信傑大師宣平后貫安東居安東

李德一 字直卿生肅宗丁酉嘉善父廷伯繼秀后貫清安居慶州

崔宗臣 號訥庵生肅宗戊戌嘉善父巍貫慶州居慈仁

盧佳八 字汝五生肅宗己亥嘉善父進立判官禮弘后貫慶州居盈德

權喆應 字允明生肅宗庚子嘉善父度性都事成業曾孫襄平公域后貫安東居安東

金永傑 字君豪號竹坡生景宗辛丑同中樞父贈判尹海發贈工議哲命孫節孝公克一后貫金海居草溪

崔尙奎 字景五生景宗辛丑通政父文燦牧使慶湜曾孫文昌侯致遠后貫慶州居晉州

金鳳柱 字子仁號惺菴生景宗壬寅嘉善通政廷老曾孫忠毅公文起后貫金寧居河陽

朴重絢 字輝哉號晴岩生景宗壬寅嘉善父贈參判希高贈參議文素孫文節公文彬后貫密陽居咸安

李枝華 字乃允號晩圃生景宗壬寅嘉善父桂素文忠公齊賢后貫月城居慶州

林甲進 字丙叔生景宗甲辰同中樞父贈嘉善大護忠敏公祜后貫蔚珍居英陽

周敬重 字元直生景宗甲辰同中樞父參奉相政貫商山居漆原

南育萬 字時中生 英宗乙巳僉樞父生員紀衡縣監鵬翼曾孫縣令須后貫英陽居寧海

崔道一 字致貫生 英宗乙巳副護軍父護軍碩載和肅公玄佑后貫慶州居醴泉

曹翼鳳 字光五生 英宗丙午嘉善侍郎甲生后貫昌寧居咸安

林震茂 字應和生 英宗丁未中樞父嘉善鳳翼蔚陵君二祐曾孫文僖公蘭秀后貫平澤居盈德

李景福 字仲叔生 英宗庚戌嘉善父參判長春承旨休徵孫大學釋之后貫永川居永川

李重培 字王植生 英宗庚戌副護軍父望南大學士蓓后貫慶州居盈德

金復行 字泰臨生 英宗丙辰嘉善父禧謙府使尚必后貫安東居安東

姜根迪 生肅宗丁亥同樞父僉樞承源通政三龍孫大提學淮仲后貫晉州居盈德

金龍秀 字而見生 英宗癸亥通政父臣福護軍得善孫忠毅公文起后貫金寧居盈德

安興采 字士匡生 英宗丁卯護軍陞嘉善父護軍信永司迪語哲孫文成公 裕后貫順興居達城

安時擇 字選擧生 英宗戊辰副護軍父瑞運文成公 裕后貫順興居盈德

金萬仁 字致元號碧嵐生 英宗癸酉嘉善父 贈嘉善永杰 贈通政貴春孫忠貞公俊榮后貫盆城居青松

申泰淑 字聖登生 英宗壬午中樞父廣誨學士君平后貫平山居盈德

李應逵 生 英宗甲申嘉善父 贈戶叅龍薰翼平公季男后貫平昌居尙州

〇純祖朝

高順賢 字允之生 英宗乙巳通政父萬坪直學得宗后貫濟州居新寧

趙熙鎭 字叔仁生 英宗丙午同中樞父光完貞節公旅后貫咸安居青松

黃象坤 字華中生 英宗丁未通政父耳聽處稷監察今祿后貫昌原居慈仁

林再華 字大郁號德村生 英宗戊申都正父碩茂貫羅州居延日

申世杰 字魁仲生 英宗戊申嘉善父 贈戶叅舜善 贈通訓起奉孫文貞公隤后貫平山居寧海

朴春載 字汝郁生 英宗己酉通政父龍見定憲公成陽后貫咸陽居義城

李義種 字敬實生 英宗己酉僉樞父維洷護軍希哲會孫主[illegible]善道后貫眞寶居寧海

黃雲彩 字重白號石溪生 英宗辛亥通政父進憲通政元兆后貫平海居青松

趙逸燮 字君老生 英宗壬子同中樞父贈同中樞相泰貞節公旅后貫咸安居青松

金學奉 字興賓號隱林生 英宗壬子嘉善 贈兵議父仲三忠毅公文起后貫金寧居尙州

尙相東 字文七生 英宗甲寅嘉善父得建敬命后貫長興居河陽

崔彦聖 字賢秀生 英宗甲寅工議父監正惟恒嘉善佳八孫判官禮弘后貫慶州居盈德

金命願 字君汝號耕牧齋生 英宗甲寅都正父光秀金寧君牧卿后貫金寧居長鬐

黃雄文 字自英生 英宗乙卯嘉善父監察美泰 贈通政宗弼孫襄武公希碩后貫平海居青松

朴震燁 字晦之通政父轄土將軍仁庇后貫高靈居高靈

郭聖壽 字君玉生 英宗戊午嘉善父中樞士甲同正承文后貫苞山居玄風

金鳳徵 字而儀號巢軒生 英宗辛酉通政父世伯忠毅公文起后貫金寧居固城

崔貴發 字公實生 英宗壬戌通政父弘燮侍郎 淸后貫慶州居永川

宋達永 字士賢生 英宗癸亥中樞父通政尙文贊成言愼后貫礪山居尙州

金光億 字子有號沂山生 英宗甲子吏參判自粹后貫慶州居泰原

趙賢儒 字斗形生 英宗甲子同中樞父星鎭貞節公 旅后貫咸安居青松

林世鎭 字子叔生 英宗丙寅副護軍父諺遠禮叅 鵬后貫羅州居金泉

河長澄 生 英宗丙寅嘉善父折衝巨信文孝公 演后貫晉州居新寧

崔斗建 字君元生 英宗戊辰通政父通政大奎尙書適立后貫慶州居陜川

安景玉 字士一生 英宗庚午同樞父司僕正櫰衡文成公 裕后貫順興居尙州

羅長守 字見龍生 英宗辛未通政父弘業縣監尙裴后貫壽城居興海

金相龍 字孝文號忘軒生 英宗癸酉同中樞父 贈嘉善瑞貴直學漢啓后貫義城居永川

盧思涑 字君實生 英宗甲戌副護軍父衛鍵進士 遂后貫光州居永川

曺慶萬 字定甫生 英宗甲戌同中樞父 贈嘉善遇龍 贈叅議鳳翼孫縣監尙貞后貫昌寧居阿陽

曺善澤 字景琪號栢岩生 英宗丙子嘉善翰林木孫后貫昌寧居固城

崔震華 字子嶠號秋潭生 英宗乙亥嘉善父 贈工議原天吏議衛后貫慶州居盈德

孫順昌 字明旭生 英宗乙亥通政父永哲通政仲立孫進士李暾后貫月城居新寧

金翼洙 字允若號近庵生 英宗丙子通政父 贈嘉善熹赫贈左承旨啓仁孫貫義城居永川

金芬森 字一之生　英宗丁丑通政父贈嘉善碩載僉樞天祥曾孫忠毅公文起后貫金寧居長鬐

金福得 字德彥號晚谷生　英宗己卯副護軍父通政貴三太師宣平后貫安東居安東

鄭德久 字世仲號斗谷生　英宗壬午嘉善父嘉善周望通德郞仁煒后貫瑞山居陜川

鄭義烈 字仁叟號老軒生　英宗甲申同中樞父右尹鳳謙縣監仁涵后貫瑞山居陜川

李箕雨 字元若生　英宗乙酉通政父濈宗貫慶州居新寧

鄭墧 字守璟生　英宗己丑通政父世洪殷烈公臣烈后貫晉陽居晉州

李開寅 字正秀生　英宗戊子僉中樞父鳳斗坡川君思明后貫全州居金泉

梁在五 字伯行號月岩生　英宗戊子敦寧父贈戶叅周煥贈承旨柱源孫文襄公誠之后貫南原居義城

金碩柱 左尹陞副摠管父工議紀元叅奉聃壽后貫義城居尚州

朴昌祉 字泰元號壽峯同中樞父慶龜縣監文星后貫密城居玄風

朴處徵 字秀範副護軍父戶叅壽章護軍益成孫德原君松庇后貫寧海居安東

張重弼 字順弼副護軍陞嘉善父桂䇡忠莊公思儉后貫順天居義城

金尙載 字啓國生英宗戊子工議父掌樂正得宗忠愍公仁贊后貫楊根居英陽

權命峻 字士範生英宗戊申僉樞父宅仁護軍尙中曾孫大憲定后貫安東居安東

黃德秀 字潤沠號松陰生英宗己丑同中樞父贈嘉善厚河贈通政績孫通政元兆后貫平海居青松

金福賢 字國彥號一谷生英宗庚寅副護軍父通政贊三太師宣平后貫安東居安東

高尙赫 字聖甫生英宗甲午通政父柱昊敬命后貫長興居河陽

金元澤 字源甫生正宗癸卯同中樞父贈嘉善九鼎贈通政重祥孫忠毅公文起后貫金寧居青松

權參 嘉善父通政楠持平洌后貫安東居興海

金自元 字而文副護軍父萬一忠毅公文起后貫金寧居尙州

○憲宗朝

趙建元 字太初生英宗戊寅僉中樞父大開貞節公旅后貫咸安居青松

金夏鼎 字敬則號愚泉生英宗庚辰中樞父監察龜老貞肅公仁鏡后貫慶州居慈仁

權舜孝 字子誠號肯窩生英宗辛巳資憲父副正世範贈參議燦孫持平洌后貫安東居新寧

張啓福 字善五生 英宗丙寅通政父漢九僉使命虎后貫仁同居養興

張孝矩 字義度生 英宗庚寅同樞父 贈左尹宇明進士之杰玄孫安襄公末孫后貫仁同居榮川

安命玉 生 英宗甲午通政父世寬文成公 裕后貫順興居尙州

殷輔萬 字禹甫號溪庵生 正宗丁酉嘉善父允梅持平虎臣玄孫吏判汝霖后貫幸州居大邱

權齊衡 字亨仲生 正宗辛丑嘉善父基賢通政 楠孫持平坰后貫安東居興海

姜梓 字矩正生 正宗辛丑副護軍父 贈禮叅在河進士春悌曾孫大學淮仲后貫晉州居英陽

尹國徵 生 正宗辛丑通政父副護軍後覺別將進業孫主簿貴琳曾孫昭靖公坤后貫坡平居靑松

趙基恒 字和彥生 正宗壬寅嘉善父秉煜貞節公 旅后貫咸安居義城

金命漢 副護軍 贈資憲父左尹碩柱工議紀元孫叅奉聃壽后貫義城居尙州

郭鎭漢 字聖汝生 正宗壬寅嘉善父嘉善聖壽同正承文后貫苞山居玄風

河三增 生 英宗乙酉嘉善父聖平文孝公 演后貫晉州居新寧

姜世周 字聖弼嘉善父啓喆監正得豪玄孫菁原君利溫后貫晉州居盈德

金正福 字壽兼生 正宗戊午副護軍 父叅奉貴龍 貫金海 居晋州

㊁哲宗朝

徐樂修 字元敬生 英宗癸巳護軍陞崇政 父贈左尹奎德 贈軍資正振漢曾孫 貫達城 居長鬐

權若奎 字聚文生 英宗丙申通政陞嘉善 父贈戶叅師稷 贈承旨命中孫 大憲定后 貫安東 居安東

金垈奎 字安汝生 正宗丁酉通政 父遠祚 忠毅公文起后 貫金寧 居新寧

孫世淡 字德夫生 正宗己亥通政 父通政順昌 通政仲立曾孫 進士季暾后 貫慶州 居新寧

孫星文 字[illegible]文生 正宗己亥嘉善 通政順昌孫 進士季暾后 貫月城 居新寧

金有興 字聖羲生 正宗辛丑嘉善 忠毅公文起后 貫金寧 居比安

林新榮 字元錫生 正宗辛丑護軍陞嘉善 父栽明 主簿廷會曾孫 忠愍公慶業后 貫平澤 居寧海

宋啓升 字士實 號西岡生 正宗癸卯僉樞 父好心 貫礪山 居尙州

金聲頎 字希汝生 正宗癸卯護軍 父東烈 貫慶州 居新寧

孫世化 字和瑞生 正宗丁未嘉善 父通政順昌 通政仲立曾孫 進士季暾后 貫月城 居新寧

南正栢 字正伯生 正宗戊申同中樞父 雲英毅公 敏后貫英陽居安東

李漢燊 字學賢號翠軒生 正宗己酉通政父集弼文忠公齊賢后貫慶州居義城

孫石鍊 字天輔號農隱生 正宗壬子僉樞父斗鎭府尹萬雄后貫月城居尙州

趙興煜 字復初號晚松生 正宗壬子同中樞父 贈左尹以元副正致龍玄孫貞節公 旅后貫咸安居青松

曺慶鍾 字德文生 正宗癸丑通政嘉善善澤曾孫翰林末孫后貫昌寧居固城

金進德 字君善生 正宗丙辰嘉善父志鍊文宣公 瑤后貫慶州居盈德

趙性珍 字希文生 正宗丙辰護軍父護軍大祐中樞賢儒孫貞節公 旅后貫咸安居青松

金潞寬 字寬甫生正 宗癸丑僉中樞父奉聲副護軍原由曾孫忠毅公文起后貫金海居慶州

金得源 字奎彥生 正宗戊午副護軍父嘉善尙智通政洪祖孫版圖判書 管后貫金海居慶州

林載圭 字在國生 純祖壬戌同中樞父 贈嘉善成祐 贈通政順根孫嘉善 東后貫安東居青松

吳應鳳 生 純祖壬戌嘉善父光鎬彥毅后貫高敞居盈德

金魯璟 字尼玉生 純祖甲子同中樞父嘉善性浩工議尙載曾孫忠愍公仁贇后貫楊根居英陽

廉世祜 字世允生　純祖戊辰副護軍父　贈左尹崇道忠敬公涕臣后貫坡州居安東

金宗範 字華汝號湫潭生　純祖己巳副護軍父大三護軍擧泰孫忠毅公文起后貫金寧居盈德

黃道昇 字道允生　純祖丙子同中樞父通政象坤監察今祿后貫昌原居慈仁

金擎魯 字聖則生　純祖甲申中樞父叅判墉贊成灌后貫清風居咸昌

朴基鎬 字贊汝副護軍父顯洙大憲　英后貫密陽居清河

○**高宗朝**

金處洛 生　正宗乙巳工叅父叅奉　完判書不比后貫金海居善山

朴思恢 字致彥生　正宗庚戌嘉善父舜瑛部將守男后貫咸陽居尙州

徐之忠 字德一號稼圃生　正宗戊申副護軍父景修　沉后貫達城居長鬐

金永屋 字文彥生　正宗辛亥副護軍　贈同知父　贈承旨顯斗判官德龍后貫金海居慶州

河漢得 生　正宗壬子通政父嘉善三增文孝公　演后貫晋州居新寧

金慶復 字云善生　正宗甲寅同中樞貫沃川居尙州

安得武 字周伯號石堂生　正宗甲寅中樞父　贈工議敎佐文成　公裕后貫順興居達城

趙　湜 字乃源號枕流亭生　正宗乙卯通政父昌鉉貞節公旅后貫咸安居咸安

秋崑求 字翰瑞生　純祖辛巳都正父鏞錫忠壯公水鏡后貫秋溪居大邱

崔尙珽 字昌之生　正宗乙卯護軍歷嘉善父　贈叅判順載文順公　渙后貫慶州居金泉

權弘準 字毅可生　正宗丙辰護軍父嘉善若奎　贈戶叅師稷孫大憲　定后貫安東居安東

趙　淳 字湧若生　正宗丙辰嘉善父主簿台鉉　贈吏議德基孫貞節公　旅后貫咸安居咸安

金樂孝 字與衆號二隱生　正宗丁巳同樞父　贈兵叅聲玉忠毅公文起后貫金寧居義城

金聖麟 字聖魯生　正宗丁巳通政父宗安忠毅公文起后貫金寧居盈德

金昌道 字致九生　正宗戊申崇政節孝公克一后貫金海居安東

河仁周 字文初生　正宗戊午同中樞父左尹雄文孝公　演后貫晋州居星州

金東春 字逸瑞號岺隱生　正宗己未同中樞父貫泰文愍公馹孫后貫金海居河東

曺胤敬 字乃文號霞谷生　純祖癸亥同樞父命廸　贈叅議景溫后貫昌寧居永川

南正範　字洪汝生　純祖壬戌嘉善父光龜承旨隆達后貫英陽
居尚州

南景履　字而彦號靜養生　純祖癸亥通政父始萬監察　須后
貫英陽居盈德

金顯宗　字而ㅁ號松堂生　純祖癸亥通政父承旨有植忠簡公
普后貫金海居陝川

宋有寬　字敬九號秋波生　純祖癸亥中樞父順石正嘉公　瑞
后貫礪山居義城

洪秉幹　字士應生　純祖乙丑護軍父戶叅海鵬南陽君　洞后
貫南陽居安東

咸學楷　生　純祖甲子嘉善父德富傅霖后貫江陵居尚州

鄭德濟　字聖化生　純祖乙丑中樞父工判道鎬文忠公夢周后
貫烏川居大邱

崔得源　字敬元生　純祖甲子嘉善父鍾應錫信后貫月城居慶
州

金應滿　字益明號無傷生　純祖己丑通政父震運禮判　寬后
貫慶州居慈仁

朴明淳　字士順號雲岡生　純祖甲子護軍陞嘉善父叅判相祿
贈叅議胤沃孫叅奉致霖后貫龜山居義興

權入夏　字而素號素軒生　純祖乙丑同樞父贈吏叅宅模縣監
櫶犃貫安東居醴泉

李元光　字乃信號沙谷生　純祖乙丑護軍父　種文質公　芮
后貫陝川居河東

趙興祜 字乃復生　純祖丙寅同中樞父　贈嘉善基灝　贈判中逸變孫貞節公旅后貫咸安居英陽

尹光爽 字華瑞號溪隱生　純祖丁卯副護軍父致一昭端公坤后貫坡平居晉州

金學鍊 字道彥生　純祖丁卯副護軍父英實郡守鸞瑞后貫遂安居盈德

李汝求 字景春號道川生　純祖丁卯中樞父　贈戶叅基遂忠簡公崇元后貫延安居知禮

金成玉 字汝千生　純祖戊辰嘉善父德舜護軍得善玄孫忠毅公文起后貫金寧居盈德

孫明澳 字德元生　純祖戊辰同中樞父星集僉樞是祐玄孫景節公仲暾后貫月城居青松

趙贊奎 字善謙生　純祖戊辰副摠管父都正性弼忠毅公宗道后貫咸安居安東

李潤榮 字致德號東崖生　純祖己巳嘉義父寅協輔德從允后貫月城居慶州

金器稷 字致安生　純祖己巳嘉善父　贈工議相善承旨光振孫忠順公宣弓后貫善山居善山

姜[illegible]太 字允瑞生　純祖己巳副護軍父得奎通政　梓會孫大學淮仲后貫晉州居寧海

鄭日晩 字德如生　純祖庚午通政父九淵文忠公夢周后貫延日居善山

姜郁欽 字子允生　純祖辛未嘉善父尙俊嘉善世周玄孫菁廓君利溫后貫晉州居盈德

洪鍾萬　字致祿號洛西生　純祖辛未副護軍父右範文正公彥輔后貫南陽居高靈

文辛待　字海初號廣山生　純祖辛未通政貫南平居安東

金興培　字舜日號熊仙生　純祖壬申吏議安都公永貞后貫金海居尙州

吳衡孫　字允和生　純祖壬申都正父奉一安廉使邦祐后貫海州居迎日

權時光　字而觀生　純祖壬申通政判書靭后貫安東居安東

申徽俊　字美卿號松峴生　純祖壬申嘉善父通政億亭壯節公崇謙后貫平山居禮安

金聖根　字洛瑞號聽田生　純祖壬申同中樞父　贈戶叅月遜贈戶議萬石孫兵判　漢后貫金海居靑松

高宇謙　字安叟號岩下生　純祖癸酉嘉善父　贈叅判宗杜司僕正岱瑞曾孫經歷克勤后貫開城居尙州

金顯仁　字永伯生　純祖癸酉嘉善父嘉善逸泰叅判洪宇后貫金海居延日

張錫學　字君範生　純祖癸酉都正父時恒文康公顯光后貫仁同居慶州

高鳳暉　字尼魯號竹圃生　純祖癸酉知中樞父　贈戶叅厦杓兵判彥伯后貫濟州居慶州

孫承憲　字君伯生　純祖癸酉嘉善父基潤嘉善孟會曾孫密城君贇后貫密陽居淸道

申賢權 字泰允生 純祖癸酉左承旨父 贈司僕正光雲文信公墅業后貫平山居酒川

金進集 生 純祖甲戌嘉善父嘉善汝載恭節公 瑺后貫月城居尚州

金傳鍊 字商叟號竹南生 純祖甲戌副護軍父珩賓判書爲后貫遂安居盈德

鄭福祿 字毅賢生 純祖甲戌通政父龍淑文忠公夢周后貫延日居延日

金有植 字汝洪號訥齋生 純祖乙亥通政父通訓濟元安敬公永貞后貫金海居迎日

李建華 字致長生 純祖甲戌承旨贈戶叅父 贈通政象伯孝寧大君 補后貫全州居青松

宋秉春 字元翼號梅潭生 純祖丙子嘉善父一魯貫恩津居河陽

金濟穆 字禹若生 純祖丙子通政陞吏議父護軍永垕判官德龍后貫月城居慶州

葛致[illegible] 字卯瑞生 純祖丙子同中樞父營將有文 贈通政孝志玄孫貫延州居玄風

高夢春 生 純祖丁丑護軍父會祚判山后貫濟州居尚州

南景怡 字成彥生 純祖丁丑通政父始萬監察 須后貫英陽居盈德

朴[illegible]修 字國文號壑月軒生 純祖丁丑副護軍父部正泰熙文[illegible]公 [illegible]后貫密陽居尚州

朴璐喆 字道元號山花生 純祖丁丑通政父文夏公逵后貫月城居慶州

姜士興 生 純祖丁丑同中樞父贈府尹晩亭 贈工議壹齊系元帥以式后貫晉陽居晉州

朴慶允 字濟信號梅堂生 純祖丁丑通政父昌載判書密陽后貫密陽居固城

黃致業 字允執號碧潭生 純祖丁丑戶參父嘉善性海通政伊秀孫兵議聘中后貫平海居壽公

申伯綠 字士春生 純祖丁丑嘉善父參權正言枰后貫高靈居高靈

宋秉胄 字季翼生 純祖戊寅宣判尹父一魯貫恩津居河陽

申在綱 字汝植生 純祖戊寅部正父 贈戶議相巽贈戶議閏係忠簡公浩后貫平山居盈德

金澤振 字健甫生 純祖戊寅護軍父錫福忠毅公文起后貫金寧居金泉

李鳳龍 字致文生 純祖己卯通政父潤運貫月城居新寧

金埈根 字致彥生 純祖己卯僉樞父信浮定憲公係行后貫安東居盈德

金珏均 字士汝生 純祖己卯副護軍父炳郁 贈承旨德根孫判官係權后貫安東居寧海

張澈源 字仲安號農隱生 純祖戊辰通政父通政啓福僉使命虎后貫仁同居義興

黃性逸 字執中生 純祖己卯嘉善 父嘉善德秀 通政壽河孫 通政元兆后 貫平海 居青松

李應斗 字士善號朏菴生 純祖辛巳兵正陞義禁府事 父秀寅 文靖公 播后 貫驪州 居永川

李尙武 字文漸生 純祖己卯通政同知忠民后 貫碧珍 居桼谷

黃基玉 字君瑞號松齋生 純祖庚辰中樞 父仁守 刑判居正后 貫昌原 居陝川

李士啓 字敬天生 純祖庚辰通政 父東煥 監察鶴齡孫 執義義亨后 貫咸安 居圖城

孫孝永 字允汝生 純祖庚辰嘉善 父 贈戶叅善龍 同樞諟訣后 貫一直 居慶州

金珪碩 字景美生 純祖甲午同中樞 父 贈叅判殷業 直提學琪后 貫義城 居義城

金礪憲 字文汝生 純祖庚辰嘉善 父鼎泰 兵判自隱后 貫月城 居慶州

金奎鎭 字正元號池白堂生 純祖辛巳嘉善 嘉善宗鐸孫 貫安東

姜志亨 字善擧生 純祖辛巳都正 父時權 贈贊成淮仲后 貫晋州 居義城

林基碩 生 純祖戊寅折衝 父叅奉胤永 贈判尹栽培孫 忠敬公祐后 貫蔚珍 居比安

申貞會 字德順生 純祖壬午嘉善 父快東 壯節公 槩后 貫平山 居善山

黃鍾泰 字通老生 純祖壬午副護軍父潤彦定略貫成后貫平海居安東

權[illegible]祥 字致重號景河生 純祖壬午同中樞父折衝啓洽司僕正應縚后貫安東居安東

金鳳鎭 生 純祖壬午副護軍太師宣平后貫安東居安東

趙性英 字士彦號晩春生 純祖壬午同中樞父 贈左尹奉祐贈工議基湧孫貞節公 旅后貫咸安居英陽

朴來龜 字益瑞生 純祖壬午通政父升永吏佐宗胤后貫高靈居高靈

崔大浩 字善吾號農軒生 純祖癸未通政父泰峻燃山君漢后貫永川居義興

河宗海 字禹則號象峯生 純祖癸未副護軍父 贈贊成永浩文孝公演后貫晉州居星州

金點哲 字君賢生 純祖丁丑副護軍父 贈嘉善學仁 贈戶議日成孫文烈公時興后貫金寧居聞慶

金鎭夏 字禹謙生 純祖甲申中樞父聖壽 贈吏判 璡后貫義城居盈德

崔翼樓 字鴻擧號藍圃生 純祖甲午嘉善父永五文肅公 瀾后貫月城居慶州

金大成 字尙叔號陶漁生 純祖甲申嘉善應生后貫慶州居軍威

高彦鮮 字叔明號說難生 純祖甲申通政父懿謙司藝仁繼后貫開城居尙州

金德柱 字君聖號四而堂生　純祖甲申護軍父　贈叅判振宇
翼元公士衡后貫安東居安東

玄進默 字殷執生　純祖甲申通政父東培通政載弼玄孫判官
得利后貫延州居玄風

申錫五 字文郁號東山生　純祖甲申嘉善父吏叅寬綏壯節公
崇謙后貫平山居禮安

李龍雲 字雲化號鳳山生　純祖甲申戶叅父同中樞温新正郎
和億係襄僖公興商后貫月城居尙州

魯泰永 字希道號晩竹工叅　贈判書
認后貫咸平居漆谷

全宗瀫 字士敏號芝岩生　純祖甲申通政陞嘉善父章欽司直
希哲后貫沃川居榮川

李宰獻 字君悅號亦林生　純祖乙酉通政父聖老文簡公孝
后居陝川

金學默 字而悅生　純祖乙酉通政父護軍桐殷文忠公宗直后
貫善山居高靈

李榮甲 字進西生　純祖乙酉通政陞嘉善父監役執德文忠公
齊賢后貫月城居咸昌

崔洞 字汝俊號仙峯生　純祖乙酉通政父副護軍華鶴持平
導源后貫朔寧居晋州

朴正得 字正執號南隱生　純祖乙酉中樞父通政桂業判書密
陽后貫密陽居固城

南極中 字致中生　純祖乙酉通政父紀漢判書暉珠后貫英陽
居安東

孫承振 字德容生 純祖乙酉通政父養仁靖平公洪亮后貫一直居義城

金玹錄 字聖舜生 純祖乙酉通政父東溪襄武公太虛后貫廣州居密陽

金鎰奎 字榮執號南川生 純祖乙酉通政父持聲方礪后貫金海居河陽

陳昌燮 字翼升生 純祖乙酉副護軍父同樞相基嘉善春夏孫驪陽君籠厚后貫驪陽居盈德

崔斗翰 字極遠號湖隱生 純祖丙戌中樞父嘉善璟佐兵判鄲后貫夔州居淸道

權重鵬 字溟遊生 純祖丙戌都正父秘書承錫麟左掌禮度根玄孫康定公徹后貫安東居盈德

申三均 字敬伯生 純祖丙戌同中樞陞嘉善父贈嘉善相用都正永福孫齊靖公孝昌后貫平山居盈德

趙性正 字正玉生 純祖丙戌同中樞父贈戶參八祜掌樂正禎瑞曾孫貞節公旅后貫咸安居新寧

南七煥 字亨老生 純祖丙戌嘉善父正道贈承旨隆達后貫英陽居尙州

南致泰 字景瞻生 純祖丁亥中樞父贈嘉善赫烈貫宜寧居尙州

南景夏 字行彥號晚悔生 純祖丁亥嘉善父嘉善濟萬承旨國燦孫監察須后貫英陽居盈德

盧泌淵 字漢若號克齋生 純祖丁亥通政父贈監察奉文主簿克弘后貫光州居密陽

鄭源祜 字希受生 純祖丁亥通政父海寬後榮后貫東萊居咸昌

禹鼎祿 字慶雲號萬山生 純祖癸未嘉善父尙國左杵仁烈后貫丹陽居尙州

河長澄 生 純祖丙寅嘉善父折衝巨信文孝公 演后貫晉州居新寧

尹光淳 字而敬生 純祖丁亥通政父重一昭靖公 坤后貫坡平居晉州

申順命 字允文號洛厓生 純祖丁亥嘉善父戶叅漢祈壯節公崇謙后貫平山居禮安

成範鎭 字聖元生 純祖丁亥通政父允濟司藝履祥后貫昌原居慈仁

盧喆敬 字孟三生 純祖丁亥通政父叅奉大光進士弼文孫府使雲元曾孫文簡公守愼后貫光州居青松

許迄 字善日號薇隱生 純祖丁亥五衛將父通政祥嘉善命生后貫金海居慈仁

朴英來 字平甫號菊堂生 純祖丁亥通政父僉正準玉文度公薰后貫密陽居晉州

李廷烈 字聖瑞號月菴生 純祖丁亥通政父光馥大憲仁亭后貫咸安居固城

金興祿 字鍾順號松岩生 純祖甲申通政節孝公克一后貫金海居永川

金鍊斗 字在淑生 純祖丁亥知中樞父昌震文愍公馹孫后貫金海居大邱

權載龍 字而直號商樵生 純祖丁亥通政父希度縣監 樺后貫安東居醴泉

全永祐 字君益號洛隱生 純祖丁亥通政父琢鍊同樞 繼曾玄孫竺山君元發后貫竺山居尙州

全秀學 字穉升號愚溪生 純祖丙戌通政父宗淵進士 一欽孫司直希哲后貫沃川居榮川

金濟元 字熙瑞號鳳棲齋生 純祖戊子嘉善父成鉉通政光五曾孫判尹永純后貫金海居盈德

尹汝稷 字聖甫號玄岩生 純祖戊子中樞 贈吏議父承旨光莘監察衲后貫坡平居禮安

朴平來 字洛秉號菊軒生 純祖戊子五衛將陞通政父準道文度公薰后貫密陽居統營

丁大赫 字士贍生 純祖戊子副護軍父學敎兵使志復玄孫忠靖公應斗后貫羅州居星州

朴鍾出 字聖壽生 純祖己丑嘉善父桼奉基舜文敬公宜中后貫密陽居尙州

李載一 字巨汝生 純祖己丑通政父亨潤注書命蕃后貫碧珍居密陽

張啓樞 字德彦生 純祖戊子通政父胤性文康公顯光后貫玉山居義城

金允洙 字聲玉號雲庵生 純祖己丑同中樞父弼尙上護軍宜后貫義城居義城

權陽夏 字大叔生 純祖己丑通政父弼模縣監 㰠后貫安東居醴泉

姜佑洨 字聖逸生 純祖己丑護軍父 贈工叅致奎贈工議大悅孫菁原君利溫后貫晉居盈德

趙性文 字世章生 純祖己丑通政父相祐克源后貫咸安居安東

崔智述 字德兼號竹窩生 純祖庚寅通政父 達生員東律后貫月城居大邱

金琦洙 字敬彥號鹿件軒生 純祖庚寅通政父錫九文敏公冲后貫慶州居玄風

河渭寬 字敬老生 純祖庚寅嘉善父興白文孝公 演后貫晉州居新寧

權載極 字而建號白樵生 純祖庚寅通政父希度縣監 檥后貫安東居醴泉

朴七煥 字士彥號德村生 純祖辛卯通政父文赫文敬公宜中后貫密陽居河陽

金聖權 字東善生 純祖辛卯中樞父千元忠毅公文起后貫金寧居仁同

金尙曄 字永之號竹隱生 純祖辛卯嘉善父崇祿斗煥贈嘉善德恢孫節孝公克一后貫金海居迎日

柳原夏 字春彥生 純祖辛卯嘉善父相奎 淑后貫瑞山居慶州

朱榮玉 字英淑生 純祖庚寅通政陞嘉善父碩縉武烈公夢龍后貫新安東居星州

林淳學 字正白號北澗生 純祖辛卯同中樞父 贈嘉善元鉉贈工議基聖孫恭惠公整后貫平澤居英陽

尹禹圭 字淑賢號春圃生　純祖辛卯知中樞父行道工判國馨后貫坡平居義城

李璡 字景秀號我石生　純祖辛卯嘉善同知忠民后貫碧珍居漆谷

林膺鎭 字德明生　純祖壬辰通政父學成西河　椿后貫醴泉居尙州

吳宗立 字元汝生　純祖壬辰嘉善父奉一按廉使邦祐后貫海州居迎日

金益道 字元謙號翠陰生　純祖壬辰通政父尙孝忠毅公文起后貫金寧居義城

南錫命 字殷瑞生　純祖壬辰嘉善叅耆社父基元英毅公　敏后貫英陽居醴泉

金廷權 字子玉號小訥齋生　純祖壬辰通政父濟永司藝履祥后貫金海居慈仁

黃堅 字學孫生　純祖壬辰同中樞父　贈嘉善性夏　贈通政澤秀孫兵義膺中后貫平海居靑松

金浩龜 字聖老號碧桂生　純祖癸巳通政叅耆社父錫奎文敬父宏弼后貫瑞興居昌寧

金載璞 字穉琢生　純祖癸巳僉樞父鱗翰都事　直會孫平章事　椿后貫義城居榮川

李泰震 字化伯生　純祖癸巳通政陞嘉善父春成府使景溯后貫夔州居金海

金履鳳 字元瑞生　純祖甲午通政父學遜忠毅公文起后貫金寧居盈德

裵永祜 字天受生　純祖壬辰　壬寅　命中樞　父纁東　贈禮叅　應
䂓后　貫星山　居順興

金仁煥 字處安生　憲宗乙未　嘉善　父大奎　萬戶　世績后　貫慶州
居慶州

柳義睦 字羽吉生　憲宗乙未　護軍　文忠公成龍后　貫豊山　居安
東

沈相沆 字會汝　號默隱　生　憲宗乙未　同中樞　贈吏叅　父　贈
兵叅　器祚　典理判書　元符后　貫青松　居丹城

千望純 生　憲宗乙未　同知　父　贈兵叅　世斗　贈刑議　慶應　孫
花山君　萬里后　貫潁陽　居安東

李煥根 字潤五生　憲宗丙申　中樞　父叅奉　道儉　星山伯　能一后
貫星山　居星州

金磬振 字允明　號槐軒　生　憲宗丙申　通政　父嘉善　魯璟　嘉善　性
浩孫　忠愍公　仁贇后　貫楊根　居英陽

金允默 字乃性生　憲宗丙申　通政　父相俊　文忠公　宗直后　貫善
山　居高靈

朴基魯 字顯如生　憲宗丙申　通政　父宗憲　贈副護軍　福泰　曾
孫　府使　聖望后　貫密陽　居青松

金述魯 字而聖　號野隱　生　憲宗丙申　通政　父南杓　進士　鼎台　玄
孫　順忠公　宣弓后　貫善山　居善山

高彥休 字聖休　號松溪　生　憲宗丙申　通政　父崇謙　贈承旨　宇
明　曾孫　經歷　克勤后　貫開城　居尚州

朴準永 字致正生　憲宗戊戌　通政　父舜瑛　部將　守男后　貫密陽
居尚州

金教弘 字子輝生 憲宗戊戌通政父履善文莊公台瑞后貫慶州居迎日

吳益模 字翼伯生 憲宗戊戌嘉善父進泳碧城君致雲后貫海州居安東

曺仁浩 字永瑞生 憲宗戊戌通政都承旨光湜后貫昌寧居密陽

金東世 字世起號芝山生 憲宗戊戌同中樞父 贈嘉善泰濂 贈通政鍾榮孫左尹義之后貫淸風居禮安

李富淵 字潤屋生 憲宗戊戌護軍孝節公賢輔后貫永川居大邱

曺舜承 字化允生 憲宗戊戌嘉善父錫鼎文莊公偉后貫昌寧居青松

金聲重 字鳴彥號西坡生 憲宗戊戌嘉善父通政慶達嘉善光漢孫文懸公冲漢后貫金海居長鬐

白珩 字致章生 憲宗戊戌通政父龍泰生員惟球后貫水原居達城

金錫振 字汝文號竹下生 憲宗戊戌通政陞嘉善父同樞在鏞護軍聖采孫吏判乙韶后貫慶州居永川

宋國明 字重逸生 憲宗戊戌通政父有秀參判壽樺后貫恩津居金海

兪鎭億 字應百號寓軒生 憲宗戊戌同中樞父致淳主簿汝諧后貫杞溪居青松

奇詳龜 字聖則號眉溪生 憲宗戊戌通政父世章貞武公 慶后貫幸州居慶州

金秉祜 字聲白生純祖壬午通政父快談貫安東居晉州

李圭華 字邦彦號松隱生憲宗己亥嘉善父嘉義潤榮輔德從允后貫月城居慶州

金漢源 字文瑞號東溪生憲宗己亥賚憲父箕虎貫月城居慶州

李時庸 字平銖號菊圃生憲宗己亥通政父禮爚永陽君大榮后貫永川居禮安

申哲輔 字佑根生憲宗己亥通政父壽元郡守完后貫平山居醴泉

林鍾坤 字德一號丹皐生憲宗己亥都正父國璣兵判孝元后貫彭城居禮安

朴柱字 字聖余生憲宗己亥通政父俊淳參奉泰重玄孫進士長春后貫咸陽居義城

趙長祜 字禹若號松庵生憲宗己亥嘉善父學基貞節公旅后貫咸安居青松

高彥陸 字仁樺生憲宗己亥通政父義謙直提學士原后貫開城居尙州

鄭錫祜 字賀受生憲宗庚子通政父宇載師傅克俊后貫延日居慶州

李在運 字公仲生憲宗庚子通政父宅智忠肅公藝后貫鶴城居慶州

李錫瓚 字聖玉號雲谷生憲宗乙未通政陞嘉善父南基承旨寅德孫文忠公彔仁后貫星州居漆谷

金秉秀 字聲吉生 憲宗庚子都正父快談貫安東居晉州

金應潤 字大玉號農叟生 憲宗庚子通政父得海都正致德曾孫大安君殷說后貫慶州居迎日

權衡讚 字泰景號農隱生 憲宗庚子同中樞父 贈通政尙斗副正通義后貫安東居盈德

趙思規 字大規生 憲宗庚子通政叅判穆后貫橫城居禮安

尹宗萬 字道賢號秋潭生 憲宗庚子嘉善父 贈嘉善相殷贈承旨大鍾孫判書墺后貫坡平居靑松

李震久 字聖純號石松生 憲宗庚子癸卯嘉善父能俊文元公彥廸后貫驪州居慶州

曺永承 字周老生 憲宗庚子同中樞父 贈嘉善錫南 贈通政潤明孫襄平公益淸后貫昌寧居河陽

李以全 字聖逸生 憲宗庚子通政副正瑞雨后貫廣州居漆谷

裵應哲 字君振生 憲宗庚子通政陞嘉善父潤順 贈兵判有倫后貫盆城居金海

姜鋋 字聖禹生 憲宗庚子通政父檜 贈吏判必秀孫貫晉州居英陽

李圭冕 字君振號碧菴生 憲宗辛丑嘉善父榮浩校理從允后貫慶州居慶州

黃秉業 字貫一生 憲宗辛丑通政父龍哲汝一后貫平海居善山

安鼎基 字處善號漁樵生　憲宗辛丑嘉善父護軍相漢嘉善宇壽玄孫徵士灌后貫順興居咸安

吳爀善 字和仲號木山生　憲宗辛丑都正父周鳳文簡公湊后貫海州居密陽

河順伯 生　憲宗辛丑通政父士德文孝公濱后貫晉州居鎭寧

河聖千 字清運生　憲宗己酉通政貫晉陽居金海

旋馨 字士賢生　憲宗辛丑同中樞父　贈嘉善性永通政鈦孫大學淮仲扁貫晉州居寧海

孫顯世 字弘汝號蓮棲生　憲宗辛丑通政父箕祚武科大奎孫景節公仲暾后貫慶州居榮川

禹宅河 字汝若生　憲宗壬寅通政父廷文文信公倬后貫丹陽居安東

申錫周 字亨叔號忍百亭生　憲宗壬寅僉樞父　贈秘書承僉敬通訓大成孫文貞公贇后貫平山居盈德

金潤祚 字德彥生　憲宗壬寅同中樞父　贈嘉善華琇通政致鍊孫忠毅公文起后貫金寧居盈德

張周燮 字致彥生　憲宗壬寅通政父以禎僉使命虎后貫仁同居新寧

李台榮 字允執號農隱生　憲宗壬寅都正父達源文忠公齊賢后貫慶州居慶州

崔錫奎 字士翼生　憲宗癸卯通政父雲壽文昌侯致遠后貫慶州居盈德

金學祿 字致相生 憲宗癸卯通政父秀命星城君俊傑后貫星城居盈德

李琦赫 字德雨生 憲宗癸卯嘉善父容淑繼秀后貫淸安居慶州

金周漢 字用稷號聽灘生 憲宗癸卯通政太師宣平后貫安東居安東

金道周 字和仲生 憲宗癸卯嘉善父都輝 贈敎官起鳳后貫義城居義城

林應杓 字極元號晩樂堂生 憲宗癸卯同樞父通訓雲默襄陽君自蕃后貫醴泉居義興

權道平 字慶和生 憲宗癸卯同樞父 贈左尹應翼 贈工議時秘戶叅謙后貫安東居禮安

金宗華 字汝文號樵山生 憲宗癸卯通政副司果就璽孫文敏公冲漢后貫居長鬐

鄭鶴成 字君七生 憲宗癸卯同樞父 贈僉樞始協吏曹介保后貫東萊居河陽

宋錫休 字汝瑞生 憲宗癸卯通政父益相掌樂正道城后貫楊州居榮川

金顯鎔 字和允號晩軒生 憲宗甲辰通政父宗植安都公永貞后貫金海居陝川

曺秉祥 字致更生 憲宗甲辰兵議陞嘉善父龍承文莊公偁后貫昌寧居慶州

金重權 字士彥生 憲宗甲辰通政父聲振忠毅公文起后貫金寧居盈德

朴著俊 字德老生 憲宗甲辰通政父春煥進士 愼玄孫貫密陽居養城

安教鉉 字聖和號農窩生 憲宗甲辰都正父遠重校理 宙后貫廣州居斐州

金教南 字德現號農隱生 憲宗甲辰嘉善父履善文莊公台瓚后貫慶州居迎日

金於培 字成伯號農菴生 憲宗乙巳工叅父叅奉顯允安敬公永貞后貫金海居晋州

崔必民 生 憲宗乙巳護軍父重徹文成公 阿后貫全州居河東

朴熙久 字景晦號秋岩生 憲宗乙巳通政父能桂文元公彥迪后貫驪州居慶州

辛宗象 字奇遠號務本堂生 憲宗丙午都正父祥浩府使商賚后貫寧越居慶州

安養一 字寬智生 憲宗丙午副護軍父茂仁文成公 裕后貫順興居盈德

鄭仁得 字潤謙號石下生 憲宗丙午中樞父快永居安東

金炳熙 字子珍生 憲宗丙午通政父恒集鷄林君 烱后貫慶州居尙州

孫守化 字善弼生 憲宗丙午嘉善父判官弼萬通政仲立玄孫進士季敦后貫月城居新寧

金益卿 字善則號智隱生 憲宗丙午同樞陞嘉善父通政演錫副護軍壽澤后貫江陵居尙州

金重斗 字聖瑞生 憲宗乙巳通政父昌萬文懸公馹孫后貫金海居盈德

金長培 字英瑞生 憲宗丙午同榀父 贈左尹顯性叅議啓植孫金寧君牧卿后貫金海居長鬐

金鍾潤 字晦叟號秋岡生 憲宗丙午同榀父 贈叅判元祚 贈叅議尙訥孫通政榮南后貫遂安居大邱

朴秀浩 字士潤生 憲宗丙午通政父天載貫密陽居尙州

金鍾權 字振玉號松坡生 憲宗丁未通政父長洙通政雅道孫忠毅公文起后貫金寧居盈德

申應年 字宿彥生 憲宗丁未通政父載潤齊靖公孝昌后貫平山居禮安

權樂仁 字卓汝生 憲宗丁未通政父致中判官永通后貫安東居醴泉

白洙煥 字源仲生 憲宗戊申同榀父淳鎭文肅公仁傑后貫水原居盈德

崔贇敏 字和瑞號農隱生 憲宗丁未通政父賓應孝儀持平道源后貫朔寧居泗川

張在慶 字勝秉生 憲宗戊申監察父通政禹悅承旨仁鄭曾孫忠貞公安世后貫仁同居迎日

申泰旭 字景休號學聾生 憲宗丁未通政父嘉善錫五壯節公崇謙后貫平山居禮安

金再鳳 字敬五生 憲宗戊申都正父九得進士應淸后貫野城居永川

黃斆周 字淸一號日昇岩生 純祖丙子僉正陞嘉善父 贈戶叅致亭工判有定后貫平海居榮川

安養成 字寬仲號槐軒生 憲宗己酉護軍父茂仁文成公 裕后貫順興居盈德

李鎭晩 字福源生 憲宗己酉通政吏叅秀亭后貫羽溪居禮安

安孝千 字潤珍號耕庵生 憲宗己酉通政父茂重工判淹慶后貫慶州居密陽

李禔久 字慶元生 憲宗己酉通政父能春文元公彥廸后貫驪州居慶州

林順豊 字浩元生 憲宗己酉同樞父嘉善根澤通政厚先孫舍人樸后貫安東居盈德

權永運 字柄一生 憲宗己酉嘉善父通政致正司正壽福后貫安東居長鬐

朴好鎭 字琪一號羅川生 哲宗庚戌通政父基文恭簡公 樘后貫密陽居盈德

李望久 字周老號屛曲生 憲宗庚子壬寅通政父護軍能立 贈祭酒彥适后貫驪州居慶州

金聖培 字乃根號七隱生 哲宗庚戌通政父顯占牧使容學后貫金寧居固城

韓圭坤 字明振號一愚生 哲宗庚戌嘉善父 贈資憲之應安襄公終孫后貫淸州居靈山

李曄雨 字文若生 哲宗庚戌叅贊父 贈義禁府事厦秀 贈工叅厚根孫貫月城居玄風

金讃律 字慶根生 哲宗庚戌都正父都正應漢禹範后貫金海居慶州

石柱均 字順八生 哲宗庚戌同中樞父泰俊吏叅成玉后貫忠州居大邱

李弼榮 字殷輔生 哲宗庚戌同中樞父淵慶嘉善德起玄孫判書良后貫月城居盈德

金德奎 字永一生 哲宗庚戌通政陞嘉善父流讚逸駿后貫金海居金海

石致敬 字而範號謹齋生 哲宗辛亥戶判父轍漢吏叅誠玉后貫忠州居大邱

金命輝 字命寬號石芝生 哲宗辛亥通政父和僕射宜后貫義城居義城

金炳柱 字永鎭生 哲宗辛亥通政父河根刑叅尙萬后貫安東居永川

黃宗八 字駿之生 哲宗壬子嘉善父五源牧使駿良后貫平海居安東

片貞瑾 字周玉生 哲宗壬子嘉善父東柱嘉善斗龜曾孫都督碣頌后貫浙江居長鬐

曺鳳承 字萬仲生 哲宗癸丑同中樞父 贈嘉善錫煥 贈工議允溟孫縣監尙貞后貫昌寧居河陽

崔鎭秀 字濟汝生 哲宗癸丑護軍父永柱贊成濟后貫慶州居寧海

金永夏 字允億生 哲宗壬戌通政父 贈嘉善在潤進士喜雨后貫淸道居新寧

孫義遠 字壽汝生 哲宗癸丑通政父廷麟靖平公洪亮后貫一直居義城

黃夏鎭 字疇五號逸庵生 憲宗壬寅嘉善父贈左尹仲周工判有定后貫平海居榮川

裵顯旭　字士重生　哲宗甲寅通政父相泰觀察三益后貫興海居盈德

金永培　字致圭生　哲宗甲寅同中樞父叅奉顯仁僉正守贇后貫金海居永川

金斗煥　字養汝號晩樵生　哲宗癸丑崇祿父贈嘉善德恢贈通政兄鎭孫節孝公克一后貫金海居迎日

文鎭成　字明瑞生　哲宗乙卯通政父九永忠宣公益漸后貫南平居尙州

崔琪煥　字學甫生　哲宗乙卯通政父相翰郡守運箕孫貫慶州居陜川

權泰武　生　哲宗乙卯同中樞陞嘉善父重龍太師幸后貫安東居安東

裵相哲　字明汝生　哲宗乙卯同樞父贈戶叅萬輔贈叅贊光祿孫觀察

黃理憲　字禮逵生　哲宗乙卯進政父察訪錫仁襄武公希碩后恒后貫興海居榮川

許永守　字永甫號海隱生　哲宗丙辰禮叅父光甑城君龜年貫平海居靑松

金鍾奎　字士凡生　哲宗丙辰禮叅父嘉善顯仁叅判洪宇后貫金海居迎日

李敦久　字聖幹號松齋生　哲宗丙辰嘉善父能俊文元公彦廸后貫金海居延日

黃六鎭　字六甫生　哲宗丁巳同中樞父敬月牧使俊良后貫驪州居豐州

李益根　字華實號明菴生　哲宗丁巳嘉善父嘉善錫鳳通政宅海居醴泉
炯曾孫直提學敢后貫永川居延日

嶠南科榜錄附錄卷之三　三十四

朴基守 字泰見號林泉生 哲宗乙卯通政 父之文縣監允斌后 貫高靈居陜川

嚴柱善 字德守生 哲宗丁巳通政 父叅奉道永忠毅公興道后 貫寧越居禮安

成樂英 字潤汝號鶴松生 哲宗丁巳通政 父達永大憲世貞后 貫昌寧居永川

金秉夏 字成大號農隱生 哲宗戊午嘉善 父贈叅議九鉉判書冲漢后慶州居慶州

金敎元 字應善號晚醒生 哲宗戊午戶叅 父敬熙鷄林君㑩后貫慶州居聞慶

金應瑞 字億龍生 哲宗戊午通政 父履善文莊公台瑞后貫慶州居延日

金斗珣 字文七號花隱生 哲宗戊午通政 父嘉善玉銓文敏公冲漢后貫月城居迎日

朴準益 字在益生 哲宗戊午嘉善 父奎鎭通政潤㙜孫吏判藻后貫密陽居長鬐

韓伯源 字致善生 哲宗庚申嘉善 父國彥平節公澣后貫谷山居慶州

金斗泳 字星彥生 哲宗庚申嘉善 父嘉善鎭健石堅后貫金海居慶州

金光震 生 哲宗庚申嘉善 父嘉善允儀忠毅公文起后貫金寧居咸昌

林錫夏 字俊洙號松堂生 哲宗庚申通政 父九鎰西河椿后 貫醴泉居尙州

金錫復 字希淑號希岩生 哲宗庚申通政 父之河校理世良后 貫慶州居慶州

林根植 字潤枝生 哲宗丁巳通政父魯洙文信公蘭秀后貫平澤居盈德

李鍾祿 字應受生 哲宗辛酉嘉善父嘉善主華輔德[illegible]允后貫月城居慶州

金商正 字剛汝號聽琴生 憲宗壬寅通政父蔵喜贈工參[illegible]大玄孫刑判自粹后貫慶州居英陽

朴有夏 字盛實生 哲宗壬戌通政父通政來庠貫密陽居尙州

金斗桓 字元伯號瑞川生 哲宗癸亥通政父益銓文敏公沖漢后貫月城居迎日

金錫洞 字允瑞號石溪僉樞 贈吏議宗仁曾孫提學得阿后貫金海居義城

曺錫敎 字英吉生 憲宗辛丑同中樞父贈僉樞權 贈兵議澤根孫縣監尙貞后貫昌寧居河陽

高永勳 字周甫生 哲宗丁巳通政父允權直提學士原后貫開城居聞慶

李璡秀 字德一生 純祖丁亥通政父哲芳隴西君公長庚后貫隴西居高靈

金聖朶 字永叔號蒼軒通政應生后貫慶州居軍威

南履奎 字士遠副護軍父龍翊御使 須后貫英陽居大邱

鄭光[illegible] 字文五嘉善文貞公思道后貫延日居延日

南道濟 字聖則生乙丑通政父亨鎭護軍逸良后貫英陽居禮安

柳煥鎭 嘉善文科自湄后貫文化居梁山

李圭滿 字希伯號大軒通政父嘉善寶榮 贈嘉善宇協孫文忠公齊賢后貫慶州居盈德

趙鏞九 字嘉慶號松隱通政父通德郎鉉奎同中樞性英孫貞節公 旅后貫咸安居英陽

趙鏞苾 字孝則號栗隱通政父通政銘奎宣略性寬孫貞節公 旅后貫咸安居英陽

秋秉典 字淑彥生庚午通訓父慶求兵判水鏡后貫秋溪居新寧

金漢浩 字漢瑞號雲亭生甲子通政父鍾益叅判洪宇后貫金海居長鬐

許敬述 字景七號東圃生甲戌通政副摠管 禎后貫金海居長鬐

趙性龍 字善如生丙戌通政父 贈通政弼植貞節公 旅后貫咸安居固城

金基碩 字大允生 純祖丁丑同中樞父 贈戶叅仁赫 贈承旨彥希孫 就后貫善山居金泉

石萬述 字德謙生 憲宗戊戌副護軍父完吉通政時龜孫芮城君文成后貫忠州居榮川

具然岳 字大圭號逸軒生 純祖丁丑副護軍父厚魯叅奉崇仁玄孫文節公 鴻后貫綾城居漆谷

具然俊 字允明號史軒生 純祖辛巳通政父厚魯叅奉崇仁玄孫文節公 鴻后貫綾城居漆谷

贈職

○太宗朝

字日新號三憂堂生辛未辛巳封江城君謚忠宣　世宗

文益漸　庚申贈領相封富民候享道川祠父正言叔宣武成公

多省后貫南平

李天乙　號拙軒中樞父美崇文順公奎報后貫驪州居高靈

○世宗朝

李春美　號芝村司諫父中樞天乙文順公奎報后貫驪州居高靈

○文宗朝

趙安　司僕寺正父典書　悅政堂文學　烈后貫咸安居咸安

○世祖朝

孔悌老　領相父禮判　淑漁村　俯后貫曲阜居尚州

○燕山朝

高夢聃 司導寺僉正父　識萬戶碩仝孫直提學得宗后貫濟州居善山

○中宗朝

申翰 字國憲左部將父司直介甫按廉使　祐后貫鵝州居義城

李碩孫 叅判父吏叅　聽左贊成種仁孫叅判　蟠會孫文忠公齋賢后貫月城居慶州

金將經 左通禮父進士乙範貫慶州居慶州

○明宗朝

金佑 字仲弼生　成宗乙未左承旨父生員萬枰文節公　淡孫貫禮安居榮川

申夢得 字商卿生　中宗己亥承旨父　贈工叅應奎　贈左部將翰孫按廉使祐后貫鵝州居義城

金尙志 戶叅父叅議文從貫慶州居慶州

○宣祖朝

崔碩 字俊元生燕山乙丑叅議父進士彥世生員光裕曾孫縣監敬浩玄孫侍郞　淸后貫慶州居軍威

朴昕 字泰熙號桐川生　中宗庚子甲午刑判享盧陽書院父　贈漢城右尹宗秀進士景玄后貫密陽居陝川

鄭希高 字舜卿生成宗辛丑戶正父文獻公汝昌貫河東居咸陽

申虬年 字德叟號楓林生中宗甲辰錄原從功從享水晶祉父應龍副司直從淪孫文貞公贈后貫平山居盈德

張崑 字伯鎭生中宗乙酉戶議父司馬潛忠貞公安世后貫玉山居仁同

李熙復 字仲初號菊軒生中宗戊成左承旨父遵慶進士德符孫觀察禮孫后貫廣州居漆谷

宋賓 字士信號松潭生中宗壬寅庚子工議享松潭阡父節制使昌進士由浩曾孫大司成承殷后貫清州居金海

張慶昇 字泰華生戊申曾孫孝一貴司僕寺正父郡守乃貞司馬潛玄孫忠貞公安世后貫仁同居仁同

金禮心 字德信生明宗丙辰參奉錄原從勳父景祥習讀淳曾孫兵使仲敦后貫月城居慶州

權克立 字强哉號東峯生明宗戊午錄原從功工參父訓導諸文節公仲和后貫安東居永川

郭忠英 字信彦生明宗己未曾孫氣和貴掌樂院正父生員隷翰林之雲孫清白安邦后貫苞山居玄風

權益昌 字茂卿號湖陽生明宗壬戌掌樂院正享鶴岩書院父正字宣生員偉器孫持平徵后貫安東居安東

孫得弘 字和禮號雲菴生明宗甲子丁未戶議父祥啓城君贇后貫密陽居晉州

郭履常 孝行戶正父忠烈公䞭清白吏安邦后貫苞山居玄風

鄭守　號溪庵壬辰錄宣武原從功兵判父殷夫光儒假倍傑后貫草溪居草溪

李瀚　字遠擧壬寅左承旨父執義義亨貫咸安居固城

太舜壽　字君亨生　明宗癸卯主簿父進士偃龍府使斗南孫參奉孝貞曾孫永順君金就后貫永順居醴泉

郭履厚　孝行工正父忠烈公　趍淸白吏安邦后貫苞山居玄風

朴夢龍　錄宣武原從功左尹父參奉　恒參奉永苾孫貫咸陽居慈仁

李環　字淑見號石湖壬寅戶參父　贈左承旨　瀚執義義亨孫貫咸安居晉州

朱箕生　字敬之節制使配忠賢祠父春希　潛后貫新安

○光海朝

鄭嚴　字子固甲戌嘉善中樞父尙耉司直信耘玄孫東平君種后貫東萊居星州

南好問　字審卿生　中宗己亥工議父進士瑞龍敎授昌年孫判書暉珠后貫英陽居安東

朴漢弼　字良華生　宣祖丙寅兵判父司僕寺正　克武烈公元宗玄孫貫平陽居昌寧

朴鳳弼　字德華生　宣祖辛未刑判父司僕寺正　克武烈公元宗玄孫貫平陽居昌寧

金應天　字善汝號松塢生　宣祖甲戌錄宣武原從功兵參忠毅公文起后貫金海居河陽

○仁祖朝

李希聖　字誠爾生　中宗壬午曾孫爾松貫吏議父直長　漢松安君子脩后貫眞寶居安東

金晩國　字重玉號孝日堂生　明宗丁巳戶參父　健直提學漢啓后貫義城居永川

權曇　字景虛號咸溪生　明宗戊午承旨父縣監審言縣監橃孫判書軔后貫安東居醴泉

尹東豪　字士洪號松菴生　明宗庚申南兵使父　贈參議金天恭簡公炯后貫坡平居慈仁

李元龍　字正中號雲軒生　明宗癸亥通政父訓判景祜判書英后貫星山居星州

金勝華　字敬吉號一隱生　宣祖庚午訓僉父　贈參議晩國直提學漢啓后貫義城居永川

李瑞雨　字茂卿生　宣祖甲申丁丑副正觀察禮孫后貫廣州居漆谷

金振熙　字仁瑞號清庵生　宣祖辛卯乙酉嘉善父　贈訓僉勝華直提學漢啓后貫義城居永川

柳希潛　字賢之生　宣祖丙申子　楷貴參判父　贈吏參復起提學義孫后貫全州居安東

金有富　字性老號漁樵生　宣祖丁酉左副承旨貫　居密陽

金硂 字衡中生 宣祖戊戌司僕寺正父光業 贈監察 坼孫貫光山居禮安

張近 字汝會曾孫是奎贊左通禮父察訪文瑞僉正 傲孫忠莊公思儉后貫順天居比安

張仁伯 字粲彦號養筍亭生辛未孫孝一貫左承旨父 贈司僕寺正慶昇司馬 灊后貫仁同居仁同

具相生 持平父 歲文端公鳳齡玄孫左相 鴻后貫綾城居昰州

朴瑶 字而環生光海庚申戸叅父東顯惠文公元義后貫泰安居尙州

○孝宗朝

朴敏樹 字德載號舞溪生燕山辛酉工議享道岡院父叅奉亨孫縣監德雍曾孫月城君方亮后貫月城居義興

甘賨 字華聖生 宣祖丙戌工議父僉使景仁 贈嘉善禮從孫檜山君 漂后貫檜山居昌原

孫景岦 字元成號晩隱生 宣祖丁亥丙申持平父 贈戸議得弘密城君 贇后貫密陽居晋州

河彭福 生 宣祖甲辰丁未賚憲父折衝 龜文孝公 演后貫晋州居新寧

具海命 字景浩生 宣祖甲申通訓父 瀍文節公 鴻后貫綾城居慈仁

河彭億 生 宣祖丁亥丙申通政父折衝 龜文孝公 演后貫晋州居新寧

張拱辰 字淑向生辛卯子孝一貴戶叅父 贈左承旨仁伯 贈 司僕寺正慶昇孫司馬 潛后貫仁同居仁同

諸葛武素 字子賢子自慶貴漢城判尹父 贈承旨 檣 贈兵 判 灝孫貫南陽居玄風

金垈南 字華文工議父進士重三郡守大鳴孫持平景昉玄孫貞 肅公仁鏡后貫月城居青松

金礦 字汝用號默齋生光海壬子左承旨父教官光繼文純公 富弼曾孫貫光山居禮安

朴汝慎 學樂院正父校理民俊密陽君 陟后貫密城居密陽

張宇秀 字貴福生光海辛酉判尹忠貞公安世后貫仁同居永川

李崇禮 兵叅父典書 權貫驪州居迎日

○顯宗朝

李文軫 都事享三綱祠父戶議希龍府使 驪后貫沃溝居慶州

金興甲 字汝元號晚浦生 宣祖壬辰軍資正父進士俊明持平 德善曾孫侍中 椿后貫義城居永川

河得慶 生 宣祖辛丑丁未通政父 贈通政彭億文孝公 演 后貫晋州居新寧

金致榮 字赫之生光海甲寅中樞父通政仁敬忠毅公文起后貫 金寧居慈仁

金益達 字善兼生 仁祖癸酉左承旨父 贈司僕寺正硂兵使富仁后貫光山居禮安

陳有根 字善翼號農湳生 仁祖己卯壬子工議父敬立直長起后貫驪陽居尙州

李益馣 號芝隱壬子掌令父持平廷蘭進士謙孫判官榮根曾孫僉樞定國玄孫大提學釋之后貫永川

金仲龍 字雨順工議父軍資正漢白嘉善戒元孫忠毅公文起后貫金寧居永川

○肅宗朝

嚴興道 字子由生 太宗甲申工判謚忠毅享彰節祠父星徵判書繼苓后貫寧越

金光佐 字彥忠生世祖丙戌吏叅享鄕賢祠父叅議 碑和義君起玄孫貫善山居善山

都夢麟 字仁叔生 中宗壬寅工議父訓導台輔 贈教官勻孫貫星州居星州

羅瑢 生 明宗戊午執義父生員世謙叅奉應斗孫府院君聰禮后貫壽城居玄風

南隆達 字顯彥號懶齋生 明宗乙丑孫天澤貴左承旨享鳳岩祠父 贈司僕正應元判書暉珠后貫英陽居安東

姜士南 生 宣祖丙午通政父通政得豪進士應聘玄孫大提學淮仲后貫晋州居盈德

南碟 字峻夫生 宣祖丙戌子天澤貴叅判父 贈左承旨隆達 贈司僕正應元孫判書暉珠后貫英陽居安東

張允慶 字元若號零齋忠孝吏判謚忠孝父信哲玉山府院君孝翼后貫仁同居盈德

黃震亨 字省天生宣祖辛卯工正父監正 立牧使俊良曾孫生員錠后貫平海居豊基

崔慶鎬 字大振號栗隱生宣祖丁酉戶叅父贈吏叅應井叅奉峴孫觀察灌后貫慶州居盈德

全仁漢 字仁輔生 宣祖壬寅兵叅父義守貫 居玄風

李成宗 字公實號四懐堂生 宣祖癸卯庚申子碩英貴左尹父護軍長源忠簡公桊元后貫延安居星州

金百龍 生光海庚戌戊辰工議義城君龍庇后貫義城居玄風

石載士 字道欽號秀岩生光海庚戌丙申嘉善父天尙府院君良善后貫忠州居靈山

金夏圭 字玄卿號百忍齋生光海己未己丑通政父 贈嘉善振熙 贈訓僉勝華孫直提學漢啓后貫義城居永川

李苾 字仲馨生光海庚申甲戌孝行典籤父 贈戶叅廷植世子師洊后貫全州居密陽

河興得 生仁祖甲子庚辰通政父 贈資憲彭福文孝公 演后貫晋州居新寧

金周翊 字與眞生仁祖甲子戊辰嘉善父工議百齡義城君龍庇后貫義城居玄風

太行善 字顯儀生 仁祖乙丑工議父通政福祥執義斗南后貫永順居靈山

成錫夏 字孝餘生 仁祖乙丑丙申吏正父淸白吏以性淸白吏
安義孫貫昌寧居榮川

河就海 生 仁祖丙寅甲子嘉善父嘉善仁南文孝公 演后貫
晉州居新寧

金興敏 字季眞生 仁祖丁卯戊辰嘉善父工義百龍義城君龍
庇后貫義城居[illegible]風

權鈧 字子瑫號齋谷生 仁祖戊辰承旨父 贈司僕正尙經
縣監 儀玄孫貫安東居醴泉

李君福 僉中樞父通政再華文孝公 蒨后貫慶州居眞寶

金怡 字美仲生 仁祖辛未左承旨父生員光輔文純公富弼
曾孫貫光山居禮安

羅壽一 字潛五號明齋大憲父司諫以俊 贈執義 瑢孫府院
君聽禮后貫壽城居榮川

朴思喆 字吉汝兵議父將仕郞 根景明王昇英后貫密陽居尙
州

金純義 字體仁號果軒生 仁祖乙酉大司憲父 贈承旨 礦
文純公富弼玄孫貫光山居禮安

河一漢 生 仁祖己丑癸巳嘉善父嘉善就海文孝公 演后貫
晉州居新寧

沈梯 字子由號誠庵生 孝宗壬辰孝行禮叅吏叅 翼孫典
理判書元符后貫靑松居丹城

權壽元 字仁伯號剡溪生 孝宗甲午戶叅父 贈承旨 鈧贈
司僕正尙經孫縣監 儀后貫安東居醴泉

白雲龍 字而潤號南旅生宣祖丁酉掌樂正父副正應祥文益公天藏后貫水原居星州

金厚昌 字重夫生孝宗乙未吏叅父縣監輝世文貞公玲孫貫光山居禮安

尹業 生孝宗己亥左尹叅議哲孝孫貫坡平居龍宮

河自益 生孝宗己亥壬寅通政父溟海文孝公演后貫晉州居新寧

金漫 字澤之生顯宗庚子戶叅父贈左承旨益達兵使富仁后貫光山居禮安

具立昌 字極汝工議父贈持平相生文端公鳳齡后貫綾城居星州

金震昌 字興瑞癸巳刑議父僉正繼敏僉正順卿玄孫貫金海居蔚山

○景宗朝

金纖 字汝濯生宣祖戊戌戶叅父贈通政天一留守芸后貫金海居淸河

金成物 字智叔號湖西生明宗辛酉孫英震貴左承旨父千齡栗隱遜后貫金海居醴泉

孫雲著 字以顯生肅宗己亥左承旨父持平德升鷄川君昭后貫月城居慶州

尹時達 字景之工議父樂龍進士大承曾孫文肅公瓘后貫坡平居玄風

李孝秀　字希參右尹父縣令彥惺贈吏議弼曾孫承旨仁忠
后貫延安居尙州

〇英宗朝

徐思建　字建甫生中宗庚午戊子子忭貴掌樂正父僉樞
涵貞平公鈞衡后貫達城居大邱

金英兌　字澤卿號友岩生仁祖丙戌左承旨父贈戶叅以道
僉樞成物孫貫金海居醴泉

李莕　字子喬生宣祖丙子僉中樞父敎官珩良靖公樺
后貫全義居安東

朴慶根　字行信號竹岡甲戌嘉善父昌逸判書密陽后貫密城居
固城

孔重夏　字敬善號南溪生壬寅癸酉嘉善同中樞父泰禎孤山
億后貫曲阜居固城

李鳴吉　字汝謙生宣祖癸巳戶叅父贈僉中樞莕良靖公
樺后貫全義居安東

朴大明　字輝源號玉溪生宣祖庚子庚寅通訓父進士希蕃叅
奉文弼孫將仕郞春東曾孫司諫光佑后貫密城居密陽

柳栻　字景瞻號松隱生宣辛丑丁巳戶佐父榮門判書葆
后貫豊山居禮安

鄭時榮　字秀甫生宣祖壬子吏議父贈執義允著貞簡公
琢孫貫淸州居榮川

徐錞　字誠仲生光海庚戌孫元衛貫刑議父護軍景涵進士叔
元后貫達城居永川

朴啓南 字仁甫號友齋生光海庚申庚寅禮議父贈通訓大明 進士希蕃孫叅奉文弼曾孫司諫光佑后貫密城居密陽

李國茂 字德秀生 仁祖癸亥吏議父舍人回賓献納燉孫松 安君子脩后貫眞寶居安東

河舜龍 生 仁祖甲子壬申通政父一淸文孝公演后貫晉州 居新寧

李郁發 字聖文生 仁祖乙丑甲午工議父中樞琢判官重華 玄孫進士祿成后貫星山居星州

李廷英 字子雄生 仁祖辛未刑議父贈掌樂正天機護軍翰 南孫主簿殷蕃玄孫忠肅公藝后貫鶴城居蔚山

徐來泰 字大伯生 仁祖癸酉子潛貴刑叅父贈禮議休 掌樂院正思建孫貞平公鈞衡后貫達城居大邱

金振英 字君則號三柑生 仁祖乙亥左承旨父戶叅敬元中樞 忠善孫貫金海居大邱

盧漢輔 字顯哉號松陰生 仁祖乙亥持平享松原院父挺直 長克誠曾孫司諫善卿后貫光州居草溪

禹錫信 字聖章生 仁祖甲申監正父汝遠祭酒倬后貫丹陽 居密陽

李泌 字浩卿生 仁祖丙戌戶判父贈戶叅鳴吉良靖公 樺后貫全義居安東

朴嗣基 字亨伯生 仁祖己丑左承旨父贈司僕正始進士 樅茂孫大諫承任玄孫貫潘南居榮川

朴仁耆 字春夫生 孝宗丙申庚寅工叅父贈禮議啓南贈 通訓大明孫進士希蕃曾孫司諫光佑后貫密城居密陽

金淬河 字子一號璞翁生 孝宗丙申護軍父主簿澤龍判書冲漢后貫月城居慶州

孫楚璞 字君實生 孝宗戊戌癸亥戶議父 贈掌樂正弘胄貫一直居大邱

李元亥 字禮汝生 顯宗壬寅甲午工參父 贈工議都發判官重華后貫星山居星州

李梁 字材伯生 顯宗戊寅孫世述貴吏議父教官英哲別坐葎孫將仕郎純道會孫文純公滉后貫眞寶居禮安

朴聖儀 字慶一號松川戶議父宗岳文穆公英后貫密陽居榮川

金是泗 字希道號梅菴生 顯宗甲辰丁巳孝行持平父彝文忠公宗直后貫善山居高靈

金柱元 字景善生 顯宗戊申子錫重貴刑判父 贈刑議鎰玟大帥宣平后貫安東居安東

李棨 字以正生 顯宗庚戌孫世澤貴吏議文純公滉后貫眞寶居禮安

金汝奎 字德益生 顯宗壬子工參父承旨振英中樞忠善曾孫貫金海居大邱

張起仁 生 肅宗己未工議父 贈判尹宇秀忠貞公安世后貫仁同居永川

李重達 字應三號春觀生 肅宗己未戊寅通訓父護軍德采毅正公濯男后貫慶州居尙州

曺翼天 字子昇號並棣軒生 顯宗辛丑左承旨父 贈掌樂院正壽昌文簡公好益玄孫襄平公益淸后貫昌寧居永川

洪世亨 生 肅宗辛酉甲戌左承旨父軍資正延宗太師殷悅后貫南陽居星州

徐翼後 字翼之戊午子元衛貴刑叅父贈叅議錞贈叅判逸會孫學諭渡后貫達城居永川

李守弘 字毅甫號隱拙齋生 肅宗癸酉子世迹貴吏叅父贈吏議梁文純公滉后貫眞寶居禮安

趙仁壽 字大老生 肅宗丁丑寺僕正父樑貞節公旅后貫咸安居咸安

朴振立 字立之曾孫廷賓貴左承旨文肅公中美后貫密陽居玄風

崔致德 字聖能號喜翁生 肅宗己卯癸巳戶叅父斗章侍郎清后貫慶州居慶州

曺善廸 字仲吉號恥齋生 肅宗丁丑戶叅父贈承旨藝大文簡公好益后貫昌寧居永川

朴東爽 字周卿號佳山孫廷賓貴戶叅父贈左承旨振立曾直府院君中美后貫密陽居梁山

金碩龜 字沆淑號紫軒生 肅宗壬午錄揚武原從功護軍叅判鳳連玄孫兵使用超后貫義城居星州

沈萬緝 字休徵號晚川生 肅宗己丑軍資正父忠義衛一才進士清后貫青松松居青松

朴柱漢 字天擎號市隱子廷賓貴兵判父贈戶叅東爽啓直席院君中美后貫密陽居大邱

尹衲 字胤瑞號溪庵生 肅宗甲午乙酉通訓監察父和徵章貞后貫坡平居禮安

河一興 生肅宗己亥丁卯嘉善父通政得度文孝公 涖后貫晉州居新寧

○**正宗朝**

崔認 字達夫號寒川生 明宗己未壬申持平享平川院父監察仁沃貫月城居大邱

沈淳 字君厚號松軒生 宣祖戊申孫邦良貴正議父 贈軍資正禮達通政 登會孫青川君孝淵后貫青松居青松

全益逐 字子顯號對松軒生光海庚戌掌樂正父奉事 磊直長漑孫版圖判書 侑后貫沃川居榮川

朴宇柱 字奇允生 仁祖乙丑司僕寺正父別提守一郡守 謐孫左部將宗誠曾孫文節公文彬后貫密陽居咸安

南天柱 字汝補號敬齋生 仁祖丙寅己卯刑議父 贈掌樂正斗一節度使 蓀后貫英陽居青松

李震發 字泰亨生 仁祖戊辰掌樂正父僉樞景華兵叅崇禮后貫驪州居迎日

辛一柱 字誠甫生 仁祖庚午乙亥軍資正父命厚萬戶 珝后貫靈山居漆原

裵一龍 字雲章號遯山生 仁祖戊寅刑議父 贈掌樂正 曔教授亨遠玄孫貫盆城居陝川

南啓熏 字聖化號思成齋生 仁祖乙酉己卯戶叅父 贈刑議天柱節度使 蓀后貫英陽居青松

全信重 字實甫生 仁祖乙酉孫昌國貴戶叅父 贈掌樂正 嵡遂奉事 磊孫版圖判書 侑后貫沃川居榮川

金纘元 字賢述號三宜堂生　仁祖戊子禮議父士永兵使洵　后貫月城居慶州

朴文素 字君元生　孝宗壬辰參議父寺正字性別提守一孫部將宗誠曾孫文節公文彬后貫密陽居咸安

趙元甲 字景韶生　顯宗庚子孝行僉中樞父峙善　贈寺正咸云曾孫貞節公旅后貫咸安居哥松

張桂逸 字桂華嘉善父嘉善英發忠莊公思儉后貫順天居比安

裵料 字汝大號只山生　顯宗己酉工參父　贈刑議一龍吏參孟厚后貫盆城居陝川

全恒久 字汝常生　顯宗己酉子昌國貴戶參父　贈承旨信重奉事　磊曾孫版圖判書　侑后貫沃川居榮川

安壽哲 字君明生　顯宗辛亥司直父判決事　瓚文成公裕后貫順興居大邱

石致舜 字仁伯生戊戌庚申通訓父嘉善聖甲府院君良善后貫忠州居善山

朴希高 字敬叔號近故堂生　肅宗戊午參判父參議文素寺正宇性孫文節公文彬后貫密陽居咸安

徐益大 字士謙生　肅宗癸亥甲辰子必楷貴戶參學論　渡后貫達城居永川

李龜天 字士明生　英宗戊寅己巳子同淳貴吏參父　贈吏議世學　贈寺正守曾孫文純公　滉后貫眞寶居禮安

李允中 字而精生　肅宗丙寅吏參父　贈吏議世瑗校理漢命孫文翼公元禎曾孫貫廣州居漆谷

黃塇 字厚重生肅宗甲戌曾孫中愼貴寺正父護軍命一貞
翼公遲后貫昌原居豊基

洪受漢 字聖九號梅堂生肅宗壬午兵議父千輔叅奉致憲玄
孫大學載后貫豊山居草溪

李世浹 字悅甫生肅宗甲申孫彥淳貴吏議父僉中樞守綱文
純公混后貫眞寶居禮安

趙相泰 字重皐白號溪岩亭生肅宗甲申子逸變貴同中樞父
贈工議景濂貞節公旅后貫咸安居英陽

鄭漢國 字天輔生肅宗丙戌左尹父贈工議宜邦贈軍資
正善發孫文敬公自英后貫野城居盈德

張重和 生肅宗己丑同中樞父贈工議起仁贈判尹宇秀
孫忠貞公安世后貫仁同居永川

權道仁 字正則號葛溪生景宗辛丑孝行持平父震久教授
軾后貫安東居義城

權燦 字明甫號南皐生景宗辛丑甲辰叅議父執中都事尙
律曾孫持平挒后貫安東居新寧

金鳳儀 生英宗乙巳丙辰工叅父判決事逸孫軍資正學東孫畬
和君仁贊后貫楊根居英陽

張胤文 字繼述生英宗丁未曾孫仁遠貴寺正父僉中樞壽崙
翊贊趾德孫文康公顯光后貫仁同居仁同

河巨信 生英宗丁未庚子折衝父贈通政成宗文孝公演
貫晋州居新寧

諸葛逸淳 字直夫生英宗庚戌通政父再弼贈判尹武烝玄
孫贈兵判瀞后貫南陽居玄風

鄭道鎬 字忠汝生 英宗甲申工叅父叅議洪復文忠公夢周后 貫延日居大邱

金鴻晋 字子輝號省齋生 英宗戊子已未孝行都事父遇强 贈中樞致榮孫忠毅公文起后貫金寧居慈仁

○純祖朝

都句 字士謙號雲齋生 成宗癸卯戊辰童敎享雲川院父進 士孟寧星山君 陳后貫星州居星州

李惟苾 生 仁祖丙子己巳軍資正父文龍持平東禮孫獻納士 澄后貫星山居高巢

孫弘胄 字子毅生 仁祖丁丑癸亥掌樂正父叅奉 潛處訥后 貫一直居大邱

金振昌 字仁午號膺阜生 宣祖甲午壬辰主簿父一 贈訓僉勝 國直提學漢啓后貫義城居永川

安鏐 字子精生 孝宗壬辰戶議父生員時進司諫 靚后貫 廣州居密陽

李重夏 字士任生 孝宗乙未左承旨父 贈掌樂正震發 贈 兵叅崇禮后貫驪州居延日

尹業 生 孝宗己亥左尹叅議哲孝孫太師莘達后貫坡平居 龍宮

姜必亨 字會卿生 顯宗庚戌乙丑吏議父翰林汝㞘毅烈公民 瞻后貫晋州居金山

申舜善 字聖教生 顯宗壬子戶叅父 贈通訓 起嘉義寧佑 孫文貞公 忠貫后貫平山居寧海

權宗鍾 字聖叔生　顯宗甲寅刑議父　贈軍資正成漢貫安東居義城

李汝楳 字天和號慶拙窩生　顯宗甲寅丙子同中樞父　紫永陽君大禁后貫永川

李翊萬 生　顯宗己酉己巳工議父　贈軍資正惟苾献納士澄后貫星山居高靈

金疇銳 字舜卿號潛夫生　肅宗戊午壬辰工議父　贈主簿振昌直提學漢啓后貫義城居永川

權以璠 字周成號東岩生　肅宗戊午司僕正父任衡護軍尙中孫檢校倜后貫安東居安東

姜震煥 字休伯生　肅宗辛酉乙丑吏參父吏議必亨殷烈公民瞻后貫晋州居金山

權翌 字敬叔號源西生甲子監察父尙濬察訪以時后貫安東居迎日

李基榮 生　肅宗辛未己巳左尹父　贈工議翊萬　贈軍資正惟苾孫献納士澄后貫星山居高靈

梁億洙 字會萬生　肅宗丁丑曾孫在五貴寺正父鍾一嘉善潤學玄孫文襄公誠之后貫南原居義城

文弼憲 字而敬生　肅宗辛巳資憲父　贈工參碩重忠宣公益漸后貫南平居清道

梁柱源 字汝長生　景宗壬寅孫在五貴左承旨父　贈寺正億洙文襄公誠之后貫南原居義城

張世彩 字元一左承旨父以輝忠莊公顯鈴后貫順天居比安

字履德通政忠莊公思儉后貫順天居比安

張仁基

黃雄文 字自英生 英宗乙卯左尹父通政美泰襄武公希碩后 貫平海居青松

金瑞貞 字元甫號耻窩生英 宗丙辰壬辰嘉善父 贈參議時 競主簿振昌孫直提學漢啓后貫義城居永川

鄭魯 字公勉號蒼坡生 英宗辛未壬申吏判諡忠景父東燮 文穆公逑后貫淸州居星州

張瑋 字士行生 英宗丁丑孫仁遠貴吏議父 贈寺正胤文 翊贊趾德玄孫文康公顯光后貫玉山居仁同

金聲玉 字子振生 英宗庚辰己丑戶叅父 贈通政燦山金寧 君時興后貫金寧居義城

林宗漢 字賢甫號慕窩生 英宗辛卯乙亥孝行嘉善父都事自 華 贈禮叅鵬后貫羅州居長鬐

千慶應 字應南生 正宗己亥乙酉刑議父永欽忠壯公萬里后 貫潁陽居安東

梁周煥 字自華生 英宗壬申子在五貴戶叅父 贈承旨柱源 贈寺正德洙孫文襄公誠之后貫南原居義城

曺贊九 字汝顯生 英宗癸亥効力副尉父彦臣文簡公好益后 貫昌寧居永川

崔涺 字淑與生辛未甲申叅議父佐郎萬逸文憲公冲后貫 海州居永川

○憲宗朝

金海秀　字鎭巨生　肅宗辛酉丁酉刑議父泰重贊成成丹后貫義城居義城

李守會　字子約號醒軒生　肅宗戊寅寺正父通德郞世建敎官英哲孫別座嵂會孫文純公滉后貫眞寶居禮安

李世學　字而習生　景宗癸卯孫同淳贊吏議父寺正守會敎官英哲會孫文純公滉后貫眞寶居禮安

李周雲　號靜齋生　英宗乙巳戊戌兵叅父　贈兵議泰魯德源君　曙后貫全州居義城

趙德基　字逸居號桂山生　英宗乙卯孝行吏議父　贈寺正仁壽貞節公　旅后貫咸安居咸安

金鏞巖　字汝賚生　英宗癸未丁酉刑議父　贈刑議海秀贊成成丹后貫義城居安東

兪漢明　字汝玉號隱逸生　英宗乙酉吏議父彥益叅判命三會孫景安公汝霖后貫杞溪居盈德

張碩頤　字周老號僅庵生　正宗甲辰子仁遠贊吏叅父　贈吏議　瑋文康公顯光后貫玉山居仁同

金景洙　字勝古生　正宗己未丁酉工判父　贈刑議鏞巖贊成成丹后貫義城居義城

張光順　字順明戶叅父　贈左承旨世彩忠莊公思儉后貫順天居義城

金宗仁　字伯謙號九峯乙酉吏議提學得阿后貫金海居義城

裵己連　戶判父叅奉舜錫武烈公玄慶后貫星山居聞慶

○哲宗朝

房周璉 字世哉號西峯生光海庚戌通政父通政孝山通訓希男孫訓鍊院正九連后貫南陽居盈德

林德事 字克俊號僑儂生仁祖癸亥癸酉禮佐父無名恭憲公整后貫平澤居尙州

全德秀 字德甫通禮父忠順衛元佶貫慶山居晋州

崔仁卓 字士言生肅宗乙丑刑議父贈掌樂正應祿吏議衛后貫月城居盈德

趙望得 字順夫生肅宗乙丑左尹父贈判決事辭嘉善亭道玄孫貞節公旅后貫咸安居新寧

張守貴 字貴大中樞父贈戶叅光順忠莊公思儉后貫順天居義城

河成宗 生肅宗癸未庚寅通政父贈嘉善一興文孝公一演后貫晋州居新寧

廉崇道 字善得生英宗丙午庚戌副摠管忠敬公悌臣后貫坡州居安東

權師稷 字審之號晩覺齋生英宗己卯乙卯孫敎準貫承旨父贈承旨命甲文憲公定后貫安東居安東

姜鳴世 字文彦號棲石生英宗辛巳工議父寺正致恒吏判淮伯后貫晋州居靑松

黃鶴 號松軒生英宗壬子丁未孝行禮叅侍中忠俊后貫昌原居慈仁

黃浩大 字泰叔生 英宗丁未孫中愼貴吏議父 贈寺正 二男
護軍命一孫貞翼公暹后貫昌原居豊基

魯美星 生 英宗庚午司僕正 贈判書 認后貫咸平居洛谷

裵漢周 字季文生 英宗庚午判叅父 贈工議顯湯監司龍吉
后貫興海居青松

黃耆煥 字耆老生 英宗戊寅子中愼貴吏叅父 贈吏議浩大
貞翼公暹后貫昌原居豊基

權時默 字遯叔生 英宗丁亥吏議父 贈寺正世益資憲奮立
玄孫判書鞫后貫安東居安東

河鳳彦 生 正宗辛亥戊午通政父折衝浩載文孝公濆后貫
晉州居新寧

尹命參 字汝魯生 純祖壬戌庚戌嘉善太師莘達后貫坡平居
昌寧

金遠璇 字幸直生 純祖甲子叅判父 嘉善福壽 贈叅判生
厚孫忠毅公文起后貫金寧居義興

金顯眞 字文彦生 純祖壬申丁巳叅議父仁植嘉善鏗鉉曾孫
金寧君牧卿后貫金海居長鬐

尹[illegible]權 字周彦生 純祖壬午戊午嘉善太師莘達后貫坡平居
昌寧

朴炳武 字致伯都正父 贈左承旨士根密城君彦忱后貫密陽
居蔚山

金漢秋 字雲景同中樞父嘉善壁善水使順玉玄孫檢閱欽相后
貫慶州居盈德

○高宗朝

朴增新 字美伯生　明宗丙午辛卯通政父尚絢忠肅公翊后貫密陽居清道

崔臣碩 字毅幹生　明宗甲寅辛巳工議文昌候致遠后貫慶州居永川

趙弘明 字仲彦號隱窩生　仁祖戊子司僕正父致德嘉善宗岳曾孫貞節公　旅后貫咸安居青松

禹思安 字君宅生　孝宗庚寅軍資正父拜善秉節校尉宗福玄孫縣監治河后貫丹陽居安東

趙大鎭 字定之生　顯宗戊申工議父　贈司僕正弘明貞節公旅后貫咸安居青松

崔東舜 字季昇號恭齋生　肅宗乙卯孝行童敎父繼立鷄林君光位后貫慶州居金泉

韓豪信 字希百生　肅宗丁巳學樂正父弼漢判書哲冲后貫淸州居大邱

禹仁澤 字施之生　肅宗戊午工議父　贈軍資正思安文僖公倬后貫丹陽居安東

全淮昌 字君擧號晩晦生　肅宗癸亥戶判父　贈嘉善起源贈嘉善得岦孫慶山君永齡后貫慶山居晋州

金義淵 字致秀號蘭史生　肅宗戊辰癸巳子溶成貴禮祭父縣監孝喆忠毅公文起后貫金寧居河東

林萬柱 字瑞輝生　肅宗己巳癸巳司僕正父東翊進士得蕃后貫恩津居安義

李世珌 字季玉生 肅宗壬申承旨父錫命應教道長曾孫觀察禮孫后貫廣州居漆谷

林順希 字元仲號西崗生 肅宗丙子中樞恭惠公整后貫平澤居尙州

全聖徽 字汝吉生 肅宗丁丑戶議父 贈戶判准昌 贈嘉善起源孫慶山君齡后貫慶山居晋州

趙珍說 字致文號翠松軒生 肅宗戊寅左尹父 贈工議大鎭貞節公旅后貫咸安居靑松

禹明洪 字明伯號宿岩生 肅宗丁亥左尹父 贈工議仁澤文僖公倬后貫丹陽居安東

全德澄 字惠叟生 肅宗庚寅戶判父副護軍准弼 贈嘉善起源孫慶山君永齡后貫慶山居晋州

韓聖來 字自淑生 肅宗庚寅戶議父 贈掌樂正豪信判書哲冲后貫淸州居大邱

申思億 字子遠生 肅宗壬辰掌樂正父弼翰文僖公槩后貫平山居咸昌

卞岦 字正肅承旨錄宣武原從功享誠久祠父 贈兵判延壽文烈公庭實后貫草溪居晋州

申瀾 字源之生 肅宗乙未辛卯嘉善父贊和通德郞光震孫思簡公浩后貫平山居義興

黃聖淸 字河一生 肅宗乙未承旨父 贈參議汝鎭義原君居正后貫昌原居昌原

禹治洪 字平仲號島隱生 肅宗丙申左尹父 贈工議仁澤文僖公倬后貫丹陽居安東

全義徵 字汝集生 肅宗丙申護軍父 贈戶判准弼慶山君永齡后貫慶山居晉州

李膺濟 字華卿號農山生 肅宗戊戌庚午孫文會貴承旨父行淵領相浚慶后貫廣州居河東

林大佑 字君彥號世庵生 景宗壬寅戊辰禮佐父戶議夢信恭惠公整后貫平澤居尙州

張弼成 字汝良生 英宗乙巳嘉善父驗喆通政信南曾孫忠貞公安世后貫仁同居軍威

南衡召 字汝平號吉亭生 英宗丁亥承旨父軫光監察烝后貫英陽居盈德

李壽龜 字龜瑞號鶴南生 英宗己酉掌樂正父潤憲府使俊茂玄孫文忠公集仁后貫星州居漆谷

趙弼鎭 字德守生 英宗辛亥中樞父光潑貞節公 旅后貫咸安居咸安

全炳浩 字明彙生 英宗辛亥嘉善父相淙慶山君永齡后貫慶山居晉州

金洛 字孝元號鶴岡生 英宗壬子護軍父東廸貞肅公仁鏡后貫慶州居慈仁

黃時漢 字淸汝號吾山生 英宗乙酉孫敎周貴 贈左副承旨父嘉善得中工判有定后貫平海居榮川

金義貞 字雲海生 英宗癸丑戊子掌樂正父察訪繼善判官克恭后貫月城居慶州

韓用復 字國卿生 英宗甲辰丙申護軍父景裕翰林瑞鳳后貫淸州居永川

孫鎭豊 字周京生 英宗甲寅掌樂正父益大翰林肇瑞后貫一直居慶州

金宗仁 字伯謙號九峯生 英宗甲寅已巳吏議父通政東雄大學得河后貫金海居義城

韓彦宗 字翼天生 英宗乙卯戸叅父聖來判書哲冲后貫清州居大邱

金致大 字道明號雲南生 英宗丁巳癸巳司僕正父牧使鳳魯左尹義之后貫清風居禮安

朴慶允 字洛信生 英宗丁巳通政父昌在密城君密陽后貫密陽居固城

朴東學 字弼杜號愼省齋生 英宗甲子甲申軍資正父重根文獻公堧后貫密陽居尙州

韓弘履 字天甫生 英宗乙丑丙申承旨父 贈護軍用復翰林瑞鳳后貫淸州居永川

李厚根 字季汝生 英宗丁卯工叅父 贈掌樂正益培文忠公齊賢后貫月城居玄風

柳奎文 字五徵生 英宗丁卯寺正父世休 贈吏叅復起后貫全州居安東

申基洛 字元中生 英宗丁卯承旨父 贈司僕正重鎬嘉善光烈孫文貞公隲后貫平山居盈德

周應稷 字邵卿生 英宗庚午癸卯禮議父同樞敬重瑜后貫商山居漆原

權世彦 字士任生 英宗辛未吏議父 贈司正聖翊縣監樣后安東居醴泉

權度根 字士元生 英宗辛未左掌禮父翊贊紹承旨壽鍊孫 中樞尙在玄孫忠莊公 慄后貫安東居盈德

全泓彬 字信之號東軒生 英宗壬中戶議父 贈護軍義徵慶 山君永齡后貫慶山居晋州

金學顒 字德汝號槐堂生 英宗癸酉戶議父 贈承旨成大護 軍壽澤后貫江陵居尙州

金俊諧 字應大生 英宗癸酉戶參父 贈參贊顯敏 贈司僕 正 崇孫判官彥元曾孫府使文齊后貫金寧居彥陽

吳震成 字艮潤生 英宗甲戌戊子戶參父和達碧城君致雲后 貫海州居義城

李點中 字開汝生 英宗甲戌戶參父 贈承旨世璲應教道長 玄孫觀察禮孫后貫廣州居漆谷

李國魯 字順直號梨村生 英宗乙亥癸巳孝行教官父護軍世 甲孝寧大君 補后貫全州居鎭海

金麟得 字公定生 英宗乙亥曾孫珪碩貴掌樂正父就昌護軍 禹鼎孫聞韶 候錫后貫義城居義城

林基聖 字成文生 英宗丙子辛卯孫淳學貴工議父 贈軍資 正海榮恭惠公 整后貫平澤居英陽

朴思潤 字澤汝生 英宗丁丑辛卯戶議父 贈通訓增新忠肅 公 翊后貫密城居淸道

安敦佐 字敬叟號東溪生 英宗戊寅工議父護軍興宋護軍信 永孫判決事 璜玄孫貫順興居達城

姜昌孫 字渭源生 英宗庚戌嘉善父必三執義叔卿后貫晋陽 居密陽

李在福 生 英宗庚辰丙午司僕正父資憲錫炳讓寧大君禔 后貫全州居河東

林應坤 字成之生 英宗辛巳戶參父 贈承旨景大縣監千年 后貫恩津居安義

曺慶明 字景元號桂山生 英宗辛巳戶議父文應忠莊公偉 后貫昌寧居慶州

鄭東璞 字輝國號警軒生 英宗壬午戊寅孫 撟貴吏議父 贈司僕正弘濟文穆公述后貫淸州居星州

崔根富 字潤輔生 英宗乙酉左尹父迪政彦聖軍資正雅恒孫 判官禮弘后貫慶州居盈德

朴在礿 字慶汝號草田生 英宗戊子甲申兵議父監正東學文獻公墺后貫密陽居尙州

朴福泰 字成吉生 英宗戊子護軍父瑞森府使聖望后貫密陽 居青松

韓守教 字圭瑞生 英宗戊子丙申嘉善父 贈承旨弘履翰林 瑞鳳后貫淸州居永川

權錫麟 字君瑞生 英宗己丑秘書丞父 贈左掌禮度根翊贊 紹孫康定公 徹后貫安東居盈德

黃海鵬 字翼之號草堂生 英宗己丑嘉善父承旨龜儀南陽君 涧后貫南陽居安東

孫善龍 字樂哉生 英宗己丑戶參父 贈掌樂正鎭豊翰林壁 瑞后貫一直居慶州

柳致溫 字玉汝生 英宗庚寅吏議父 贈寺正奎文 贈吏參 復起后貫全州居安東

金崇大 字德周生 英宗癸巳戶議父從岳忠毅公文起后貫金寧居仁同

魯德仁 字義秉生 英宗甲午承旨 贈判書 認后貫咸平居漆谷

權宅模 字景仁號晚修齋生 英宗甲午吏叅父 贈吏議世彦 縣監檥后貫安東居醴泉

尹致興 字周賢號雲岩生 英宗乙未左尹父東天判書 瑢后貫坡平居青松

周履濂 字而叔生 英宗乙未癸卯工議父 贈禮議應稷 瑜后貫商山居漆原

河洪泰 字二秉生 正宗丁酉父建中吏佐受一后貫晋陽居晋州

金炳元 字文玉號就閒堂生 正宗戊戌丙子吏叅父 贈叅議佑根司僕正仁淳孫判官傺權后貫安東居寧海

文喜尙 字達之號惺庵生 正宗戊戌辛卯孝行童敎父寺正瑜 忠宣公益漸后貫南平居河東

黃載德 字云慶生 正宗戊戌右承旨父司僕正裕中左尹濬 后貫昌原居清道

金起鳳 字瑞應生 正宗戊戌戊子孝行敎官享惠川社父光守 忠順衛漢碩后貫義城居義城

盧禹壽 字舜秉號默窩生 正宗戊戌辛巳監察父思程主簿克弘后貫光州居密陽

李章璞 字玉汝號知止軒生 正宗己亥癸巳童敎父輝春文節公行后貫驪州居密陽

黃致亨 字致謙號淸軒生　正宗甲辰子斅居貴　贈戶叅父　左副承旨時漢工判有定后貫平海居榮川

尹大鍾 字聲遠生　正宗庚子承旨父　贈寺正命得戶判墫后貫坡平居靑松

崔聖旭 字聖若生　正宗辛丑癸未孫炳述書司僕正父　贈通政興復文昌侯致遠后貫慶州居大邱

沈魯文 字汝衡生　正宗丙辰左尹父達吾敎授渙后貫靑松居蔚山

李師春 字云汝生　正宗丙辰承旨父廷行靖武公好誠后貫星山居固城

李慶瀹 字淸彥號淸湖生　正宗乙巳甲午承旨父武科德儉文靖公　禧后貫韓山居固城

崔鎭大 字子敬生　正宗乙巳癸巳童敎父擎德文惠公善門后貫和順居尙州

金致鍊 字百鍊生　正宗丙午戶議父學樂正萬起忠毅公文起后貫金寧居盈德

朴春德 字和彥生　正宗戊申辛卯戶叅父　贈戶議思潤忠肅公　翊后貫密城居淸道

張受星 字形見生　正宗己酉甲子中樞父護軍寬玉忠貞公安世后貫仁同居安東

崔景翰 字雲汝號海山生　正宗己酉戶議父都正壽禧侍郞淸后貫慶州居慶州

柳華鎭 字聖觀生　正宗庚戌吏叅父贈寺正奎文　贈吏叅復起后貫全州居安東

沈東駉 字雲若號晚山生 正宗癸丑參議典理判書元符后貫青松居丹城

林處浩 字永源生 正宗癸丑庚戌通政父榮大牧使 檜后貫平澤居梁山

趙淳煜 字子善生 正宗甲寅工議父道元 贈吏判太敏曾孫貞節公 旅后貫咸安居義城

林千鉉 字玉汝生 正宗甲寅嘉善父同樞基仁恭惠公 整后貫平澤居盈德

南彩運 字善之生 正宗甲寅工議父 贈承旨胤世承旨隆達后貫英陽居尙州

趙基俊 字復俊生 正宗乙卯工議父弼煜貞節公 旅后貫咸安居義城

趙八祜 字正吉生 正宗丁巳戶參父 贈承旨啓範學樂正禎瑞孫貞節公 旅后貫咸安居新寧

金殷業 字士元生 正宗丁巳子珪碩貴戶參父 贈承旨尙孫護軍禹鼎玄孫聞韶候 錫后貫義城居義城

金致穆 字義謙號默齋生 正宗戊子丁丑左尹父工議弘廸博士三達后貫靈岩居固城

全相烈 字希尹生 正宗戊午甲申老行監察父生員世樑平簡公 賁后貫旌善居安義

金鍾榮 字永錫生 正宗戊午癸巳承旨父 贈通訓致大牧使鳳魯孫左尹義之后貫淸風居禮安

金九鉉 字象之號野隱生 正宗戊午吏議父聲振判書冲漢后貫月城居慶州

李命基 字大彦生正宗戊申都事父贈承旨寅德掌樂正壽龜孫文忠公崇仁后貫星州居漆谷

李孝根 字聖謙號景松生正宗庚申乙酉教官父長雲弼善德孫后貫密城居晋州

李云用 生正宗庚申癸卯秘書承父憲周德源君曙后貫全州居義城

金履禮 字汝汶號鶴岩生純祖辛酉嘉善貫金寧居永川

金斗赫 字應汝號東匪生純祖壬戌甲午承旨父贈參議漢慶義城君龍庇后貫義城居永川

朴世熙 字仲宣號尚愚生純祖壬戌甲申左尹父在約文獻公堧后貫密陽居尚州

崔南壽 字台賴生純祖癸亥戶參父仁大通政奠起孫和淑公玄祐后貫慶州居盈德

金喆洙 字敏古生純祖癸亥工參父贈刑議鏞岩贊成成丹后貫義城居義城

朴燦敏 字亨遠生純祖庚午官奉政大夫舍人父通政秀臣戶判義龍后貫務安居河陽

周道世 字義秉生純祖癸亥癸卯吏參父贈工議履濂瑜后貫商山居漆原

金履嫌 字慶汝生純祖乙丑己卯司僕正父鳳陽判官德龍后貫金海居慶州

盧奉文 字周彦號道川生純祖丁卯辛巳監察父贈監察禹壽主簿克弘后貫光州居密陽

申命敬 字允欽號大隱生 純祖丁卯秘書承父通訓大成嘉義世杰玄孫文貞公隤后貫平山居寧海

金河根 字潤宇生 純祖丁卯戶叅父化淳刑叅尙窩后貫安東居永川

鄭東華 字汝益生 純祖戊辰甲申承旨父碩裕判官三省后貫延日居永川

崔性煥 字致誠生 純祖戊辰嘉善父鶴大叅判致雲后貫江陵居禮安

權達孝 字舜源號老庵生 正宗辛丑庚寅戶判父叅奉爾氣贈叅議燦孫持平擲后貫安東居新寧

李夏秀 字華順生 純祖己巳義禁府事父 贈工叅厚根 贈掌樂正益培孫文忠公齊賢后貫月城居玄風

李基亮 字漢一生 純祖己巳戶叅父 贈承旨後俊府尹震芳孫忠烈公嵒后貫鐵城居固城

魯漢郁 字士亨生 正宗庚申工叅 贈判書 認后貫咸平居漆谷

俞東柱 字君善號野翁生 純祖庚午嘉善父 贈吏議漢明景安公汝霖后貫杞溪居盈德

林寅覺 字允瑞生 純祖辛未庚戌承旨父 贈通訓處溶牧使檜后貫平澤居梁山

朴致鎬 字春叔生 純祖辛未都正父珉元校理英孫后貫密陽居永川

李鍾極 字建五號桃源生 純祖辛未癸巳童敎父 贈童敎章璞文節公 行后貫驪州居密陽

嶠南斗榜錄附錄卷之三　五十三

金鎭居 字成五生 純祖辛未甲午賚憲父教官鏹恭安敬公永貞后貫金海居晋州

黃鼎運 字致五號松窩生 純祖壬申戶叅父 贈承旨載德左尹濬后貫昌原居淸道

金顯貟 字文彥生 純祖壬申丁巳吏議父仁植金寧君牧卿后貫金海居長鬐

沈器祚 字敬五號霽堂生 純祖癸酉兵叅父贈叅議東馹典理判書元符后貫靑松居丹城

朴慶根 字行信號梅亭生 純祖癸酉己丑同樞父昌逸貫密陽居固城

李鍾達 字周彥生 純祖癸酉童教父在敏判書英 后貫星山居星州

金炳仁 字士彥號晦堂生 純祖甲戌壬寅承旨父重根刑叅尙寯后貫安東居安東

李圭㷵 字奎七生 純祖甲戌嘉善父大榮忠翼公時發后貫月城居慶州

金泰淵 字泰玉生 純祖乙亥癸巳戶叅父 贈承旨鍾榮左尹義之后貫淸風居禮安

金華琇 字聖讃生 純祖丙子嘉善父 贈通政致鍊掌樂正蕆宅孫忠毅公文起后貫金寧居盈德

金聲玉 字相謙生 純祖丙子庚午教官父禮守忠毅公文起后貫金寧居義興

金顯崑 字和允生 純祖丁丑戊辰禮判父 贈叅判墡植安敬公永貞后貫金海居金山

白湘洙 字允五號雲樵生純祖丁丑同樞父永鎭贈資憲東得孫文敬公仁傑后貫水原居尚州

千世斗 字崙玉生純祖戊寅乙酉兵參父贈刑議慶應花山君萬里后貫潁陽居安東

李種淳 字聖道號鷹岩生純祖戊寅辛丑童敎父仁行判官重華后貫星山居星州

俞達柱 字達五號野隱生純祖己卯承旨父贈吏議漢明景安公汝霖后貫杞溪居盈德

金宜默 字潤汝生純祖庚辰嘉善父通政喜鎭忠毅公文起后貫金寧居新寧

李時榮 字乃汝生純祖庚辰通政父圭運判尹之帶后貫月城居慶州

李寅德 字德秉生純祖辛巳承旨父學樂正壽龜文忠公崇仁后貫星州居漆谷

俞璧柱 字建九號野樵生純祖壬午承旨父贈吏議漢明景安公汝霖后貫杞溪居盈德

權重鶴 字天遊生純祖壬午協辦父秘書丞錫麟翊贊紹會孫康定公徹后貫安東居盈德

金在潤 字白如生純祖癸未嘉善父以先進士喜雨后貫淸道居新寧

李義相 字善之號月峰生純祖癸未參贊父源英雲川君演后貫全州居高靈

李鍾裕 字聖容號樂軒生純祖癸未己亥同樞父圭益參奉夏榮孫文忠公齊賢后貫慶州居義城

金鎭斗 字潤伯號竹岩生 純祖癸未甲午嘉善父縣監孟源忠毅公文起后貫金寧居大邱

孫致中 字華執號學圃生 純祖甲申己亥通政父進士相鳳貫月城居河陽

李致斗 字景七號竹塢生 純祖甲申乙巳孝行教官父秀亭文靖公璠后貫驪州居永川

金錫智 字慶道生 純祖甲申壬寅僉樞父在永主簿 鵬后貫慶州居慶山

金字鍾 字子亨號松汀生 純祖甲申嘉善父通政學圭忠貞公澍后貫善山居尙州

朴宗漢 字文伯號淸陽生 純祖乙酉承旨父贈司僕正時元僉使泰石后貫密陽居壽公

李宰獻 字君悅號亦林生 純祖乙酉通政父聖老文簡公孝后貫陜川居陜川

林應鍾 字聲遠號晦農生 純祖丙戌戶參父 贈承旨啓夏恭憲公鏊后貫平澤居星州

吳煥英 字文元生 純祖丙戌判尹父 贈秘書承粹賢徵士國華后貫海州居義城

朴載永 字應雲生 純祖丙戌侍講院文學父奉政大夫舍人燦敏通政秀臣孫戶判義籠后貫務安居可瑒

南健壽 字穉健生 純祖丁亥都正父景履監察 須后貫英陽居盈德

朴瑛會 字益瞻號竹圃生 純祖丁亥教官父 贈教官孝根弼善德孫后貫密城居晉州

崔自鶴　字子有號九臯生　純祖乙丑子炳逑貴左承旨　父贈
司僕正聖旭文昌侯致遠后貫慶州居慶山

申錫義　字周彥生　純祖己丑協辦　父贈秘書承命敬通訓大
成孫文貞公　賢后貫平山居寧海

河斗運　字見七生　純祖己丑丞旨　父戶參憲賢吏佐受一后貫
晋陽居晋州

洪在榮　字永之生　英宗己丑資憲　父致燮通政秉億孫文忠公
協理后貫南陽居晋州

金容馥　字自香生　純祖庚寅嘉善　父　贈戶參致光　贈戶議
大根孫忠毅公文起后貫金寧居盈德

文致道　字國元號池山生　純祖辛卯通政　父鳳孝忠宣公益漸
后貫南平居昌寧

金琮默　字學則生　純祖甲午丞旨　父　贈兵議尚燉平章事
國后貫義城居河東

崔秉洙　字應瑞號雲樵生　憲宗己亥判尹　父都事學樞嘉善泰
賢玄孫文昌侯致遠后貫慶州居星州

陳致烈　字俊敬號海隱生　憲宗辛丑戶參　父　贈通政亨舜驪
陽君寵厚后貫驪陽居泗川

金希洽　字文善號止庵生　憲宗癸卯戶參　父　贈承旨斗赫直
提學漢啓后貫義城居永川

全晟炳　字允敬生　憲宗癸卯嘉善　父通政奎燦慶山君永齡后
貫慶山居晋州

尹滋鴻　字順道號梅湖生　憲宗癸卯禮判　父護軍寧鎭昭靖公
坤后貫坡平居尙州

吳連根 字而彥生憲宗甲辰協辦父贈判尹煥英徵士國華后貫海州居義城

李震碩 字元中生憲宗丙午嘉善父吏叅尙智靖武公好誠后貫星山居固城

姜甫會 字致云生憲宗丙午通政父昌寬執義叔卿后貫晋州居密陽

河聖基 字洛見號蓮軒生憲宗丁未叅判父同樞必淸文孝公演后貫晋州居陜川

朴來珍 字應瑞號菊隱生憲宗丁未都正父禮叅基洪文獻公坰后貫密陽居尙州

俞載煥 字載叔號注原生憲宗丁未嘉善父贈承旨壁杜景安公汝霖后貫杞溪居盈德

金濬賢 字致玉號老湋生憲宗戊申通政父嘉善鎭斗忠毅公文起后貫金寧居大邱

黃載赫 字善興號淸溪生憲宗戊申工議父奉事麟五贇成希碩后貫平海居慶州

金鼎奎 字周伯生憲宗己酉嘉善父國鐸月城君俊榮后貫盆城居慶州

孔義燮 字致三號梅窩生憲宗己酉通政父順植僉后貫曲阜居陜川

周亨源 字元瑞生憲宗己酉通政父通政學廉吏議慶林后貫新安居尙州

嚴鎭永 字敬一號老圃生哲宗庚戌通訓父叅奉錫斗忠毅公興道后貫寧越居長鬐

朴成達 字允聞號逸庵生 哲宗庚戌嘉善父 贈贊成奎煜文穆公 英后貫密陽居盈德

兪伯煥 字伯順號松川生 哲宗壬子議官父 贈丞旨達柱景安公汝霖后貫杞溪居盈德

吳寬泳 字寬五生 哲宗甲寅同樞父嘉善容善縣監景醇后貫海州居尙州

金宜浩 字四猶生 哲宗乙卯禮叅父嘉善潤鍾興武公庾信后貫金海居高靈

具河書 字敬寬號聾齋生 哲宗丙辰都事父然瑚文節公鴻后貫綾城居漆谷

嚴相晋 字元巨號竹下生 哲宗丙辰秘書丞父慶浩忠毅公興道后貫寧越居大邱

方培鎭 字順一號月岩生 哲宗丙辰承旨父都事道滉大憲有寧后貫軍威居陜川

朴元文 字汝文號遠齋生 哲宗丁巳教官文獻公堧后貫密陽居尙州

申應祚 字慶叔號農隱生 哲宗丁巳通政父周錫嘉善泰叔玄孫學士君平后貫平山居盈德

河泰奎 字治玄生 哲宗己未戶叅父贈承旨聖鎬文孝公演后貫晋州居星州

崔仁厦 字慶元生 哲宗辛酉通政父叅奉應天錄宣武原從功禮弘后貫慶州居盈德

黃景欽 字雲若號松菊軒生 哲宗辛酉戶叅父奉事埰嘉善性虞孫叅議膺中后貫平海居靑松

金昊坤 字厚一生 哲宗壬戌通政父養直中樞忠善后貫金海居大邱

李麟烈 字允範號春湖生 哲宗癸亥戶議父 贈監察種源忠烈公品山后貫鐵城居固城

金顯祿 字明甫生 丙子護軍父旺植金寧君時興后貫金海居尙州

金學坤 字厚若生丁丑通政父養義中樞忠善后貫金海居大邱

楊泰源 禁都父啓培貫淸州居新寧

白洙旭 持平父戶正樂會賛成仁傑后貫水原居密陽

李龍薰 戶叅父東逵翼平公季男后貫平昌居尙州

禹允昌 字德一生 肅宗甲午曾孫東建貴執義父命聖文僖公倬后貫丹陽居榮川

車弼基 字弼彦敎官父中樞守烈原頫后貫延安居固城

金漢成 字汝琢號松窩工叅父通政榮大刑判自粹后貫慶州居英陽

申春山 字載秀號孤隱通政父 儀通禮應復孫按廉使 祐后貫鵝洲居義城

金成鼎 字熙魯左尹父中樞萬檍左尹東洛孫忠毅公文起后貫金寧居永川

林夢信 字敬直號商軒戊辰戶議父時元恭惠公整后貫平澤居尙州

玄永範 字益瑞生 英宗丁亥同樞父 贈通政鎭樞通政載弼孫判官得利后貫延州居玄風

李斗淵 掌樂正父泰杜翼平公季男后貫平昌居尙州

禹啓善 字殷度生 英宗甲申孫東建貴承旨父 贈執義允昌文僖公倬后貫丹陽居榮川

禹應鼎 字永九生 純祖辛未子東建貴吏叅父 贈承旨啓善 贈執義允昌孫文僖公倬后貫丹陽居榮川

徐煥淳 字光彦號鶴隱生 純祖癸未禮叅父 用輔文忠公居正后貫達城居草溪

金克昌 副摠管牧使山老后貫商山居善山

朴　贇 孝行監察靖厚公可興后貫順天居金泉

金義眞 字寅佑生 英宗己酉戊子司僕正父彭壽叅奉就成后貫善山居金泉

金希澤 字士綱生 英宗丁丑戊子承旨父 贈司僕正義眞叅奉就成后貫善山居金泉

金仁赫 字巨安生 正宗壬子戊子戶叅父 贈承旨希澤 贈司僕正義眞孫叅奉就成后貫善山居金泉

文泰一 號龜山教官忠肅公克謙后貫南平居知禮

李世幹 字大任號南岡持平 贈吏判智活后貫星州居金泉

嶠南科榜錄附錄卷之三終

嶠南科榜録　世講篇

嶠南科榜錄世講篇

李源建 字誠夫生壬辰參奉忠鎬子副摠管彙寧玄孫直長安道十二世孫文純公 滉十四世祀孫眞寶人居禮安上溪

李東埴 字 生己亥司書世震八世孫參奉岐十二世孫牧使詠道十三世胄孫文純公 滉后眞寶人居禮安下溪

李尙鎬 字禹卿生戊辰吏參彥淳玄孫主簿克哲十世孫牧使詠道十一世孫文純公 滉后眞寶人居禮安溪南

李睦鎬 字德來生乙酉縣監秉淳玄孫同樞世述六世孫別坐嵂十世孫文純公 滉后眞寶人居禮安宜仁

李源甲 字範卿生丁亥同樞世翊七世孫贈吏議㙙九世胄孫牧使詠道十二世孫文純公 滉后眞寶人居禮安遠村

李棟欽 字仁吉生己丑承旨晩燾孫知事世師六世孫牧使詠道十一世孫文純公 滉后眞寶人居禮安下溪

李起鎬 字舜哉生己丑進士中均子兵參彙承曾孫同樞世述六世孫文純公 滉后眞寶人居禮安宜仁

李蓍鎬 字羲應生癸巳承旨中泰子翊衛晩㞡孫府使彙博曾孫戶參同淳玄孫文純公 滉后眞寶人居禮安樊南

李葵鎬 字景忱生甲午監役晩寅孫判義禁孝淳玄孫牧使詠道十一世孫文純公 滉后眞寶人居禮安遠村

李昭鎬 字德文生甲午通政彙馥曾孫童敎英哲九世孫將仕郞純道十一世孫文純公 滉后眞寶人居禮安宜仁

李源啓 生丙申校理晩瀅曾孫縣監龜錫六世孫同樞世述七世孫文純公 滉后眞寶人居禮安宜仁

李東喆 字雨吉生戊戌主事源諺子参判龜雲七世胄孫同樞世弼八世孫文純公滉后眞寶人居禮安遠村

李思鎬 生戊戌大憲世澤六世孫贈吏参守恒七世孫童敎英哲九世孫文純公滉后眞寶人居禮安宜仁

李源基 生己亥参奉中穡孫副率程淳五世孫刑参龜雲六世孫牧使詠道十二世孫文純公滉后眞寶人居禮安遠村

李中琇 字成琢生甲辰禮議彙秉孫贈吏参龜文玄孫別坐崋律九世孫文純公滉后眞寶人居禮安宜仁

李源宇 参奉祀鎬子承旨晩者曾孫都事彙正玄孫文純公滉后眞寶人居禮安宜仁

李東克 文純公滉后眞寶人居禮安浮浦

李潤鎬 字德潤生壬子参奉晩注孫嘉善彙洙曾孫牧使詠道十一世孫文純公滉后眞寶人居禮安浮浦

李龍九 生戊申進士元承十三世孫孝節公賢輔十六世孫永川人居禮安汾川

金東洙 兵使富仁十五世孫贈戶参綏十六世孫贈吏参孝廬后光山人居禮安烏川

金相大 生員富信十一世孫贈戶参綏十二世孫贈吏参孝廬后光山人居禮安烏川

金魯弘 文貞公玲十一世孫縣監富倫十二世孫贈戶参綏十三世孫光山人居禮安烏川

李義穆 進士雄十二世孫忠順衛賢弼十三世孫永陽君大榮后永川人居禮安仙塘

沈章漢 字致相生癸酉通政義億孫通政 智十一世孫典理判書元符后青松人居禮安青郞

柳漢秀 秘書丞時萬孫進士象春七世孫縣監世哲十四世孫文敬公雲龍十五世祀孫豊山人居安東河回

柳承佑 字成汝生丙戌郡守喬榮子豊安君相祚玄孫翊贊宜河九世孫文忠公成龍十二世祀孫豊山人居安東河回

柳忠佑 字純輔生丁亥叅奉東榮子進士象春五世孫進士夢瑞七世孫文敬公雲龍十二世孫豊山人居安東河回

柳景夏 生戊戌叅奉時一子順昌園令永佑孫大諫致睦玄孫文忠公成龍后豊山人居安東河回

柳時慶 生壬寅承旨道性孫兵叅台佐玄孫文忠公成龍后豊山人居安東河回

權　墩 字穆卿生丁酉主事文燮子叅奉相德孫縣監 采十三世胄孫忠定公 橃后安東人居安東西谷

金奎煥 文忠公誠一后義城人居安東金溪

金奎植 字天瑞叅奉順永子童敎縣監益玄孫大諫翰東五世孫大成聲久八世孫副學宇宏十二世孫義城人居安東海底

李鍾洙 字其範生壬午叅奉天翼九世孫副率 憑十二世孫青海君 瑀十四世祀孫眞寶人居安東春陽

李　泓 字 生己未進士泰相玄孫洗馬重光七世孫忠簡公東標九世祀孫眞寶人居安東春陽

李孝洙 字繼源生壬寅府使敎英孫察訪濟兼八世孫忠簡公東標九世孫眞寶人居安東鹿洞

李鍾星 字星應生丙申吏叅啓魯孫忠簡公東標八世孫戶叅堣十四世孫眞寶人居安東棲碧

李鍾武 字元建生丁酉洗馬重光六世孫忠簡公東標八世孫戶叅堣十四世孫眞寶人居安東棲碧

李庭馥 字 生庚寅叅判敦禹曾孫文敬公象靖六世孫韓山人居安東蘇湖

柳東著 字羲鑽生丙戌進士淵博子郡守止鎬孫兵叅致明曾孫刑議觀鉉七世孫 贈吏叅復起后全州人居安東大坪

柳建宇 字翼八生丁亥進士振輝十一世孫護軍 橚十二世孫 贈吏叅復起后全州人居安東水谷

柳基泰 生壬寅大諫正源九世孫 贈吏叅復起后全州人居安東三山

李奎澔 字舜澤生癸未進士宬全六世孫生員 鈦九世孫良靖公樺十五世孫全義人居安東豊山下里

李教鍾 字舜韶生壬寅叅奉全春七世孫淸憲公山斗九世孫良靖公樺十五世孫全義人居安東豊山下里

李準英 字舜哉生丁酉僉樞宅鎔曾孫敎官楨國六世孫主簿珍十三世孫宣城人居安東豊山

權秉誠 字敬可持平 徵十 世孫副正通義后安東人居安東訥谷

權奇性 工佐 潫十一世孫節制使思道十二世孫判書 靭后安東人居安東豊山魯洞

權五進 字文顯生辛巳郡守 博十世孫修撰 濆十四世孫贊右贊成 柱十五世孫安東人居安東佳日

李珉源 字而玉生丙寅 贈吏議 憼八世孫松安子脩后眞寶人居安東麻崖

李圭燮 字聖邦生辛卯生員 亘十世孫直講逢春十三世孫贈吏議希聖十四世孫眞寶人居安東麻崖

李圭東 字寅八生乙酉生員學源曾孫 贈吏叅國茂九世孫贈吏議 燉十一世孫眞寶人居安東麻崖

李宜昇 字奎應生甲戌生員胤贇十一世孫松安君子脩后眞寶人居安東豐山梅谷

李志淵 字致心生癸巳贈兵議 振十世孫生員胤黃十二世孫松安君子脩后眞寶人居安東豐山梅谷

張元植 持平興孝八世孫花山府院君思吉后安東人居安東西後金溪

權五均 生壬辰牧使重常十 世孫判書 靭后安東人居安東西後松坡

李鉐和 字景律生丁酉進士麟永子進士鉉懋孫府使 輔十四世孫延安人居安東豐山鶴田

金相東 字殷卿生癸未刑議養根五世孫縣監箕報十四世孫吏議瑛十六世孫安東人居安東素山

裵漢根 字源達生丙戌檢閱龍吉十二世孫監司三益十三世孫贈判書尙志胄孫興海人居安東桃木

南寅洙 字敬魯生癸巳生員汝衡七世孫大諫天漢八世孫判書暉珠后英陽人居安東豐山梅谷

南炳斗 字運中生丙戌判書暉珠后英陽人居安東一直松里

判書暉珠后英陽人居安東一直望湖

南相會

河中煥 忠烈公緯地十五世孫郡事　澮十六世孫主簿　成后晉州人居安東西後校洞

李暢旭 字和彦生丁丑都事彙寬子松安君子脩后眞寶人居安東吉安校洞

薛永爽 字周彦生戊子議官宅奎孫文簡公繼祖十六世孫濟昌人居安東臥龍台洞

黃景淳 副尉弼守十一世孫定畧貴成十二世孫觀察天繼后平海人居安東豐川仁今

宋仁命 察訪亨久十世孫進士思謙十一世孫楊州人居安東西後台庄

李大源 字致邦生戊子縣監容久孫進士能玄曾孫修撰元祥五世孫文元公彦廸祀孫驪州人居慶州良洞

李錫顥 字義瑞生丙戌大憲鼎揆五世孫縣監宜潛十一世孫文元公彦廸十三世孫驪州人居慶州良洞

李源學 字重明生乙酉郡守宜活十二世孫文元公彦廸十四世孫驪州人居慶州良洞

李錫規 字應明生己亥進士纘久子郡守博祥玄孫文元公彦廸十三世孫驪州人居慶州杞溪勿栗

李蓉源 生丁酉進士時中八世孫教授應期十三麻孫察訪彥迪十四世胄孫驪州人居慶州良洞

孫明鎬 字德卿生庚辰景節公仲暾胄孫月城人居慶州良洞

孫厚翼 字德夫生戊子進士友永孫校理相駟會孫景節公仲暾后月城人居慶州江東梧琴

李英雨 字泰潤生壬午進士鍾鐙子僉樞循性十二世孫進士末仝十五世孫慶州人居慶州杞溪

李武炯 都事熠十五世孫進士末仝十五世孫慶州人居慶州杞溪

權澤中 字元執生丙申參奉任十一世孫縣監應生十二世孫郡守德麟十四世孫安東人居慶州斗流

鄭炳璨 生庚子通政錫祜孫師傅克後十三世孫判書光厚后迎日人居慶州霞谷

李鍾久 進士在幹孫直長宜澤十世孫文元公彦廸十二世孫驪州人居慶州神光愚覺

李東彩 生乙酉檢校哲明后驪州人居慶州江東川西

金昌海 字聖觀生己卯生員鍵秀曾孫持平履常五世孫副學宇宏后義城人居慶州杞溪

辛喆柱 字祐三生戊寅都正宗象子府使商賚十一世孫承旨德龍十三世孫府使孟卿后寧越人居慶州外東石溪

朴敬文 字聖五生丁亥參奉致升子僉正而華十二世孫吏正龜元十六世孫密城人居慶州內南九日

鄭龍鎭 生庚戌參奉在鵬子校理東奎曾孫掌令宗魯七世孫文莊公經世十三世祀孫晋陽人居尙州愚山

鄭在國 字潤卿生壬辰僉樞民稷玄孫掌令宗魯六世孫諮議道應十世孫文莊公經世十二世孫晋陽人居尙州愚山

鄭恒鎭 府使夏默孫叅奉象晋六世孫掌令宗魯七世孫文莊公經世十三世孫晋陽人居尙州愚山

鄭東春 字箕先生壬辰文科允模五世孫進士大成十二世冑孫晋陽人居尙州化西上龍

李宅河 字士安生戊申進上增嶧九世孫縣監大圭十二世孫文簡公 掞十三世祀孫興陽人居尙州西川

李舜敎 生員光圭八世孫文簡公 掞九世孫良敬公 堰后興陽人居尙州西川

李錫冕 字周善生己酉司蕃一圭十世孫洗馬 塽十一世冑孫良敬公 堰后興陽人居尙州西川

李鍾麟 字四元生丁丑生員身圭十世孫洗馬 塽十一世孫良敬公 堰后興陽人居尙州西川

柳時琓 生乙卯叅奉萬植孫都事嚞睦玄孫文憲公厚祚五世孫掌令千之十世冑孫文忠公成龍后豊山人居尙州愚川

盧在鑽 都事興敬孫生員碩命八世孫郡守大海十世孫文簡公守愼十一世冑孫光州人居尙州沙山

趙珪衍 典祀南琥子寺正 靖冑孫府使允寧十五世孫刑佐夏十八世孫豊壤人居尙州長川

趙玩衍 寺正 靖十二世孫直長 禧十四世孫舍人瑞廷十七世孫豊壤人居尙州長川

趙厚衍 叅奉南潤子叅奉驄九孫寺正 靖十二世孫豊壤人居尙州長川

趙龍衍 叅奉南倬子縣監基遠十一世孫寺正 靖十二世孫豊壤人居尙州長川

趙萬赫 察訪光璧后豐壤人居尙州

權奇夏 僖靖公相一世孫師傅 宇后安東人居尙州近岩

全胤錫 禮正 恒九世孫忠簡公 湜十世胄孫沃川人居尙州
外西農山

金相圭 字汝涵生戊子生員肅源子生員奎錫孫典翰 憲十二
世孫商山人居尙州龜湖

金元喆 字仲吉生己丑司成冲十一世孫副提學尙直十六世
孫商山人居尙州化西上縣

孫聲遠 字成大生戊子進士景都九世孫府尹萬雄十世胄孫慶
州人居尙州栗里

孫炳天 生戊戌參奉亮秀子府尹萬雄九世孫慶州人居尙州栗
里

孫熙遠 生己亥掌令永老曾孫僉知石鍊玄孫府尹萬雄十世孫
慶州人居尙州栗里

曺秉心 司成挺融八世孫承旨友仁九世孫瞻吏判夢臣十世孫
昌寧人居尙州沙伐梅湖

趙鍾黃 字舜八生壬戌參奉偲六世孫典籍又新九世孫府使
琳十二世孫漢陽人居尙州沙伐德潭

金鑌遠 參奉秋任十二世孫進士璟十三世孫副提學宇宏十
四世孫義城人居尙州中東鷹洞

高永泰 字戩卿生丁亥進士聖謙孫司藝仁繼十世孫直提學士
原后開城人居尙州山陽鹿門

高永錫 字天卿生辛卯司藝仁繼十世孫直提學士原后開城人
居尙州山陽鹿門

宋柱元 字仁伯生戊子進士寅湜子別提 亮十三世孫礪山人
居尙州功城龍新

李善宰 司勇起榮 進士覺民十世孫孝寧大君 補后全州人
所尙州恭儉中

林世基 字聖漢生丁酉護軍熙鎭玄孫引儀彥龍十四世孫醴泉
君繼仲十六世孫醴泉人居尙州外西開谷

林輝昶 字昶日生己酉都事在鳳子忝奉時夏孫引儀彥龍十三
世孫醴泉人居尙州外西開谷

權泰昇 縣令以亮十世孫生員景龍十二世孫校理達手十四世
胄孫安東人居咸昌周岩

權中洛 戶判纘十二世孫大憝敏手十三世孫郡守恢十六
世孫安東人居咸昌周岩

洪龍相 文匡公貴達后岳林人居咸昌栗谷

蔡世觀 兵佐命運六世孫輔德獻徵七世孫仁川君 壽后仁川
人居咸昌余勿里

蔡章植 字亨遠生甲午判官錫文十世孫仁川君 壽后仁川人
居咸昌小岩

李璿揆 字周弼生乙卯判官 謇十五世孫府使 淑十六世孫
孝寧大君 補后全州人居尙州恭儉五台

印錫烈 進士彥臣十三世孫翰林 邠后喬桐人居咸昌利安黑
岩

南海元 字亨運生壬午中樞致恭孫進士桓井九世孫進士勇錫十二世孫宜寧人居尙州銀尺文岩

金濟東 字致民生壬辰參奉一鍊六世孫生員 監十一世孫敏節公功胄孫禮安人居榮川龜鶴寧

朴勝默 字道應生己丑進士宗喬玄孫司諫時源五世孫進士文暐八世孫大諫承任十三世孫潘南人居榮川蟠谷

金台燮 字正能生庚寅生員震洛孫刑參奎運曾孫刑議重夏玄孫吏參榮祖胄孫豊山人居榮川梧麓

金堉 字景厚生壬寅兵參鎭河玄孫生員始鏵九世孫參奉隆十三世孫戶參爾音后咸昌人居榮川商峴

金允榮 字公信生戊戌弼善始鏔八世孫 贈承旨隆十二世孫敎授龜息十四世孫戶參爾音后咸昌人居榮川商峴

丁海麟 字士遊生己亥進士志安八世孫大憲胤福十四世孫忠靖公應斗十五世孫羅州人居榮川茁浦

丁奎賢 字星五生庚子參奉厚燮子縣監大殖孫都正義轍玄孫進善時翰九世孫忠靖公應斗后羅州人居榮川茁浦

丁奎晃 生丙午參議敎集曾孫典籍載鍾玄孫忠靖公應斗十三世孫羅州人居榮川茁浦

朴興緖 字叔纘生乙酉兵參齊淵曾孫 贈司僕正時晋六世孫文正公尙衷后潘南人居榮川水島

張炯文 字燦叔生戊子進士汝華十世孫參議壽福十一世孫安襄公末孫十四世孫仁同人居榮川金光

全秉鎬 字養仲生乙未文科益禧十世孫進士應斗十三世孫司直希哲后沃川人居榮川下望

全秉錫 通政秀學曾孫生員一欽五世孫進士應斗十三世孫司直希哲后沃川人居榮川下望

李承職 縣監介立 世孫文靖公達衷后月城人居榮川長壽葛山

羅永祐 字聖弼生壬辰刑議學川八世孫 贈吏叅以俊十世孫府院君聰禮后壽城人居榮川昌津

張洛鎭 字鼎賢生戊寅嘉善廷憲玄孫進士 濬十世孫丹陽人居榮川長壽好文

金東烈 教授洽后義城人居榮川枝川

宋鳳祥 字洛卿生戊子典籍東胤五世孫直長舜齡十一世孫掌樂正道成十七世孫楊州人居榮川長壽吐溪

鄭基洛 字處中生辛巳進士在璿孫徵士煒七世孫縣監東望九世孫文穆公述十五世祀孫淸州人居星州枝村

鄭周和 字殷卿生庚寅叅奉嶠會孫叅奉惟熟九世孫文穆公述十一世孫淸州人居星州柳村

鄭淳和 字俊汝生己亥通政堰會孫叅奉惟憙九世孫文穆公述十一世孫淸州人居星州柳村

金昌叔 字文佐生己卯文貞公宇顒祀孫義城人居星州沙月

李基元 字子健生乙酉叅奉承熙子 贈叅判亨鎭會孫正字廷賢十世孫星山伯能一后星山人居星州大浦

李洙萬 生丙辰叅奉基轍孫定憲公源祚五世孫 贈兵叅碩文八世孫星山伯能一后星山人居星州大浦

宋[illegible]永 字孝言生壬子部將光範十三世孫監司 構二十二世胄孫治城人居星州草田松川

呂佑東 字周錫生戊寅吏正孝曾十一世孫生員允恕十三世孫工判克誨后星山人居星州碧珍海平

都文煥 字昌汝生癸未 贈工議夢麒十一世孫訓導台輔十二世孫星山人居星州碧珍海平

都在乾 生庚子判校永夏八世孫進工熙鼎十三世孫兵佐衡十四世孫星山人居星州月恒墨山

李德源 字世明生癸未生員 篤七世孫生員達新八世孫都事天封十一世孫京山人居星州月恒岩浦

李鳳熙 字聲玉生庚辰進士國華六世孫刑議 淡八世孫進士驎十世孫星山人居星州澤亭

李洙仁 字子厚生庚辰判官晋琥八世孫奉事 瓊十世孫判官重華十三世孫星山人居星州大家龍興

李洙昌 字子都生丁酉通政基洪孫判官晋琥八世孫判官重華十三世孫星山人居星州大家龍興

李洙英 字彰遠生戊戌都正東旭曾孫副正永核八世孫知中樞琢十四世孫星山人居星州大家蓮浦

李位根 字君汝生癸亥都事道龍子嘉善文漢孫星山伯能一后星山人居星州般南東岩

李相福 字善都生庚辰參奉泰淳子僉中樞春孟七世孫正字時鎔十二世孫星州人居星州草田紫陽

李喆勳 字斗元生癸未議官權熙子判官東喬六世孫進士 驎后星山人居星州龍岩冠谷

李任熙 字聖尹生甲申嘉善華春八世孫郡守宜勇十三世孫牧使友十五世孫星山人居星州船南官花

李達永 字世振生辛卯參奉武鎬子部將志堯孫掌令海鎭六世孫正字廷賢后貫星山居星州

李武鎬 字尚武生庚戌參奉基準子通德郞雲漢玄孫掌令海鎭五世孫正字廷賢后星山人居星州船南新夫

李洙瓚 字桂賛生丁亥監察東根子守門將順泰六世孫中樞達運后星山人居星州般南東岩

李域熙 字尙伯生甲辰郡守宜勇十三世孫牧使友十五世孫星山伯能一后星山人居星州般南吾道

李正煥 字性文生戊申參奉相東子贈教官鍾逵曾孫訓判景祜十四世孫星山人居星州大家龍興

李大植 通政挺坤曾孫星山伯能一后星山人居星州般南文方

李三植 字孔宜生戊寅贈通政挺德曾孫嘉善鳳春五世孫星山伯能一后星山人居星州般南文方

張鎭永 字景弘生丙戌進士海翼七世孫司馬以俞十世孫忠貞公安世后玉山人居星州碧珍家谷

洪奭煥 字漢汝生甲子判官翼聖九世孫生員祉十世孫南陽人居星州碧珍梅水

朴泰薰 文穆公英后密陽人居善山玉城莘谷

朴孝運 字斗洪生戊寅議官道煥子左尹祉九世孫文穆公英后密陽人居善山龜尾芝山

崔[illegible]浩 定簡公睍后全州人居善山海平

崔鍾奭 定簡公睍后全州人居善山海平

鄭在潤 生戊戌應教 鵬后海州人居善山玉城新堂

鄭根珏 應教 鵬后海州人居善山禿洞

許壔 字允和生 哲宗戊午部事 燾子生員 䃍孫生員 晙玄孫禮判彥龍后金海人居善山林隱

許墩 字叔敬生己巳進士 僖曾孫進士 最玄孫禮判彥龍后金海人居善山林隱

李秉憙 吏叅東溟后德水人居善山禮谷

金元默 字孟源生壬午 贈吏判宗武十二世孫文簡公就文十三世孫善山人居善山高牙元湖

金濱默 字文中生辛丑兵佐振久五世孫文簡公就文十二世孫善山人居善山龜尾荊谷

金相敎 字叔賢生乙丑掌令厦梴十世孫進士瀁十一世孫吏叅匡佐十五世孫善山人居善山龜尾荊谷

吉浩延 字敬直生庚辰正郞謙十二世孫文貞公再后海平人居善山龜尾芝山

盧益永 進士守誠后安康人居善山禿洞

盧義永 校理景任后安康人居善山海平崇岩

康始用 弼善 愼后信川人居善山高牙大望

李壽旭 生辛丑文翼公元禎后廣州人居漆谷石田

李庚錫 進士 子大憲元祿后廣州人居漆谷梅院

李周厚 承旨彥英后碧珍人居漆谷上枝

李震淵 字子慶生庚子通政現運子司果爾禎五世孫觀察禮孫后廣州人居漆谷枝川深川

李相坤 進士心懿十一世孫監司禮孫后廣州人居漆谷雲岩

鄭華 字子重生己亥 贈參判汝康后東萊人居漆谷泗洙

張世明 字穉克寧陵令志遠子都正胤宗七世孫文康公顯光十三世祀孫仁同人居仁同南山

張世韓 字穉耋生戊子進士厚相孫吏參仁遠曾孫文康公顯光十三世孫仁同人居仁同新月

張稷相 生癸未觀察承遠子文憲公錫龍孫文康公顯光后仁同人居仁同吳太

張志濩 字仲欽生甲戌侍讀有相子文康公顯光十二世孫仁同人居仁同南山

張志洵 字穉圭生辛巳參奉福遠子進士錫愚曾孫文康公顯光十二世孫仁同人居仁同新月

張永熙 字明振生甲子虞候孝一七世孫進士潜十四世孫仁同人居仁同鳳頴

張武植 字根弼生丙寅生員無棐十世孫進士慶遇十一世孫掌令脩后玉山人居仁同仁義

張光喜 字國賓生甲申司正悌元十世孫仁同人居仁同架山鶴山

張碩鎬 生甲子通政斗參曾孫通政德五玄孫郡守有聞五世孫玉山人居仁同若木內冶

張在煥 字厚卿生庚申防禦使柱鶴子營將鳳羽孫進士信孫十二世孫仁同人居仁同北三栗洞

宋源琦 字孔珣生戊寅同樞惟寬九世孫礪山人居仁同北三梧坪

宋紀煥 字綱夫生癸卯叅奉謙達子主事源錫孫察訪時環十世孫礪山人居仁同新月

權寧國 字士咸生甲戌引儀昌運六世孫護軍震衡八世孫大護軍山重九世孫忠毅公應銖十一世祀孫安東人居新寧甲峴

權寧模 字而可生丙子掌令致和曾孫護軍復衡八世孫忠毅公應銖十一世孫安東人居新寧溫川

權泰熙 字景文生戊寅護軍壽鉉子引儀昌運五世孫護軍震衡七世孫忠毅公應銖十世孫安東人居新寧甲峴現鐵原

權寧滿 字環五生庚寅將仕郎錫璣孫掌令致和曾孫忠毅公應銖十一世孫安東人居新寧甲峴

權寧圭 字　生丙午叅判寅秉玄孫護軍復衡八世孫忠毅公應銖十一世孫安東人居新寧富山

金大鉉 字羲瑞生辛巳從仕郎在錫子察訪尙欽八世孫叅奉夢龜十世孫英陽人居新寧蓮池

金贊鉉 字達元生壬午察訪尙欽八世孫叅奉夢龜胄孫英陽人居新寧蓮池

金永兌 字明善生庚子察訪時翕胄孫叅奉夢龜十一世孫英毅公　忠后英陽人居新寧德山

丁奎鎬 字舜九生庚寅叅奉順敎十五世孫監司夢吉后羅州人居新寧槐寧

丁元旭 字賢甫生丁亥府使延十六世孫叅判夢祥十七世孫羅州人居新寧孝里

楊錫潞 通政春圻子叅判孝智后淸州人居新寧湖岩

李炳祚 字禹三生己卯忠簡公承須后陽山人居新寧沙川

權寧植 字順祚生己丑訓正應錘十一世孫持平㧠后安東人居新寧鶴旨

權常洛 字武汝生己卯贈叅判應平十世孫綾羅君德臣十一世孫持平㧠十四世孫安東人居新寧中里

權熙洛 字文伯生癸未通德郎必中六世孫護軍建九世孫贈叅判應平十世孫綾羅君德臣后安東人居新寧中里

權浩植 字國明生己丑訓正時榮八世孫司果山昌九世孫贈叅判應平十一世孫綾羅君德臣后安東人居新寧中里

安相伯 奉事敬信十二世孫叅奉世俊十五世孫察訪遇坤十六世孫順興人居新寧老坊

李祺鎬 字浩文生甲辰訓正蘊秀十一世孫慶州人居新寧新基

曺洙翊 字文淑生壬寅縣監啓淸六世孫文簡公好益十四世祀孫翰林末孫十七世孫昌寧人居永川芝日

曺圭容 字謹中生丁酉進士爽煥子叅奉秉文孫兵使學臣六世孫文簡公好益后昌寧人居永川宗洞

鄭淵世 剛義公世雅后延日人居永川梅谷

鄭鎭韶 字國卿生戊寅剛義公世雅十一世孫延日人居永川紫陽月淵

鄭元植 字泰根生戊子剛義公世雅后延日人居永川紫陽龜尾

鄭淵九 字乃鉉生丁亥副正字裕榮曾孫剛義公世雅十二世孫烏川人居永川淸通甫城

李元彪 字德洪生丙子貞簡公孟專祀孫文安公堅幹后碧珍人居永川紫陽元覺

安麒煥 字文汝生戊子學正后靜九世孫說書嵢十五世孫廣州人居永川琴湖道東

金琮熙 字 生辛卯吏佐東俊七世孫校理聰九世孫進士富信十二世孫光山人居永川院村

孫啓東 字春舒生辛巳博士叙倫后密陽人居永川古鏡上梨

盧致容 字敬進生壬辰護軍思涑五世孫僉中樞喆十世孫進士遂十二世孫光州人居永川大昌直川

尹龍澤 生丙午參議兢后永川人居永川莞山

柳時華 主簿方善十八世孫瑞山人居永川淸通三槐

朴仁洙 字士賢生己丑生員舜孝九世孫生員允秀十三世孫校理英孫十五世孫密陽人居永川臨皐愚巷

朴東承 字景源生辛巳掌令聖世八世孫生員專愚九世孫校理英孫十六世孫密陽人居永川臨皐愚巷

朴宜洙 字士源生癸巳掌令聖世七世孫生員專愚八世孫校理英孫十五世孫密陽人居永川淸通桂芝

朴鳳洙 字聖佳生乙未都正致鎬孫校理英孫十五世孫密陽人居永川淸通桂芝

李晩榮 生辛卯部將興發十世孫校理寔薰十一世孫主簿成男十二世孫龍仁人居永川淸通新源

田亨秀 察訪舜闢八世孫文元公祖生后潭陽人居永川淸通甫城

申鳳煥 修撰達道十世孫按廉使邦祐后鵝洲人居義城校前

申元植 承旨之悌后鵝州人居義城鳳陽龜尾

申錫基 字允汝生壬午承旨達道后鵝洲人居義城

申基萬 字潤明生戊子進士埰十世孫贈吏議適道十一世孫按廉使邦祐后鵝洲人居義城八城

李世榮 字余洛生丙子牧使延機十世孫承旨民宬十一世胄孫監司光俊十二世孫永川人居義城山雲

李炳和 字佑衡生戊子同中樞明在玄孫生員重鉉十世孫忠簡公民宬十二世胄孫永川人居義城山雲

金潽宇 字其聖生辛巳正郞 淮胄孫安東人居義城沙村

金浩養 字孟吾生丁亥正言義裕曾孫都評議九鼎后安東人居義城沙村

權承烈 字敬武生壬辰 贈吏判守經十一世孫判官希舜十二世孫教授 軾十六世孫安東人居義城點谷尹岩

權承宗 字勗汝生庚子嘉善在直孫贈吏判守經十一世冑孫.教授 軾十六世孫安東人居義城玉山立岩

權憲均 字德興生壬辰嘉善士俊孫進士得仁五世孫 贈吏判守經十世孫教授 軾后安東人居義城玉山九成

南圭佑 字明七生己丑牧使夢賚冑孫忝奉 樞十二世孫英陽人居義城點谷尹岩

朴薰 生丁亥副護軍弘根孫定憲公成陽后咸陽人居義城金城晚川

朴在九 字鶴夫生癸巳通政杜宇孫忝奉泰重六世孫進士長春十二世孫定憲公咸陽后咸陽人居義城春山玉井

朴在陽 字德采生戊子忝奉齊俊子忝奉世矩七世孫護軍允誠十二世孫平度公嵓后潘南人居義城點谷丹儀

吳大永 字大弘生壬辰忝奉銓子奉事 瀅十世孫進士守盈十一世孫翰林學麟后高敞人居義城春山思美

吳于汀 字君太生乙未忝奉銓子奉事 瀅十世孫進士守盈十一世孫翰林學麟后高敞人居義城春山思美

金舜熙 字舜五生丙寅忝奉敬新九世孫禮正乃雍十一世孫生員叔文十三世孫慶州人居義城金城龜蓮

蔣奎炳 兵使處勇后牙山人居義城金城道境

金性鎬 生戊子進士元璧子同樞珪碩孫直提學琪后義城人居義城玉山黃山

張台胤 生戊寅 贈兵判憲十五世孫忠莊公思儉十六世孫吏判輔后順天人居比安安定

張奎燮 訓導啓九世孫忠莊公思儉后順天人居比安南山

李和坤 叅奉英馧八世孫府使芃十一世孫牧使欽守十二世孫陽城君春富后陽城人居比安渭城

朴準璇 字聲振生丙午進士潤元五世孫叅奉玄錫十一世孫進士蔚胄孫密陽人居比安內杜

鄭道欽 字貫一生丙子護軍時僑七世孫禮正景祐十三世孫學諭輝十四世孫迎日人居比安鳳陽

崔斗永 字 都正孝述玄孫翊贊興遠后月城人居大邱解顏漆溪

崔鍾聲 字 通禮鎭南 孫 贈持平 認后月城人居大邱解顏漆溪

李輔魯 進士根重子全陽君益馝七世孫北評事之英八世孫縣監宗文后全義人居達城霞山

徐相勳 字熙如生乙未進士櫶五世孫 贈刑判來泰十世孫 贈禮議忭十一世孫達城人居達城嘉昌大逸

都相汶 校理 夏后八莒人居達城鋤齋

蔡亨基 生員元儉八世孫進士之經九世孫貞義公貴河后仁川人居達城公山新龍

蔡萬基 字世元生己丑進士瀛傑九世孫兵佐郎十世孫贈吏叅夢硯十一世孫仁川人居達城公山硏經

孫相憲 字聖郁生辛巳縣監致雲十二世孫叅奉世經十三世孫一直人居達城壽城黃青

孫鎭坤 字汝陽生戊子贈戶叅楚璞八世孫叅奉潛十世孫翰林肇瑞后一直人居達城解顏新基

夏東奎 字聚五生癸酉教官正益曾孫叅議汶十二世孫侍郎光臣后達城人居達城壽城晩村

金斗守 贅憲忠善后金海人居達城嘉昌

郭柄昊 字四運生壬辰持平泰魯孫生員甬后苞山人居達城解顏丹山

金鎭熙 字瑞若生癸酉叅奉慶新九世孫禮正乃雍十一世孫生員直方十四世孫慶州人居大邱

朴光洛 字和珍生庚寅左尹鏞容子右通禮載陽孫武毅公毅長十三世孫務安人居大邱

尹永普 字翰淑生甲午主事枚子掌令夏孫進士仁浹十二世孫坡平人居達城多斯汶山

尹善晋 生已丑叅奉桄子進士仁浹后坡平人居達城解顏不老

殷熙道 字聖雨生壬辰嘉善輔萬玄孫持平虎臣八世孫文翼公汝霖后幸州人居達城公山中大

徐永周 字德明生丁酉進士榛玄孫達城人居達城解顏不老

李章鎬 字周斌生辛亥通德郎 樂八世孫判官誠哲十世孫直長安道十一世孫文純公滉后眞寶人居達城河濱霞山

金駿永 字 生庚寅文敬公宏弼祀孫瑞興人居玄風池洞

金仁埴 字克夫生乙酉進士魯東孫都正奎漢曾孫察訪大振十一世孫文敬公宏弼十六世孫瑞興人居玄風道洞

金禹埴 字命夫生庚寅都正奎漢曾孫察訪大振十一世孫文敬公宏弼十六世孫瑞興人居玄風道洞

金文埴 字姬仲生辛卯參陵令奎應曾孫察訪大振十一世孫文敬公宏弼十六世孫瑞興人居玄風道洞

金內埴 字南叟生甲午都正奎漢曾孫察訪大振十一世孫文敬公宏弼十六世孫瑞興人居玄風道洞

郭性燮 字道惟生丙申生員慶興十一世孫生員之元十四世孫淸白吏安邦冑孫苞山人居玄風率禮

郭振泳 字公進生丙申參奉書坤孫承旨赳十三世孫府使之藩十四世孫淸白吏安邦后苞山人居玄風率禮

郭斗泳 忠翼公再佑冑孫苞山人居玄風率禮

李鐸淇 字文度生丁酉教官斗采子輔德汝翊十一世孫訓正長培十六世孫碧珍人居達城瑜伽寒亭

嚴基五 工議 誠十五世孫寧越人居玄風城下

嚴邦燮 字和萬生癸未工議 誠后寧越人居玄風城下

蔡禹錫 縣監石堅后平康人居達城求智坪村

金泰鎭 字頌瑞生丁卯忝奉昌鉉子持平堆十孫文忠公宗直十五世祀孫文康公叔滋十六世孫善山人居高靈佳谷

吳在春 字殷弼生己酉忝議澐十三世孫高敞人居高靈雙林梅村

朴仁會 字仲可生庚寅吏佐宗胤十一世孫司宰監少尹十九世孫高靈人居高靈牛谷桃津

朴祖憲 字成魯生甲午司宰監少尹后高靈人居高靈桃津

李克魯 字孔伯生庚子生員復厚六世孫生員益謙七世孫兵議之華十世孫縣監宗文后全義人居高靈茶山月城

李潤世 字華瓊生丙午忝奉鶴魯子同敦寧時容玄孫兵議之華后全義人居高靈上谷

金在舜 字可善生乙酉吏正守雍十二世孫生員叔文十四世孫生員直方十五世孫慶州人居高靈池山

金基述 字性五生戊戌吏正守雍十二世孫生員珙十三世孫生員晉生十六世孫慶州人居高靈池山

洪淇杓 字士淑生戊寅贈兵忝俊泳六世孫安武公達孫十六世孫南陽人居高靈牛谷野亭

文垞鎔 生乙卯教官在天子通政龍顯孫大成英十八世孫忠宣公益漸后南平人居高靈星山午谷

李喆浩 字道源生丙申文敬公玄逸十世祀孫載寧人居寧海石保

李昌熙 字德韶生壬申學諭 楷十一世孫進士時濟十三世孫縣監涵十四世孫載寧人居寧海仁良

朴禹洛 字夏錫生辛巳司藝泰斗八世孫寧令敦復十一世孫司直之蒙十六世孫判書義龍后務安人居寧海仁良

朴鍾文 字睦汝生壬辰武毅公毅長后務安人居寧海元邱

朴載舜 字成五生庚子護軍 昭八世孫牧使弘長十一世孫判書義龍后務安人居寧海七星

朴永鎭 字德彦生己丑府使身之九世孫判書 矩十五世孫咸陽人居寧海蒼水仁良

南厦鎭 字贊夫生甲申縣令 須十七世孫英陽人居寧海蒼水仁良

南浩重 字孟厚生丙戌縣監鵬翼十世孫英陽人居寧海槐市

白燦宗 字克明生辛卯同敎寧東基曾孫進士繼性十六世孫文簡公文寶后大興人居寧海元邱

權燦宗 字元卿生癸巳 策后安東人居寧海蒼水仁良

李裕貞 字禮彦生癸未監司仲樑十三世孫永川人居寧海蒼水仁良

李炳仁 字元書生丁未直長允智十世孫主簿善道十一世孫判書繼陽十五世孫松安君子脩后眞寶人居寧海瓦皐

李榮敎 字孟寶生庚子直長允智十一世孫主簿善道十二世孫判書繼陽十六世孫眞寶人居寧海瓦皐

申鉉禹 字士極生丙辰參奉秉均子秘書承命敬玄孫戶參舜善 九世孫文貞公 贇后平山人居寧海大谷

申鳳來 字舜韶生戊寅判官澈十世孫主簿禧十五世孫文 貞公 贇后平山人居盈德三近

申炳寅 字士賓生甲申進士履慶十世孫主簿禧十六世孫文 貞公 贇后平山人居盈德蓮山大枝

申炳周 字佐卿生癸未判官澈十一世孫主簿禧十六世孫 文貞公 贇后平山人居盈德三近

申悳休 字進善生乙巳府使龜年十一世孫主簿禧十五世孫 文貞公 贇后平山人居盈德南亭晦祠

申德休 字順一生戊戌參奉泰昇子贈兵議致洛五世孫文貞 公 贇后平山人居盈德達山周應

申濟華 字世昌生壬申同樞萬燮五世孫舍人自誠十五世孫文 貞公 贇后平山人居盈德達山興基

金壽學 嘉善夏九 世孫遂安君 恒后遂安人居盈德下直

金一相 字汝卿生壬戌僉中樞繼祿九世孫進士必慶十一世孫 吏正 綏十六世孫判書 爲后遂安人居盈德知品松川

金禹鉉 字圭錫生丙申僉樞 鍊十二世孫吏正 綏十九世孫 判書 爲后遂安人居盈德知品松川

朴鍾晦 字根伯生癸未護軍弘運玄孫參奉 鵬十三世孫進士 元基十四世孫判書義龍后務安人居盈德蒼水佳山

朴緯喆 字周贇生丙戌同樞仁傑十世孫副尉自昌十二世孫進 士文華十三世孫鷄林君 純后江陵人居盈德梅嶺

南台壽 字孟三生己卯左承旨衡召玄孫護軍承吉七世孫監察須十三世孫英陽人居盈德知品植東

李龜洛 字義瑞生丁酉軍資正華春十二世孫進士明發十七世孫承旨承吉后永川人居盈德達山大枝

黃永來 牧使俊良后平海人居豊基西部

黃渭欽 大相石柱后昌原人居豐基白洞

秦學峻 字仲明生丙戌監察尙億子都正喜鵬孫縣監 泳五世孫掌令 浩十八世孫豐基人居豊基西部

鄭守鎭 監司 玉 世孫貞簡公 琢后淸州人居順興韶川

鄭柱大 字正汝生丙申生員必周玄孫 贈吏叅碩濟七世孫貞簡公琢十一世孫淸州人居順興韶川

洪承敬 字聖能生丙子贈持平重明七代孫牧使柱一九世孫文敬公履祥十一世孫豊山人居順興丹山九郞

金　稷 文節公 淡后禮安人居順興桃灘

朴世任 贈吏叅善長 世孫判書義龍后務安人居順興花川

裵鳳烈 字聖大生乙酉通政永祜孫都事幼華十世孫判官尙益十一世孫禮叅應褧后星山人居奉化勿野沙谷

裵勳植 字啓亨生乙酉進士相善孫都事幼華九世孫判官尙益十世孫禮叅應褧后星山人居奉化勿野沙谷

金秀容 字器伯生甲申生員鍾遠孫進士澤龍六世孫大諫允安十二世孫襄景公承霆后順天人居奉化勿野北支里

全永贊 字明國生丙午進士應房十四世孫叅奉珀十五世孫司直希哲后沃川人居奉化祥雲九川

金榮中 字致極生壬辰進士應奎曾孫生員得礪十四世孫進士用石后光山人居奉化乃城巨村

金東述 字春植生辛卯主事洛源子 贈吏叅宗傑后義城人居奉化乃城黃田

權相甲 字衡伯生壬申縣監審言十二世孫縣監 檥十三世孫 贈領相士彬后安東人居醴泉渚谷

權東燮 生乙未縣監 檥十三世孫 贈領相士彬后安東人居醴泉渚谷

權在鎬 縣監 檥十三世孫 贈領相士彬后安東人居醴泉渚谷

權鍾一 忠愍公山海后安東人居醴泉虎鳴淡岩

金世基 左承旨成物后金海人居醴泉普門眉湖

安相鎬 字懋先縣監壽仁十四世孫副正 樺十六世孫 贈兵叅從信十八世孫順興人居醴泉普門福岩

南鉦澍 字學源生丙子進士磁九世孫 贈左承旨隆達十世孫英陽人居醴泉上里道村

南光洙 字繼源生甲子進士磁九世孫 贈左承旨隆達十世孫英陽人居醴泉上里道村

太昌東 字文可生癸未 贈主簿舜壽十世孫教授偃龍十一世孫執義斗南十二世孫永順人居醴泉上里甫谷

李承和 校理琦浩子貞愍公 湰十四世孫眞寶人居聞慶老牧

李炳植 禁都明浩孫貞愍公 湰十三世孫眞寶人居聞慶老牧

沈相光 字舜華生丙戌叅奉琥澤子叅奉宣善孫進士 淸后青松人居青松巴川德川

沈周燮 字德肯生己丑副正有澤子縣監宗明十二世孫吏叅 鏵十三世孫青松人居青松府南甘淵

趙鏞洙 字泰源生己亥郡守亨道十世孫 贈戶議 淵十四世孫貞節公 旅后咸安人居青松安德昌陽

趙世濟 字允經生壬寅郡守亨道十一世孫 贈戶議 淵十五世孫貞節公 旅十七世孫咸安人居青松縣西德城

趙性璡 字籍玉生己卯副正純道九世孫 贈刑判 址十世孫貞節公 旅十四世孫咸安人居青松縣東印支

趙鏞圓 字鳴振生壬子副正致龍九世孫 贈戶議 淵十四世孫貞節公 旅十六世孫咸安人居青松縣西德城

南鍾燮 字慶曙生戊寅 贈叅判啓薰十世孫判官緫曺十四世孫兵使 蓀十六世孫英陽人居青松縣東開日

南潤洙 字富叔生丁酉僉樞必薰八世孫通政緫曺十二世孫兵使 蓀十五世孫英陽人居青松縣東巨城

南鍹奎 字應玉生壬子護軍碩賚八世孫判決事應震十一世孫判書暉珠十八世孫英陽人居青松縣東巨城

南錫喜 字允三生戊子護軍世柱八世孫叅奉宇十世孫通政
繼曺十一世孫兵使　蓀后英陽人居靑松縣東巨城

南錫宰 字慶興生癸巳護軍世柱八世孫叅奉宇十世孫通政
繼曺十一世孫兵使　蓀后英陽人居靑松縣東巨城

南建植 字公必生甲申　贈工叅啓薰九世孫　贈刑議天柱十
世孫兵使　蓀十六世孫英陽人居靑松縣東開日

鄭輝健 進士堯天后東萊人居眞寶蓮塘

朴東冕 護軍貞基七世孫左尹㙖八世孫判官涵十一世孫
文懿公　恒后春川人居眞寶三山

申斗熙 進士相翼子寧海人居眞寶中坪

趙寧鎬 字仲康叅奉憲奎子都事秉裕曾孫漢陽人居英陽後坪

具然夏 字亮五生壬午叅奉廷植子正郞思禮十世孫綾城人居
英陽靑杞

權寧達 字聖執生丙午叅奉秉均孫判書　輗后安東人居英陽
首比桂洞

金定鎭 生庚戌進士炳龍孫安東人居英陽立岩新泗

權夏永 字禹範生丙戌叅奉相玉子太師　幸后安東人居英陽
首比桂洞

金益煥 贈工判漢成后慶州人居英陽靑杞苧洞

姜泰欽 左尹碩龜五世孫判決事汝㷤八世孫殷烈公民贍后晋州人居金山助馬江曲

鄭煥軾 進士龍濟孫校理、以僑后延日人居金山代項香川

崔在珥 字舜八生己卯僉使慶臣六世孫郡守益大七世孫監司重洪十六世孫忠節公永濡后和順人居金山助馬新安

李泰根 字敬弼生戊寅府使廷立九世孫全州人居金泉甘泉武安

柳濟興 生乙未生員駿軾孫徵士　溫后文化人居軍威孝令屛湖

殷熙乙 字德玄生丙申叅奉貫杓子進士成駟孫察訪斗七曾孫文翼公汝霖后幸州人居軍威孝令不老

洪淵會 字　生癸未吏佐宅夏　孫舍人　魯后缶溪人居義興大栗

朴源祖 字永瑞生甲戌通政義發子　贈判官景章十世孫龜山君蕆后龜山人居義興友保梨花

朴晩增 字光彥生丁亥同樞明淳曾孫　贈僉正鳳祥六世孫龜山君　蕆后龜山人居義興友保梨花

朴昶淳 字致洪生庚寅典籍輔六世孫正郎泰彙七世孫典籍希顏八世孫咸安人居義興巴田

朴承祚 巡撫使從男后月城人居義興友保羅湖

李鍾益 字友卿生壬申掌樂正挺男十世孫郡守壽朋十五世孫良敬公堰后興陽人居義興縣內仁田

鄭寅秀 靖節公 矩后東萊人居義興新梅

李趣轍 字聖循生丁酉 贈叅判 十三世孫孝寧大君補 后全州人居義興大栗

權承台 字周元生戊寅叅奉義淳子掌令應奎六世孫兵議㬫 十一世孫安東人居義興友保達山

徐相孝 子乃愉生丁亥叅奉思選十二世孫生進湜十三世孫 達城人居慶山中方

韓東愈 進士弘翊后清州人居慶山押梁巳洞

全韶鉉 字學三生壬午刑佐應昌后慶山人居慶山詩洞

蔡憲基 進士應龍十世孫貞義公貴河后仁川人居慶山

許克遠 字孟謙生庚子文敬公稠后河陽人居河陽釜湖

金致元 字極天生庚辰統相是聲九世孫清道人居慶山河陽南 河

宋永相 字彰生癸卯司直麗達十世孫中樞鳴漢十一世孫僉 正應賢十五世孫恩津人居河陽瓦村溪田

李致奎 字成五生丁酉進士 幹九世孫永陽君大榮后永川人 居河陽塔淵

金英培 字敎三生癸未進士顯周曾孫叅奉 贚十一世孫判官 世緯十三世孫金海人居河陽瓦村溪田

曺喜範 字禹三生庚戌忝奉秉洪孫襄平公益清后昌寧人居河陽環上

曺俊煥 字俊吉生甲辰議官秉汶子嘉善永承孫襄平公益清后昌寧人居河陽環上

曺致承 字周八生丙申同樞錫敎子 贈忝議淬振曾孫縣監尙貞后昌寧人居河陽環上

曺喜秀 字衛權生庚寅嘉善文煥子監役河一孫縣監尙貞后昌寧人居河陽環上

孫晋石 字相弼生乙未進士秀杓子進士相鳳曾孫月城人居河陽瓦村溪堂

孫炳翼 字寬夫生癸巳進士秀杓孫進士相鳳玄孫月城人居河陽瓦村溪堂

金正五 字文旭生丁亥忝奉敎源子恭節公 瑺十四世孫月城人居河陽琴樂

金鎭德 主事炳柱孫萬戶駿文后清道人居河陽琴樂

池斗碩 生乙亥縣監淵十三世孫府使守泓十四世孫監司彦邦十五世孫贊成漢根十六世孫忠州人居河陽槐田

朴彰洛 字和日生丁酉左尹鏞容子右通禮載陽孫武毅公毅長十三世孫戶判義龍后務安人居河陽

朴成洛 字和允生壬寅 贈文學載永孫 贈舍人燦敏曾孫武毅公毅長十三世孫戶判義龍后務安人居河陽

崔在榮 字冑一生戊戌縣監文炳后永川人居慶山慈仁元堂

崔致炯 叅奉相淳 府使鐵堅后永川人居慈仁谷蘭

李熙逵 字國明生辛巳司業貞和子進士 鈺曾孫文烈公陽昭后順天人居慈仁嶌日

權秉坤 字衡重壬戌寅都正聲進孫直講 奐十世孫進士大器十一世縣持平徵十四世孫安東人居慶山龍城龍川

金弘培 生丁丑叅奉顯燮子進士德蕃九世孫進士彦國十世孫金海人居慶山珍良鳫村

張在洙 字聖熙生辛巳部事炳斗子工議夢紀十世孫領相順孫十五世孫仁同人居慈仁北四

朴炳朝 字季昕生丁亥主事夏來子司諫光佑十四世孫密陽人居慶山押梁造永

金秉河 中樞在雨子通政東燮玄孫月城人居慶山慈仁西部

權寧宗 贈監察 翌 孫察訪以時十世孫司正海壽后安東人居迎日烏川院洞

徐丙憲 議官相俊子贈叅判惟遠九世孫中樞院事 沈后達城人居迎日只查芳山

李求演 字道一生乙酉副尉景珩九世孫兵叅大任后昌寧人居迎日滄洲孔堂

李相冕 字公達生甲寅副尉景珩九世孫兵叅大任后昌寧人居延日滄洲孔堂

安仁遠 字致一生辛丑嘉善 宇坤孫嘉善義昌七世孫觀察從信十六世孫文成公 裕后順興人居迎日大松松洞

李再鎬 字景三生甲申通德濟淳玄孫叅判守弘七世孫文純公洸十三世孫眞寶人居迎日松羅光川

李錫瀚 字泰賢生辛卯副正宜澍十一世孫察訪彥适十三世孫晦吏判壽會十五世孫驪州人居迎日竹長石溪

金昌坤 字道明生丙申叅奉斗永孫進士秋任十世孫進士璟十一世孫副提學宇宏十三世孫聞韶人居迎日松羅

朴鏞鎭 校理英孫　世孫文肅公中美后密陽人居蔚山松亭

李在洛 字璇七生丙戌都事璋燦曾孫持平覲吾五世孫蔚山人居蔚山熊村石川

李學杰 字德五生己亥叅奉樹渙子進士宗根十七世孫忠肅公藝十八世孫鶴城人居蔚山溫陽高山

李廷杰 字四光生己巳副正翰南十一世孫鶴城人居蔚山溫陽新栗

李埰一 字尙華生丙申監察弘子都正樹和孫忠肅公藝后鶴城人居蔚山邑新亭

禹明範 字敬文生庚寅察訪裕新八世孫承旨天祿九世孫丹陽人居蔚山斗東月坪

禹碩東 部將泳圭子牧使仁鏡　世孫文僖公倬后丹陽人居蔚山三南寶隱

鄭炳鎬 生丙辰叅奉近相子直閣淳元孫察訪弘緒十三世孫文獻公汝昌祀孫河東人居咸陽介坪

許泰五 生甲寅縣監默六世孫修撰慥十八世孫文敬公稠二十世孫河陽人居咸陽池谷寶山

許肇憲 字士賢生己丑進士容斗子吏佐元拭孫文敬公 裯后河陽人居咸陽池谷寶山

全永殷 字希重生己巳同中樞時叙九世孫平簡公 賁后旌善人居咸陽西下鳳坪

全永瑾 字淸一生甲午生員世柱玄孫平簡公 賁后旌善人居咸陽西下鳳坪

吳炳春 字善明生庚寅副司果榮根子學士繼宗十六世孫靖平公陞十七世孫同福人居咸陽瓶谷德坪

全炳容 字甫鼎生甲午都事永瓘孫進士石學玄孫生員世樑六世孫平簡公 賁后旌善人居咸陽西下鳳坪

李在敎 訓導 源 孫江陽君開后陝川人居咸陽瓶谷松坪

崔丙烈 字順佳生丁酉監役奎淳孫 贈童敎鎭大會孫承旨漢侯十四世孫和順人居居昌南下月谷

林苾熙 生戊寅孝簡公 薰十一世孫恩津人居安義北上葛溪

全永穆 字得仲生丁丑僉樞宅一五世孫奉事益愼八世孫平簡公 賁后旌善人居安義馬利月溪

全永奎 字孔田生丙子司直轍十二世孫僉樞守恭十三世孫平簡公 賁后旌善人居安義渭川禮洞

河泳舜 字性之生戊申生員載華孫都事受一十二世孫晋州人居晋州水谷士谷

具然夏 字而楫進士鉉儉會孫叅判文游十世孫承旨 崇八世孫文貞公 韋后綾城人居晋州智水勝內

權泰韶 生甲申府使仁國孫忠僖公　壽后安東人居丹城丹溪

趙顯瑢 承訓昌來子參奉益濟孫忠毅公宗道后咸安人居山淸召南

李殷鎔 字泰攸生癸巳從仕郞時直九世孫參奉　珉十四世孫陜川人居山淸丹城沙月

金槐 字　生丙申文貞公宇顒后義城人居山淸丹城平地

趙天叙 字惇卿生丙午助防將　坦十三世孫貞節公　旅十七世孫咸安人居咸安山仁洙東

朴乃赫 字和叙生庚午護軍世樑孫郡守　認九世孫獻納漢杻后密陽人居咸安艅航外岩

周鶴表 字乃珍生壬申參奉樂昌九世孫校理　博十世孫文敏公世鵬十一世孫尙州人居漆原西面武陵

周永麟 字德裕生己丑贈持平道復七世孫贈承旨宰成八世孫參判　俌十五世孫尙州人居漆原舞所

周永恒 字德彦生庚寅郡守允昌十六世孫尙州人居漆原漆北雲東

趙鏞模 字舜必生丁丑正字瑩奎子咸安人居漆原會文

安桂鎭 字士郁生己卯副正　玑十世孫司諫　覬十四世孫侍直叔良十六世孫慶州人居密陽初同金浦

安秉鉉 字允弼生己丑副正　玑十一世孫司諫　覬十五世孫侍直叔良十七世胄孫廣州人居密陽初同金浦

安貞遠 字禧夫生丁亥注書孝轍子廣州人居密陽武安新化

孫濟和 叅奉恭祖子翰林肇瑞后一直人居密陽山外茶竹

李炳鯤 字景翼生壬午 贈敎官鍾極孫 贈敎官章璞曾孫承旨光軫十二世孫驪州人居密陽府北退老

李成培 字允直生甲午僉樞之運九世孫承旨光軫十四世孫驪州人居密陽府北退老

曹喜烈 字周善生乙亥進士世煥子生員夏璋七世孫都事光益十二世孫翰林孝淵十四世孫昌寧人居密陽武安淵上

曹鼎煥 字永久生乙亥都事光益十一世孫翰林孝淵十三世孫翰林致虞十四世孫昌寧人居密陽武安玉川

曹性鍾 字正安生乙酉都事光益十三世孫昌寧人居密陽初同五方

曹貞鉉 進士允懼后昌寧人居密陽初同鳳凰

李炳夏 字道亨生乙亥正言攸秀曾孫驪州人居密陽丹場武陵

李處中 字廷佑生壬辰都正承德曾孫碧珍人居密陽丹場安法

朴時源 字台卿生丙子 贈通訓汝愼九世孫校理民俊十世孫生員國僉十五世孫密城人居密陽下南明禮

南志馨 禮判 祿后宜寧人居密陽安法

李起休 字允弘生庚寅贈典籤苾八世孫世子師沽十世孫安襄公玨十三世孫全州人居密陽下南明禮

盧乙鉉 字東甫生乙巳進士寔容孫侍講相益曾孫贈監察禹壽六世孫光州人居密陽丹塲武陵

申彩均 字應善生戊辰師傅允元十五世孫大學自守十六世孫齊靖公孝昌后平山人居密陽武安中山

禹在鵬 字子賢生乙未持平錫龜玄孫參判國軫后丹陽人居密陽上南鰲山

金奎碩 字聖文生丙子正言天十世孫府使連富十一世孫進士逸原十三世孫金海人居密陽府北青雲

金熙璋 字允瑞生乙酉生員壽愷十二世孫刑正立胄孫文敬公宏弼十六世孫瑞興人居昌寧高岩桂八

金炳玉 字現文生戊寅校理錫熙曾孫生員壽愷十二世孫文敬公宏弼十五世孫瑞興人居昌寧高岩桂八

金潤埴 字大中生乙未通政浩龜曾孫生員壽愷十二世孫文敬公宏弼十六世孫瑞興人居昌寧高岩桂八

成基源 字璣肅生庚寅通德郎胄魯曾孫護軍正夏七世孫承旨安義后昌寧人居昌寧城山藿川

成東基 字允和生癸巳通德郎昌季十世孫持平以忱十一世孫承旨安義后昌寧人居昌寧城山藿川

李憲奎 字瑞五生癸卯輔德汝翊十一世孫訓正長培十六世孫贈贊成承彥十七世孫碧珍人居昌寧大合合山

李舜斗 字士中生丙戌文科命夔九世孫碧珍人居昌寧釜谷

辛根植 字公晦生丁酉生員 愉十世孫靈山人居靈山都泉

辛容鎬 字景勳生庚戌兵使 杜十五世孫靈山人居昌寧桂城

辛泳源 字文汝生壬戌判官 [illegible]十世孫靈山人居昌寧都泉

辛容文 字景烈生丙午承旨志鼎玄孫靈山人居靈山校洞

裵振臺 字景麟生庚寅參知大維十一世孫盆城人居昌寧都泉

河在淸 字聖遇生己卯宣略希壽十二世孫文孝公演十六世孫晉陽人居陝川冶爐梅村

河尙珦 字致彥生己未宣略希壽十一世孫文孝公演十五世孫晉陽人居陝川冶爐梅村

河致鎬 字應周生乙丑中樞大洪曾孫文孝公演十六世孫晉陽人居陝川妙山沙里

河尙鳳 字周汝生癸酉僉中樞俊緖十世孫文孝公演十五世孫晉陽人居陝川冶爐九汀

河尙義 字景瑞生壬辰通政龍八世孫文孝公演十五世孫晉陽人居陝川冶爐九汀

河純孝 字文可生庚辰參奉眉壽十二世孫文孝公演十六世孫晉陽人居陝川冶爐遷平

河振璣 字在珪生壬寅都正殷祚子文孝公演十七世孫晉陽人居陝川冶爐九汀

河僴洛 字龜瑞生乙酉同中樞範錫五世孫文孝公 演十五世孫晉陽人居陜川治爐九汀

河尙鍊 字千一生辛巳判尹漢弼十二世孫護軍哲石十三世孫文孝公 演十五世孫晉州人居陜川治爐九汀

河謨鎬 字應八生丁卯敦寧聖基子中樞必淸孫文孝公 演十六世孫晉州人居陜川妙山鳳谷

李炳原 字榮瑞生辛丑平敬公存命十二世孫文簡公 孝十三世孫陜川人居陜川伽倻晴峴

李元芳 字華若生戊寅進士水南十三世孫縣監長城十四世孫吏叅愼之十七世孫碧珍人居陜川伽倻林北

李成斗 字永實生乙亥進士水南十四世孫縣監長城十五世孫吏叅愼之十八世孫碧珍人居陜川伽倻林北

裵相夏 字泰益生壬午敎授亨遠十世孫副提學孟厚十四世孫盆城人居陜川治爐金坪

裵正孝 字子興生庚子刑議一龍八世孫嘉善順立十世孫盆城人居陜川治爐金坪

裴相敬 字華玉生辛丑進士應秀十一世孫副提學孟厚十四世孫盆城人居陜川治爐汀臺

裵達孝 字達源生庚子叅奉一長八世孫副提學孟厚十五世孫盆城人居陜川治爐汀臺

裵龍度 字明五生癸酉牧使明遠九世孫副提學孟厚十三世孫盆城人居陜川治爐汀臺

裴希拳 字聖行生乙酉工叅 糾七世孫嘉善順立十世孫盆城人居陜川治爐汀臺

裵慶孝 字文五生辛卯嘉善厚翊六世孫刑議一龍八世孫盆城人居陝川冶爐汀臺

裵元度 字璟七生庚辰正郎亨遠九世孫副提學孟厚十三世孫盆城人居陝川冶爐汀臺

全孝一 字行玉生癸未侍講愼八世孫參奉繼生九世孫修撰夏民十四世孫完山人居陝川伽倻寫溪

全文一 字道貫生庚午侍講愼八世孫參奉繼生九世孫修撰夏民十四世孫完山人居陝川伽倻寫溪

鄭武永 字順大生丁亥僉正仁者十二世孫 贈承旨 健十三世孫瑞山人居陝川冶爐汀臺

鄭杜祥 字敬先生辛亥僉正仁者十三世孫 贈承旨 健十四世孫瑞山人居陝川冶爐汀臺

鄭海祚 字章仲生癸巳僉正仁者十二世孫 贈承旨 健十三世孫瑞山人居陝川冶爐金坪

鄭昞孝 字行文生丙子中樞義烈玄孫縣監 涵十一世孫瑞山人居陝川冶爐毛老

權暻仁 字士玉生戊辰進士 鈞十二世孫直長近中十三世孫僕射守洪十九世孫安東人居陝川栗谷魯陽

權錫奎 字文在生丁酉牧使 瀁十世孫 贈承旨汝謙十一世孫洗馬時敏十三世孫安東人居陝川伽倻上梅

裵相三 字敬玉生甲戌奉事敬立九世孫牧使明遠十世孫副提學孟厚十四世孫盆城人居陝川冶爐汀臺

權重龍 字敬一生丁亥牧使 堰十世孫校理 銖十七世孫安東人居陝川冶爐金坪

尹錫洪 字文在生乙卯叅奉周達子大諫 耕十四世孫坡平人 居陜川妙山華陽

朴海宗 字允瑞生丁亥進士而文十世孫進士良佐十一世孫清 白吏柳星十五世孫順天人居陜川伽倻藍橋

朴海述 字英哉生壬辰進士而文十世孫進士良佐十一世孫清 白吏柳星十五世孫順天人居陜川伽倻藍橋

朴海紋 字奇瑞生乙巳進士而文十世孫進士良佐十一世孫清 白吏柳星十五世孫順天人居 川伽伽藍橋

韓經履 字孟彥生壬午奉事應泗九世孫叅奉汝諧十世孫生員 潤十二世孫判書哲冲后清州人居 川伽倻簑村

韓直教 字友賢生丙戌生員聲振九世孫掌令克復十世孫司直 欽十三世孫判書哲冲后清州人居陜川伽倻簑村

柳英華 字陽五生癸未翰林震禎十三世孫掌令 瀷后全州人 居陜川冶爐汀臺

柳英大 字春長生丁亥翰林震禎十三世孫掌令 瀷后全州人 居陜川冶爐汀臺

盧萬容 字誠可生丁亥生員秀學子持平 璋后光州人居草溪 中洞

盧正商 進士應祐子生員以挺孫持平 璋后光州人居草溪中 方

盧應漢 司諫善卿后光州人居草溪下里

朴守坤 字曾約生癸酉叅奉重采六世孫吏佐 虎十二世孫密 城人居清道伊西新安

朴在勛 生己亥進士賛瑀孫叅奉 頔十二世孫密城人居清道伊西水也

朴永壽 生甲辰叅奉頔十四世孫刑叅河澄十五世孫密陽人居清道伊西明洞

朴海默 進士廷鎬子贈兵判慶傳后密陽人居清道大川

朴在坤 府使慶新后密城人居清道錦川林塘

金鍾碩 字振九生庚寅進士昌潤玄孫進士致三十世孫文愍公馹孫十六世孫金海人居清道華陽栢谷

金鍾升 字應天生辛丑進士健坤子郡守容復孫進士致三十三世孫文愍公馹孫十六世孫金海人居清道華陽栢谷

金景坤 字德厚生乙巳叅奉容禧子監役柄斗孫進士致三十二世孫文愍公馹孫十五世孫金海人居清道華陽栢谷

芮鎬基 字權伯生戊戌武科碩蔓八世孫刑叅承錫十六世孫義興人居清道伊西大田

蔣炳璣 字舜衡生己丑進士邦翰十世孫牙山人居清道華陽鰲川

韓彰愚 生丁酉叅奉清東子進士克源孫縣監鎮奎曾孫判書哲冲后清州人居清道角南新堂

崔一燮 字翰卿生戊子副護軍祥雲玄孫 均后全州人居固城介川清光

崔士永 字永浩生戊辰通政尙奎八世孫牧使慶湜十一世孫持平鎮南十二世孫慶州人居固城介川龍安

朴容夏 字聖華生庚寅進士敦秉子進士瀚會曾孫弼善德孫十四世孫密城人居固城介川清光

朴聖秉 字文哉生癸巳童敎瑛會孫童敎孝根曾孫弼善德孫十三世孫密城人居固城介川清光

崔寅石 字相淑生己酉府使咸範玄孫朔寧人居泗川面龜岩

崔鳳義 縣監寅欏子通政贊孫持平道源十七世孫朔寧人居泗川面南沙

宋世亮 字進遠生戊寅進士廷伯十世孫贈吏叅賓十一世孫大成承殷十六世孫清州人居金海進禮碧松亭

宋世允 生癸未嘉善商智六世孫進士廷伯十世孫贈吏叅賓十一世孫大成承殷后清州人居金海進禮碧松亭

盧鍾必 字順浩生乙巳主事淙容子贈吏判漢錫十世孫光州君蔓后光州人居金海生林金谷

鄭達模 字周卿生丁亥議官寅淳子漢城左尹世和八世孫忠義衛以昌九世孫縣監彪后東萊人居金海蒜山九朗

金柄燮 字君章生己亥左部將以堅八世孫同中樞亮後十世孫叅贊龜后金海人居昌原東面花木

卞貞燮 字敬範生丁酉贈承旨岦十世孫贈兵判延壽十一世孫草溪人居昌原鎭田日岩

卞相完 字元環生己巳吏正應珠子贈承旨岦九世孫贈兵判延壽十世孫草溪人居昌原鎭田日岩

李台基 字聖淑生戊子戶佐日章十世孫贈承旨信吉十一世孫文烈公兆年后星州人居昌原鎭田谷安

甘泳哲 字禹明生丙申宣傳碩礎九世孫主簿勉十世孫僉使景仁十一世孫檜山人居昌原上南洗川

甘泳生 字性直生甲寅贈工議蓂十世孫僉使景仁十一世孫檜山人居昌原上南洗川

朴在玟 字文玉生戊戌參奉知默子文憲公永均后密陽人居禮安三溪

權泰燮 字應善生甲寅主事相奎子主事鍾仁孫嘉善鎭億后安東人居禮安台洞

金容奎 字星極生戊午參奉炳子司僕正希禹十一世孫金海人居禮安上川

金顯謨 字文一嘉善北江八世孫太師宣平后安東人居安東月谷石東

申鉉宗 字國範生乙酉參奉錫圭子贈參判應年孫贈參議載潤曾孫齊靖公孝昌后平山人居禮安仁溪

申應仁 字守五主事相瓚子嘉善徽俊曾孫縣令自恕十五世孫平山人居禮安西部

申東熙 字舜和郡守相龍子嘉善錫五曾孫縣令自恕十五世孫平山人居禮安西部

申鏞燦 字世均生丁酉參奉應三子參奉忠瑞孫齊靖公孝昌后平山人居禮安仁溪

權泰魯 字聖居生乙未主事丙漢孫察訪世敏五世孫安東人居安東月谷沙月

池龍鎭 字震宇生戊戌中樞致蓮子節制使淨十五世孫忠州人居安東臥龍佳邱

權五德 生乙巳中樞泰武孫太師　幸后安東人居安東月谷美質

李厦榮 字允大生戊子嘉善裕晶子生員學奎曾孫文忠公恒福十世孫慶州人居安東邑

朴永達 字應三生乙巳叅奉鍾一子進士宗蕃十五世孫密陽人居安東豐川箕山

黃燦睦 字和淑生乙酉嘉善鍾八子通政五源孫　牧使俊良后平海人居安東豊山睦峴

禹益稷 字舜巨生己亥　贈左尹治洪七世孫　贈叅議仁澤八世孫縣監治河十四世孫丹陽人居安東吉安大寺

金溟鎭 字敬守生辛酉叅奉宗圭子副尉大鵬十一世孫進士永包十五世孫安東人居安東月谷鼎山

權相順 吏議光鎭孫太師　幸后安東人居安東西後耳開

辛在珩 字衡玉生甲午護軍學進孫文莊公應時后寧越人居安東月谷道木

金昌漢 刑叅尙寯后安東人居安東南後皆谷

朴柱佑 字敬心嘉善泰中六世孫定獻公成陽后咸陽人居安東邑泥川

金奎浩 監察元性孫左尹義之后淸風人居安東禮安浮沛

權秉相 字性綱生戊寅都事　澗子都正鎬善孫都事成業九世孫安東人居安東一直光淵

吳世安 字文車生甲申軍資正道哲五世孫兵使守已九世孫執義宗信十四世孫海州人居安東一直坪八

權重皓 字順必生壬子通政有孚曾孫安東人居安東豊川箕山

吳世元 字 生丁未叅奉國煥子嘉善益模孫碧城君致雲后海州人居安東臥龍台洞

朴容圭 字南叔生丁亥承旨自復十世孫文景公忠元十四世孫密陽人居安東吉安大寺

朴炳卓 字舜瑞生壬辰承旨自復九世孫文景公忠元十三世孫密陽人居安東吉安大寺

禹柄斗 字士珍生甲辰通政宅河孫通政仁澤八世孫縣監治河十四世孫文僖公倬后丹陽人居安東吉安大寺一

權世元 字道元生丙申叅奉用浩子嘉善彭甲后安東人居安東月谷九龍

朴武旺 字德源生丁酉叅判孝淑子忠元后密陽人居安東月谷佳流

李洙學 字景道生丙申叅奉用赫子護軍秉善孫禮安人居安東豊山梅谷

金龜顯 叅奉濟東子主事佑漢孫同中樞命鎭曾孫太師宣平后安東人居安東西後校洞

權達準 瞻戶議樂亨后安東人居安東一直遠湖

金容奎 都事炳秀子監役應根孫太師宣平后安東人居安東臨河松川

李周侶 副護軍泰益孫左尹德胤曾孫中樞宗運玄孫羽溪人居安東祿轉祿轉祿來

李周鎬 工叅鍾元子刑叅聖德孫嘉善仲胤曾孫羽溪人居安東祿轉祿來

琴鏞攢 中樞翼鎬 戶議汝七后奉化人居禮安台谷

權元號 叅奉養元子中樞道平孫戶叅 讓后安東人居安東禮安歸團

洪鍾弼 叅奉在敏子護軍煥燮孫南陽君 澍后南陽人居安東臥龍長壽

沈泰鉉 進士在洪子察訪東燮孫縣令天杜后青松人居安東豐川月崖

嚴聖範 工叅世淵 孫忠毅公興道后寧越人居安東禮安東部

文聖述 通政辛得 孫江城君益漸后南平人居安東月谷道谷

權順喆 叅議光鎭 孫安東人居安東西後耳閒

趙晚達 贈吏議克源后咸安人居安東豊川葛田

趙鏞達 贈吏議克源后咸安人居安東豊川葛田

廉尙進 字汝直生辛卯議官在鉉子嘉善世祐曾孫坡州人居安東一直院洞

林秦洙 字達遠生庚辰都正鍾坤孫中樞還興六世孫彭城人居安東祿轉梅井

朴烔魯 字武卿生辛未嘉善祐林孫忠貞公審問十八世孫密陽人居安東邑松峴

朴相奎 字禹成生庚寅嘉善基鎭玄孫忠貞公審問十九世孫密陽人居安東邑松峴

李周行 字文叔忝奉鍾道子嘉善宗運玄孫忝判秀亨十五世孫羽溪人居安東邑安幕

柳業漢 字聖運嘉善原夏孫瑞山人居慶州杷溪

奇宇碩 字錫和生庚寅貞烈公禶十四世孫貞武公虔十六世孫幸州人居慶州內南上莘

金相壽 字眞五生辛亥嘉善斗泳子金海人居慶州內南上莘

李潤錫 生癸丑通政在運孫忠肅公藝后鶴城人居慶州內南伊助

朴章苾 字周彥生辛巳通政璿喆孫慶州人居慶州內南安心

韓相舜 字允燦生丁亥嘉善佰源子平節公雍十世孫谷山人居慶州內南月山

金鍾浩 字明彥生庚子司果有鳳子嘉善千億孫贈掌樂正義貞六世孫判官克恭十四世孫月城人居慶州邑西岳

金濟龍 字文仲生甲辰議官禧永子通政之律曾孫縣監世範十二世孫慶州人居慶州陽北龍洞

朴蒙恩 字奎彦生癸未參奉春東曾孫　堂居月城人居慶
州內東薪坪

李圭宣 生己亥通德郞廷坦六世孫奉事敏華七世孫文忠公齊
賢后慶州人居慶州外東防止

李璟雨 字仲鉉生庚子進士珪和玄孫文忠公齊賢后慶州人居
慶州外東方於里

李鍾聖 生己亥察訪利薰九世孫文忠公齊賢后慶州八居慶州
外東防止

金在晩 字應文生己亥嘉善秉夏子　贈吏議九鉉孫　贈副護
軍淬河九世孫慶州人居慶州江西大洞

金仁濟 進士泰魯曾孫　宗澤后慶州人居慶州杷溪

李元漢 承旨重夏后驪州人居慶州江東安溪

崔榮奭 戶參　涏后月城人居慶州川北蓀谷

黃致達 校理　玎后平海人居慶州江西六通

崔海益 都正鉉一子虞候奉天后月城人居慶州川北華山

金益聲 校理世良后慶州人居慶州川北勿川

金錫浩 字武敬生戊寅資憲在鉉　子貞肅公仁鏡后月城人居
慶州內東馬洞

金相璣 字舜衡生甲申叅奉應鑑十一世孫縣監仲孫十四世孫獻納秀光十六世孫金海人居慶州江東多山

金濟商 字汝楫生己卯兵使仲敦后月城人居慶州見谷上邱

秋允永 字敬三生庚辰府使英實八世孫判書元甫九世孫舍人盧十一世孫秋溪人居慶州江西釜谷

秋東求 字明國生乙未府使英實八世孫判書元甫九世孫舍人盧十一世孫秋溪人居慶州江西釜谷

秋秉大 生丙申府使英實九世孫判書元甫十世孫舍人盧十二世孫秋溪人居慶州江西釜谷

李宗洛 字正祐生癸巳縣監臨十九世孫月城人居慶州外東入室

鄭獻教 字俊伯生丙子秘書承 玹子文忠公夢周后迎日人居慶州內洞坪里

金榮祚 字源魯生庚午都正礪憲孫兵判自隱十一世孫慶州人居慶州內東矢里

安寅洙 字文仲生辛亥進士宅重玄孫萬戶應天十一世孫叅判從信十七世孫文成公 裕后順興人居慶州陽北龍洞

孫亮奎 字敬甫生丁亥嘉善孝永孫贈戶叅喜龍曾孫贈掌樂正鎭豊玄孫一直人居慶州江西檢丹

徐鎔洙 字嵩駿生己亥嘉善錫奎子兵議守幹玄孫軍資正奉復五世孫忠貞公 頴后達城人居慶州江西安康

李宰洙 字禹用生乙巳叅判鍾壇子守門將 福七世孫大學埴后完山人居慶州江西斗流

安鍾律　都正敎鉉子校理　寅后廣州人居慶州江東虎鳴

崔柄英　嘉善得源子月城人居慶州江西檢堂

鄭福麟　司果禹榮孫縣監一龜曾孫東萊人居慶州外東方於

韓錫重　字允和生戊戌平節公　雍后谷山人居慶州內南月山

金容好　贇憲漢源子慶州人居慶州內東馬洞

金致潤　司僕正履𤏲后金海人居慶州外東開谷

孫永秋　金掌令　蕃　世孫縣令可權后月城人居慶州內南上莘

金明晋　字樂三生丁未都事大炳曾孫司諫　恂后月城人居慶州府內良才

黃潤大　字聖範生乙巳參奉致坤孫校理　玎后平海人居慶州見谷上邱

李圭容　字應三生乙酉文忠公齊賢后月城人居慶州邑忠孝里

金在烈　侍郎漢公后月城人居慶州江東多山

孫榮基　判官胤先十五世孫訓導　洞十六世孫密城君　順后密陽人居慶州西面大谷

金永達 生辛酉主事富潤孫都正瓚律曾孫承旨守喆五世孫金海人居慶州邑皇吾

金秉鎔 字聖陶生癸卯嘉善仁煥孫司果大聲十世孫訓正應春十一世孫慶州人居慶州外東薪溪

崔鴻洛 字子翼生乙酉摠管藎楠十世孫贈兵判福東后月城人居慶州內東雅洞

崔碩奎 生乙未議官炳熙子嘉善翼根孫文肅公灝后月城人居慶州邑皇吾

李鍾晟 字英淑生癸巳參奉圭鳳子贈通政時榮孫判尹之帶后月城人居慶州內東川弓

張昊建 字德彥生甲申都正斗龍子保勝郎將彪后仁同人居慶州邑西岳

李圭銓 字進明生己巳都正台榮子嘉善枝華五世孫贈戶佐福重十世孫文忠公齊賢后慶州人居慶州內東時來

朴喜七 字性重生乙未參書昌夏子左尹世熙曾孫兵議在杓玄孫文獻公堧十七世孫密陽人居尙州功城仁昌

朴喜碩 字國瑞生戊戌議官鳳夏子文獻公堧十七世孫密陽人居尙州功城仁昌

朴喜雲 字敬云生丁酉參奉柱夏子兵議在杓玄孫監正東學六世孫密陽人居尙州功城仁昌

朴東述 字敬會生乙巳參奉孝俊孫通政宗根曾孫密陽人居尙州青里下草

朴相夏 議官來璇子通政基曜孫戶參雲熙曾孫文獻公堧后密陽人居尙州功城草梧

朴喜台 生丁巳叅奉仁夏子都正來灌孫密陽人居尙州靑里水上

林輝陽 字斗元生壬辰都事營相子護軍熙鎭曾孫引儀彥龍十三世孫醴泉君繼仲十五世孫醴泉人居尙州外西開谷

林輝益 字德華生壬寅叅奉治洙孫判書繼仲十八世孫襄陽人居尙州外西開谷

林礽圭 字孔振生癸酉都事喆夏子引儀彥龍十二世孫禮泉君繼仲十四世孫醴泉人居尙州外西開谷

林聲基 字元秀生己酉叅奉覺春子監察在謨孫引儀彥龍十三世孫醴泉君繼仲十五世孫醴泉人居尙州外西開谷

林輝元 字龍壽生丙午叅奉銀相子引儀彥龍十三世孫醴泉君繼仲十五世孫醴泉人居尙州外西開谷

林輝峰 字 生癸卯叅奉義相子引儀彥龍十三世孫醴泉君繼仲十五世孫醴泉人居尙州外西開谷

南相睦 字德鎭生乙亥叅奉休洙子同樞正範曾孫 贈承旨隆達十世孫英陽人居尙州外西開谷

南善玉 字衡玉生壬申監察達洙子同樞正範曾孫 贈承旨隆達十世孫英陽人居尙州外西開谷

南相建 字國元生辛卯嘉善七煥孫 贈承旨隆達十世孫英陽人居尙州外西開谷

南相文 字國章生己丑議官成洙子左尹彩運五世孫 贈承旨隆達十世孫英陽人居尙州外西開谷

安達根 字章汝生辛亥 承舜子通政命玉玄孫順興人居尙州外西開谷

金炳 字啓彦生癸未秉節校尉時逵八世孫文靖公瓚十四世孫安東人居尙州外南杜谷

金光培 字暎淑生甲辰叅奉顯德子通政駿績孫判官宅熙六世孫安敬公永貞后金海人居尙州沙伐三德

鄭光鎭 字憲賢生癸酉進士象連十一世孫翼惠公蘭宗十五世孫東萊人居尙州靑里月老

鄭雲倬 字致汝生己酉進士太英曾孫進士象運十二世孫翼惠公蘭宗后東萊人居尙州靑里月老

金周和 字致祥生丙辰主事鳳洙子叅奉聖元孫都事德善曾孫贈吏判璉十五世孫義城人居尙州沙伐德可

金南琇 字明瑞生庚申主事成起子叅奉振亨孫同中樞益卿曾孫司果在鳳八世孫江陵人居尙州邑智川

金相鎭 字國瑞生乙亥判官益堅十世孫叅奉轄十二世孫提學有和后商山人居尙州內西蘆柳

金淳模 字致德生丁丑贈嘉善宇鎭孫贈通政學圭曾孫同中樞舜贊六世孫忠貞公澍后善山人居尙州靑里佳川

李源大 字尙賢生庚午進士圓奎孫副提學孟賢后載寧人居尙州外南素隱

李萬雨 字成玉生甲午生員熙一曾孫副提學孟賢后載寧人居尙州化西新鳳

禹東熙 生丙寅議官種俊子通政錫德孫中樞鼎祿曾孫縣監壇十二世孫丹陽人居尙州功城五廣

金正培 字在黃叅奉子通政盡周十一世孫金海人居尙州內西平地

嶺南斗譜錄世講篇 二十七

李相佶 字德見生己丑議官澤雨子都事鍾範孫生員元新十世孫文忠公齊賢后慶州人居尙川沙伐達川

朴喜玉 字允執生己卯秘書丞有夏子通政秀浩曾孫密陽人居尙州中東鼎谷

禹仁石 字在旭生戊申主事鎭夏子叅奉萬東孫文信公倬后丹陽人居尙州功城道谷

金玉培 生壬子主事潤鍾孫叅奉基震曾孫善山人居尙州功城草梧

朴孝燦 生丙辰嘉善鎭祿曾孫縣監瑺十二世孫泰安人居尙州功城仁昌

金洪釆 生庚戌僉中樞元熙曾孫贈戶叅秀永玄孫文簡公淨后慶州人居尙州功城草梧

崔炫郁 字昌得生丙午議官漢景孫叅議在炳玄孫贇成清后慶州人居尙州功城仁昌

徐慶洙 字道源生辛亥主事昌錫子監役相運玄孫叅議景達十五世孫達城人居尙州功城平川

朴永祚 字士允生甲戌護軍思恢曾孫叅議守男十一世孫文齊公忠佐后咸陽人居尙州功城仁昌

孔在弘 字聖慕生癸丑監察道明曾孫叅奉憓傳十世孫大司憲瑞麟后曲阜人居尙州銀尺武陵

金兄鎭 字盛和生戊戌護軍應奎曾孫通政大吉十世孫商山君得齊后居尙州銀尺壯岩

朴魯燦 字德玄生壬辰嘉善昌來子通政周鎭曾孫恭孝公仲孫后居尙州銀尺柯亭

禹大錫 字泰和生丙午都事聖俊子進士彭祖十世孫文僖公倬后丹陽人居尙州沙伐元興

朴石鏞 字敬甫生戊戌癸奉熙俊孫癸奉春來曾孫都承旨薰十五世孫密陽人居尙州沙伐元興

金鎭奭 字仁甫生戊戌癸奉勳圭子副護軍自元六世孫忠毅公文起十八世孫金寧人居尙州沙伐巖岩

金興培 字舜一生壬寅都正顯正子金海人居尙州功城于下

朴富潤 贈敎官元文孫文獻公堧后密陽人居尙州青里月老

李鳳俊 字聲遠生戊申主事基鶴子癸奉暢坤孫吏判智源十七世孫星州人居尙州青里德山

李寅奎 字修敬生庚寅癸奉正植子吏判智源十八世孫星州人居尙州青里德山

李正默 字汝珍生庚戌都正應植孫吏判智源十七世孫星州人居尙州青里德山

李正翕 字寅植生戊申監察澤龍子癸奉暢坤孫吏判智源十七世孫星州人居尙州青里德山

裵蓍穆 字鍾玉生庚寅癸奉鍾補玄孫軍資正誼活胄孫星州人居尙州外南新上

裵基實 字子成生丁未僉樞義鳳子監察相周孫軍資正誼活五世孫府尹京祖七世孫星州人居尙州外南新上

崔永基 字榮集生庚寅武科戒伯子文昌侯致遠后慶州人居尙州沙伐德可

裵德銖 字汝九生癸卯正言致鳳孫軍資正諠活六世孫府尹京 祖八世孫星州人居尙州外南龍山

裵昌銖 字致三生乙酉都正基聖子都正相殷曾孫軍資正諠活 五世孫府尹京祖八世孫星州人居尙州外南龍上

裵正銖 字汝平生戊戌判決事基舜子都正相殷曾孫府尹京祖 八世孫星州人居尙州外南龍上

吳文泳 字順弼生丙申都正在善子忠烈公達濟九世孫海州人 居尙州邑草山

尹漢應 字孔弼生乙巳叅奉鳳周孫　贈禮判滋鴻玄孫坡平人 居尙州靑里月老

金鍾讚 字永夏生戊申叅奉顯震孫金海人居尙州外南開谷

白明哲 叅奉樂圭子　贈同樞湘洙孫承旨惟咸后水原人居尙 州功城山玄

蔡象鉉 判官錫文八世孫叅贊夢辟十世孫仁川人居尙州利安 鳳林

金元圭 監察烱珉子忠毅公文起后金寧人居尙州洛東龍浦

金永煥 生員起慶后金海人居尙州功城茂谷

李鍾律 叅奉圭熙子議官文榮孫進士榮闓十二世孫月城人居 尙州利安大峴

金奉教 叅奉翌九子禁都基載孫文簡公　淨后慶州人居尙州 外西南積

柳承烈 字佐明生丙申校理文龍七世孫縣令砲后晉州人居尙州銀尺武陵

金弘燮 字潤一生甲寅參奉律淳孫護軍虎三六世孫進士翊龍十世孫忠貞公俊榮后金海人居尙州

金仁植 主事奎淵子議官在壽曾孫義城人居尙州牟東龍湖

尹龍壎 參奉炳伍子嘉善就相孫執義師哲后坡平人居尙州靑里靑上

金正守 字珠伯生辛巳參奉敎亨子都正孝集曾孫月城府院君萬鈞后慶州人居尙州外西官洞

吳德煥 字克明生庚子主事達根子同樞寬泳孫左尹容善曾孫海州人居尙州外西佳谷

吳海根 字敬在生己亥參奉斗泳子左尹容善孫縣監景醇后海州人居尙州外西佳谷

朴來演 字奉石生甲辰嘉善鍾出子參奉基舜孫文敬公宜中后密陽人居尙州邑草山

姜守熙 字致云生丙戌通政理馨子　樸后晉州人居尙州邑草山

金喆永 字極明生戊申參奉敬燮子進士翊龍十一世孫盆城君俊榮后金寧人居尙州邑草山

金光泰 字致三生乙酉通政鍾麟子五衛將軍培孫副護軍顯祿曾孫金寧君牧卿后金海人居尙州邑開雲

高泰植 字時遵生乙卯參奉世甲子副護軍夢春曾孫翼壯公荆山后濟州人居尙州外西伊川

高泰壽 字環華生己未主事世重子副護軍夢春曾孫翼壯公判山后濟州人居尙州外西伊川

郭喜淳 字慶瑞生庚寅進士泰翰玄孫監司越十三世孫玄風人居尙州邑梁村

李振熙 字景九生庚戌叅奉相壽子通政奐雨孫文忠公齊賢后慶州人居尙州青里官下

金守光 叅奉鍾麟子五衛將重培孫金寧君峙興后金海人居尙州開雲

文鍾慶 字炳浩生丙辰叅奉永碩孫忠宣公益漸后南平人居尙州邑中德

車一鴻 字連瑞生丙子都事南燮子 贈禮叅天輅十二世孫延安人居尙州青里鶴下

車一鵬 字化允生庚辰都事南燮子 贈禮叅天輅十二世孫延安人居尙州青里鶴下

車喜鑌 字明路生癸巳議官一龍子 贈禮叅天輅十三世孫延安人居尙州青里鶴下

車祐鎭 字基五生甲戌叅奉一龜子 贈禮叅天輅十三世孫延安人居尙州青里鶴下

金容煥 字孔叔生癸未叅奉昌大孫 贈左承旨挺信六世孫司馬致三十一世孫文愍公馹孫后金海人居尙州外南

沈昌燮 字理中生乙巳叅奉相穆子 贈吏叅宗明十四世孫恭肅公澮后青松人居尙州外西官洞

林一鉉 字象三生癸未 贈軍資正得榮孫 贈都摠管致老曾孫恭惠公整后平澤人居尙州青里下草

金基晧 文簡公 淨后月城人居尙州功城山玄

金相穆 主事錫煉子進士昌旭五世孫文愍公駉孫后金海人居尙州功城玉山

金周模 秘書承源斗子 贈嘉善宇鎭孫忠貞公 澍后善山人居尙州靑里佳川

姜萬洙 監察理馨子晋州人居尙州草山

李相弼 進士 謙后月城人居尙州咸昌新德

金長洙 叅奉鍾禹子叅奉元培孫副正孝芬后金海人居尙州邑釜院

金義洛 字和仲生癸卯秘書承大衡子進訓會淳孫通政琮九曾孫咸寧人居尙州功城塔洞

金德鉉 字春汝生癸卯叅奉在浩子僉中樞大郁后居尙州利安中村

朴世源 字武叔生甲辰叅奉植用子兵使希宣十世孫 贈兵議思喆十一世孫密陽人居尙州中東勿岳

梁震模 字敬受生乙未 贈吏議承海子南原人居尙州中東于勿

金鍾和 字聲振生丙戌嘉善允儀玄孫寺正希永八世孫忠毅公文起十八世孫金寧人居尙州恭儉曳舟

張淳慶 字德元生丁酉主事永値子都事世鐸孫 贈刑議 涑五世孫忠烈公 廷后德水人居尙州外西栢田

千喆熙 字文淑生己卯叅奉秉弼子叅奉宗永孫忠莊公萬里十四世孫潁陽人居尙州外西伊川

洪福善 字聖守生己丑秘書承泳淑子參奉魯殷曾孫僕射毅后南陽人居尙州靑里栗里

金洪漢 字恭咸生甲午參奉翌九子都事基載孫文簡公淨十七世孫慶州人居尙州外西南積

金元祥 字武卿生辛丑將仕郎有聞十世孫內苑令得和后商山人居尙州外南欣坪

金洪瓚 字禹汝生丁巳主事元九子參奉基守孫文簡公淨十七世孫慶州人居尙州外西南積

宋舜顯 字聖孝生己卯參奉大會子通政錫萬曾孫參襄公言愼十二世孫礪山人居尙州恭儉華洞

鄭成鍾 字理集生癸未郡守純喆十一世孫府院君賜十五世孫東萊人居尙州沙伐木可

鄭春植 字相殷生己未參奉大永孫參奉守成曾孫良敬公啓熙后慶州人居尙州外西南積

金演琁 字應玉生乙亥贈參議學馹孫贈左承旨成大曾孫副正漢卿后江陵人居尙州靑里三槐

金煥起 字明七生癸酉參奉振一子同樞演伯曾孫副護軍壽澤十二世孫江陵人居尙州靑里三槐

金振百 字致瑞生戊子參奉慶卿子參奉秉淮曾孫副護軍壽澤十一世孫江陵人居尙州靑里三槐

金振九 字應舜生己丑副司勇相卿子參奉演鎰孫副司果在鳳六世孫江陵人居尙州靑里三槐

安熙奎 字五龍生壬辰通政承太孫同樞國鉉曾孫文成公裕后順興人居尙州恭儉中所

申岩伊 參奉永球 壯節公崇謙后平山人居尙州功城鳳山

鄭鳳仁 兵判世健后延日人居尙州功城鳳山

權世一 郡守順經后安東人居尙州功城孝谷

崔鎭潽 字庚述生庚戌參奉武煥孫貞烈公潤德后通川人居尙州內西長西

權武鉉 五衛將應均子師傅 字后安東人居尙州中東

金在權 軍官聖奎曾孫咸寧君 僥后咸寧人居尙州沙伐九興

申聖熙 護軍 㮚子文僖公 槩后平山人居尙州咸昌羅汀

李萬熙 左尹孝秀十三世孫承旨仁忠后延安人居尙州咸昌大鳥

崔萬祚 議官相權子中樞錫大孫文昌侯致遠后慶州人居尙州功城中里

羅相玉 參奉景用子安定人居尙州功城鳳山

崔龍植 議官仁洙子參奉錫瑾孫司果鳳翰曾孫文昌侯致遠后慶州人居尙州功城五廣

金瑨泰 參奉判培司果志鉉六世孫金寧君牧卿后金海人居尙州內西西灣

文鎭權 參奉周永子江城君益漸后南平人居尙州功城巨倉

文鳳翰 忠宣公益漸后南平人居尙州功城巨倉

安熙溎 字晃重生癸巳贈工議繼達八世孫文成公裕后順興人居尙州恭儉中所

李元模 萬戶聖浩子翼平公秀男后平昌人居尙州外西栢田

咸順慶 叅奉履元孫都事浩瑾曾孫嘉善學福玄孫江陵人居尙州沙德可

李鍾郁 贈兵議彥眞九世孫廣州人居尙州青里月老

鄭虎周 字表正生已巳判尹道復十五世孫奉化人居榮川伊山新岩

孫昌鎬 字周範生癸巳主簿應祚曾孫司果正九七世孫同樞提緣九世孫景節公仲暾后慶州人居榮州長壽好文

李洛均 字君書生丁亥侍從豊煥子縣監宗植孫吏判支厦后平山人居榮州豐基金鷄

裵　埻 字尹京生癸巳都事幼華十世孫判官尙益十一世孫贈禮叅應褧十二世孫星山人居榮州伊山石浦

朴受鎬 生員性源曾孫密陽人居榮州安定東村

鄭基夏 領相道傳后奉化人居榮州長水星谷

權泰鉉 字致極生壬辰都事丙晉孫進士昌震十世孫司諫定十九世孫安東人居榮川長壽小龍

石奎業 字星五生辛丑叅奉雲煥子叅奉基述孫通政時龜玄孫洪陽君良善后忠州人居榮川榮州里

黃永鏞 嘉善得中五世孫副護軍振道十一世孫訓導 鋌十七世孫工判有定后貫平海居榮川伊山泥洞

徐錫孝 字源百生庚辰監正繼祥十二世孫生員 胤十四世孫貞平公均衡后達城人居榮川平恩龍穴

徐周學 字士源生乙酉監正繼祥十三世孫生員 胤十五世孫貞平公均衡后達城人居榮川平恩龍穴

劉載春 議官洪烈子協判秉琦孫文僖公 敞后江陵人居榮州

姜錫祚 生員輅永 孫大憲淮伯后晋州人居榮川榮州里

金道容 忠烈公方慶后安東人居榮州平恩龍穴

洪秉熙 字君震生己卯判中樞彥修后南陽人居星州船南文方

河明鎬 字周憲生癸酉副護軍宗海孫文孝公 演十九世孫晋州人居星州大家玉蓮

具本文 字德憲生戊子宣傳然興玄孫 贈工議立昌十世孫文端公鳳齡十五世孫綾城人居星州碧珍新月

申永均 字景五生癸未平山人居星州龍岩上彥

白在欽 字善明生戊寅司果師龍十世孫文益公天藏后水原人居星州大家湯谷

鄭浩鍾 字聖和生癸酉進士翻岳六世孫 贈左承旨昌基十世孫慶州人居星州金水露山

俞以培 字達謙生癸酉生員良弼十二世孫兵使益明十七世孫昌原人居星州碧珍鼎谷

文煥奎 字應初生戊辰進士 璉九世孫生員希禎十一世孫襄敏公 英十七世孫南平人居星州碧珍新月

丁奎熹 字子晦生庚寅護軍大赫孫忠靖公應斗十四世孫羅州人居星州草田松川

林奎熙 字[illegible]七生丁酉贈吏正應鍾曾孫武科啓春玄孫恭惠公 整后平澤人居星州龍岩九龍

金東龍 字乃成生甲子判官弘[illegible]八世孫府使 浚十一世孫淸風人居星州社倉

郭喆宗 字子允生甲午生員麒壽九世冑孫生員慶興十二世孫淸白吏安邦后苞山人居星州草田松川

金龜鎭 字洛瞻生丁丑叅奉貴賢子司馬繼仁十世孫 贈工叅鳳連十二世孫義城人居星州草田紫陽

金種權 字天瑞生癸未校理震孫十六世孫忠簡公 晋后金海人居星州梅水

金重萬 字德希生乙亥叅奉明烈子進士繼仁后義城人居星州草田紫陽

金尙烈 字明振生辛卯議官在寬 叅判鳳連后義城人居星州草田紫陽

朴周勳 字武益進士世杰九世孫判書 矩十四世孫文齊公忠佐后咸陽人居星州船南翠谷

金錄顯 字致祚主事洪鎭子太師宣平后安東人居星州月恒柳月

安喆容 字舜九生庚寅監察千奎子叅奉彭壽十世孫文成公裕后順興人居星州碧珍伽岩

李壽權 字天汝生壬子叅奉寬德孫星山伯能一后星山人居星州鶴山

卜箕仁 字洛汝生壬申叅奉潤光孫護軍文道玄孫中樞宗善九世孫沔陽人居星州月恒大山

崔錫烈 字敬浩叅奉奎弘孫判尹秉洙曾孫叅奉天綱十三世孫文昌候致遠后慶州人居星州月恒大山

韓鏞儀 字咸卿生庚子進士益成十一世孫忠簡公理后淸州人居星州碧珍鳳溪

全鍾權 字尙七生戊申石綾君龍十三世孫旌善君愔后旌善人居星州金水舞鶴

徐相道 字南都生癸未奉事興著九世孫判書渉后達城人居星州船南老石

金東錫 進士榮浩子刑判自粹后慶州人居善山山東新塘

金東秀 生癸巳判官完湜后善山人居善山高牙鳳溪

姜石奉 生甲子叅奉泰一子殷烈公民瞻后晋州人居善山龜尾荊谷

卞相漢 字永祚生乙巳贈兵判袍后草溪人居善山高牙鳳谷

尹源赫 字汝瞻生丁丑進士弘宣十世孫坡平人居善山高牙鳳溪

徐丙熙 字閏善生甲午叅奉相烋子叅奉右淳孫忠肅公渻后達城人居善山龜尾元坪

申鉉禹 生癸卯叅奉晩均子壯節公崇謙后平山人居善山龜尾荊谷

金勳水 字聖弼生庚子叅判處洛玄孫叅議完五世孫金海人居善山龜尾松洞

金鍾慶 字汝元生甲午叅奉完六世孫金海人居善山龜尾松洞

金鍾相 字應道生丙申叅奉成培子文愍公馹孫后金海人居善山龜尾沙谷

金永祿 字德弼生丁亥叅奉侹秀子進士蕃后善山人居善山高牙鳳溪

申悳均 字克善生庚辰通政季男八世孫壯節公崇謙后平山人居善山龜尾加岩

金遠述 字和舜生丁亥營將泰貴五世孫文愍公馹孫后金海人居善山龜尾上毛

金鍾奭 字鍾馥生丙申主事亨培子五衛將顯載孫文愍公馹孫后金海人居善山龜尾上毛

金顯佑 字德和生癸酉叅奉載植子文愍公馹孫后金海人居善山龜尾沙谷

李鍾鮮 議官圭復子慶州人居善山玉城農所

黃鳳河 汝一后平海人居善山舞乙武夷

李鳳基 監司道逸孫平靖公約東后碧珍人居善山龜尾巴溪

許演 字事淸生己卯護軍申生十世孫進士訴十五世孫金海人居善山高牙巴山

姜龍煥 殷烈公民瞻后晋州人居善山長川默語

柳承烈 洗馬 澈后文化人居善山龜尾沙谷

金顯壽 生員 㝡承后善山人居善山舞乙楮田

申晩澈 參奉德均孫監役昞熙曾孫平山人居善山玉城九鳳

金顯福 生癸巳參奉春植子營將泰貴五世孫文愍公馹孫后金海人居善山龜尾上毛

黃在五 翼成公喜后長水人居善山玉城注兒

鄭洸鎔 參奉暎基子嘉善儉髙后迎日人居善山玉城九鳳

李成善 字允宲生庚寅參奉奎慶子翰林希孫十一世孫讓寧大君禔后全州人居漆谷枝川蓮湖

黃壽中 字庸學生己未參奉致斗子五衛將性燦孫侍中忠俊后昌原人居漆谷亀川

裵縉奎 字尙絅生戊戌參奉璭綵孫敎授星昌七世孫節度使邁十一世孫達城人居漆谷枝川永梧

裵洙哲 字士文生壬寅都正德煥玄孫達城人居漆谷枝川永梧

裵玟奎 字尙禧生甲午參奉益洪子參奉德弼孫 贈兵參舜業七世孫達城人居漆谷枝川永梧

具仁會 字友三生辛卯都事河書子掌令聖立九世孫部將連佑十一世孫文節公鴻后綾城人居漆谷枝川連湖

具仲會 字春善生戊子副護軍順命六世孫通訓聖年九世孫部將連佑十一世孫綾城人居漆谷枝川蓮湖

具龍會 字兼中生丁亥通政然俊孫部將連佑十一世孫文節公鴻后綾城人居漆谷枝川蓮湖

具滋鈺 字明極生辛卯副護軍然岳曾孫部將連佑十二世孫文節公 鴻后綾城人居漆谷枝川永梧

李相祐 字國弼生庚子通政以全孫副正瑞雨八世孫廣州人居漆谷倭館

李元達 字渭卿生壬午嘉善 璡子同知忠民七世孫碧珍人居漆谷倭館

李煥達 字尙八生戊申主事相會子參奉 汶孫溫惠公師孟后德山人居漆谷倭館錦山

魯正周 字公弼生丁亥壽工參奉永孫 贈工參漢郁曾孫 贈判書認九世孫咸平人居漆谷倭館

李鍾淵 字國敏生戊寅主事以璟子副正 瑞八世孫廣州人居漆谷倭館

李圭一 字大玄生己巳護軍尙武孫同知忠民六世孫碧珍人居漆谷倭館

魯鉞 生庚寅武科榮周子參判象永孫 贈工參漢郁曾孫判書認九世孫咸平人居漆谷倭館

全益東 字聖友生乙酉假監役是鉉孫校理順童十五世孫旌善人居漆谷道南

金章輝 字宣五生丙午通政英洙孫參奉弼宗曾孫司直漢仝后義城人居漆谷枝川蓮湖

朴相夏 字禹見生庚子參奉光天孫通政世碩曾孫通政東柱八世孫戶判應玄九世孫密陽人居漆谷仁同邑浦

蘇鎭澤 字善慶生辛巳守門將論東十世孫進士壽千十三世孫版圖判書乙卿后晋州人居漆谷枝川永梧

蘇學奎 字學淳生丁酉都事大根孫守門將論東九世孫晋州人居漆谷枝川永梧

蘇鎭煥 字士友生辛丑司果昶奎子守門將論東十世孫晋州人居漆谷枝川永梧

金潤基 字浩汝生乙酉嘉善聖權孫忠毅公文起后金寧人居漆谷架山

崔鍾櫃 字淇五生丙戌嘉善東成十一世孫縣監大鼎十二世孫慶州人居漆谷二面梅川

蔡炳倫 字國彥生乙酉僉樞斗漢五世孫佐郎林九世孫仁川人居漆谷若木竹田

車善奎 字鏞和生戊戌判決事學軫曾孫副護軍正輪八世孫馴烈公云革十七世孫延安人居漆谷枝川蓮湖

尹載炳 府使聖舉九世孫大成倬后坡平人居漆谷枝川梧山

石文秀 進士道周孫左尹汝明后忠州人居漆谷仁同居依

金商洙 字魯仲生乙亥通政夏圭五世孫參議晩國八世孫直提學漢啓十三世孫義城人居永川北安棚上

曺敬鎬 字錫玄生甲午參奉守煥孫文簡公好益十三世孫昌寧人居永川現蔚山裕谷

金世柄 字禹瑞生辛巳崇祿錫振孫贈戶議應生十四世孫吏判乙軺后慶州人居永川華北玉溪

金見龍 字聖三生己卯嘉善鳳柱玄孫通政廷老七世孫贈參議懲天十一世孫金海人居永川華山柳星

朴允和 字允祚生辛亥　贈通政在坤孫忠定公審問后密陽人居永川大昌龍湖

金鍾達 字子重生乙巳參奉　顯孫嘉善宇弼八世孫僉正守賢十世孫金海人居永川琴湖大谷

金泳瑀 字文玉生己酉議官澤鎬子主簿光斗十一世孫月城人居永川琴湖三湖

黃武錫 字致正生甲申參奉相連曾孫　贈吏判潤十一世孫平海人居永川北安林浦

金基汶 字德源生甲午副護軍景輝子　贈嘉善宜默孫忠毅公文起后金寧人居永川莞田

趙鏞煥 字震宇生壬辰　贈嘉善始昌六世孫郡守亨道十一世孫貞節公旅后咸安人居永川莞田

權寧度 字德順生乙未縣監泰時九世孫直長誌十一世孫吏判輗十三世孫安東人居永川淸通新源

秋商燁 字國弼生庚午嘉善灝求孫文獻公適后秋溪人居永川華北竹田

鄭燦龍 生乙巳參奉奇煥子都事漢秀孫參議聞朝曾孫僕射穆后東萊人居永川大昌大才

李秉洛 字仲汝生戊戌都正東栢曾孫通政景聃五世孫大學釋之后永川人居永川北安掌洞

蔣根洙 字鄕樂生丁酉承旨斗寬子府使後琬十二世孫牙山人居永川琴湖湖南

李秉道 字德明生丙午參議時潤孫都事東瓚曾孫通政景聃五世孫大學繹之后永川人居永川北安掌洞

崔明煥 字德文生戊子都正錫夏子參判致鴻孫大憲有源十一世孫贇成滉后海州人居永川琴湖大美

李炘直 字禹範生丁亥禁都澤和子中樞詩千孫大學繹之后永人居永川華山卿里

朴秉仁 字致綱生甲辰 贈戶議繼聃六世孫主簿泰南十世孫忠定公審問后密陽人居永川華山德陽

李起鎬 字尙旭生己巳嘉善麥守孫忠義衛守宅六世孫 贈參判 琢后全州人居永川華山卿亭

朴舜鳳 字仁華生癸酉通政中喆子大諫孝元十五世孫大憲瑞生十七世孫比安人居永川琴湖鳳竹

金聖澈 字賢汝生丁丑都正再鳳子進士萬貞六世孫進士應濟十一世孫獻納秀文后野城人居永川靑通公臺

許武寧 字文淑生辛亥指學 禎后金海人居永川大昌大才

許南涉 字士元生乙酉直提學 譔后金海人居永川大昌大才

崔泳璣 字讚玉生丙辰參奉鉉宗子月城人居永川大昌新光

崔海德 字景七生己亥議官鉉吉子月城人居永川大昌新光

崔英巒 字亨峻生戊戌參判 誠后月城人居永川琴湖湖南

徐起煥 字文瑞生壬寅參判逸十一世孫進士叔元十四世孫學諭渡十五世孫達城人居永川本村

河漢柱 字龍柱生乙未通政順伯子嘉善一漢玄孫文孝公演后晋州人居永川新寧花城

河萬守 字致玉生丙子通政漢得曾孫嘉善德平五世孫文孝公演十八世孫晋州人居永川新寧旺山

金鎰萬 字泰彙生乙巳司果厚益八世孫進士俊明十世孫持平憲善十二世孫義城人居永川華山龜朝

高聖煥 字誠濟生壬午通政學萬子進士太虛十世孫進士應擎十二世孫萬戶碩仝后濟州人居永川新寧富山

金啓鎭 生己酉　贈戶參河根曾孫兵佐壽演九世孫察訪光煌十世孫刑參尙雋后安東人居永川清通桂浦

金在洙 字載麗生丁亥參奉義章十世孫判尹聲應十一世孫金海人居永川清通新鶴

李英坤 字春若生丙戌禁都炳奎子　贈參議居仁十世孫金海人居永川華山洲里

李奎和 字鎭淑生辛未中樞汝楳五世孫同中樞壽千十世孫文貞公大榮后永川人居永川華山柳星

方載馹 字乃賢生丁亥進士夏泳八世孫判書　輪十七世孫溫陽人居永川大昌御訪

李起韶 字春國生戊寅嘉善致宇孫忠義衛守宅六世孫孝寧大君補十七世孫全州人居永川面大田

李鍾澤 字長源生丙申僉正文碩十一世孫　蒨后月城人居永川華北公德

朴相仁 字敬七生甲寅主事琪浩子主事俊欽孫　贈叅贊仁立五世孫密陽人居永川清通治日

金榮浩 字善若生癸未嘉善琇九世孫主簿震亨十世孫文敬公壽童十四世孫安東人居永川清通桂浦

金光培 字道敬生己亥兵佐明旭八世孫通政振兌九世孫吏判元一后金海人居永川清通桂浦

尹樹訓 生戊午叅議　就十八世孫吏叅　淳后永川人居永川面完山

張斗運 字星五生甲申郎廳光佑孫中樞中和五世孫判尹宇秀七世孫仁同人居永川清通新源

崔埰庚 字國善生庚子通政貴發七世孫侍郎　淸后月城人居永川琴湖鳳亭

朴榮浩 字泰日生庚寅護軍尚彬曾孫監察舜命八世孫密陽人居永川華山柳星

朴永浩 字子善生戊戌副正晚根玄孫監察舜命八世孫密陽人居永川華山柳星

崔雲甲 通政永錫子月城人居永川新寧觀德

楊錫濬 通政春圻子叅判孝智后清州人居永川華山龜渕

李元鎬 監正時孫十一世孫訓正蘊秀十二世孫月城人居永川花山

李文鎬 通政箕雨曾孫訓正蘊秀后月城人居永川花山

申秉澈 叅議鴻來孫壯節公崇謙后平山人居永川花山篤佐

慶義慶 通政泉英子大憲世貞后昌寧人居永川清通雙溪

曺秉隆 同樞胤敬曾孫叅議景溫七世孫昌寧人居永川清通新源

林翰承 字致翊生壬辰叅奉晨鍾子察訪興奎孫判書墠后羅州人居永川大昌雲川

金昌洪 字善若生癸酉都正東封子禮判乙和后慶州人居永川北安龍溪

崔應祚 贈工議臣碩后月城人居永川臨皐古川

李現淳 進士成業后驪州人居永川華北月谷

金斗元 兵使仲敦后月城人居永川北安龍溪

金瑩熙 主事通權子軍資正汝礪九世孫月城人居永川臨皐良平

金世均 僉使基海孫贈工叅仲龍六世孫忠毅公文起后金寧人居永川清通虎堂

曹允鉉 字元一生庚午生員希益十三世孫昌寧人居永川屛岩

金景淑 字愼玉生戊子通政永夏子嘉善在潤孫進士喜雨十三世孫清道人居永川新寧雉山

丁南鎭 字致三生庚寅僉使載興八世孫護軍道和九世孫忠靖公應斗后羅州人居永川華山蓮溪

張太永 字明可生己卯判官汝載八世孫叅奉四維九世孫忠貞公安世后仁同人居永川新寧華西

張洛騏 字應夏生壬辰進士晋奎曾孫順天君天老后順天人居新寧新里

丁奎軾 字極三生乙未叅奉祺燮子進士興敎曾孫監司夢吉后羅州人居永川華北大川

朴鳳鎭 字成九生乙亥叅奉基潤子萬戶仁老十世孫副尉碩十一世孫府院君中美后密陽人居永川北安孝洞

朴東弼 字元弼生庚辰叅奉還善十世孫副尉碩十三世孫府院君中美后密陽人居永川北安孝洞

朴洙鍊 字聖順生戊子護軍沃鎭子副尉碩十二世孫府院君中美后密陽人居永川北安孝洞

朴禹鎭 字振淑生庚寅叅奉章杜孫萬戶仁老十世孫副尉碩十一世孫府院君中美后密陽人居永川北安孝洞

朴洙文 字周郁生丁酉萬戶仁老十一世孫副尉碩十二世孫府院君中美后密陽人居永川北安孝洞

崔鎭河 字明魯生壬辰叅奉啓文子叅議萬復五世孫縣監夢日十世孫侍郞淸后慶州人居永川淸通雙溪

金鍾珉 字重玉生乙未議官顯周孫忠簡公普二十世孫金海人居義城鳳陽梧山

權寧國 字致萬生乙酉通政泰昌子判書靭后安東人居義城面杏村

馬政樂 字大卿生壬寅議官淑辰子通政鎬象孫通政魯華曾孫忠肅公夫牧后長興人居義城丹村下禾

尹起玉 字士玉生壬辰通政世發八世孫參議哲孝十世孫坡平人居義城多仁德淵

崔鍾律 字明汝生甲戌參奉顯璟子嘉善舜鳳七世孫慶州人居義城多仁陽西

朴章杓 字文可生丁丑承旨師東九世孫進士仁傑十二世孫忠貞公審問后密陽人居義城春山孝仙

孫亮南 字漢龍生壬辰都正廷國孫參奉福興十五世孫靖平公洪亮后一直人居義城春山新興

南仁鎬 字聖宅生辛巳生員以建孫生員雲翮六世孫司僕九夏八世孫英陽人居義城丹北新下

張綱達 字振達生戊子通政啓樞孫玉山人居義城丹密八磴

梁熙榮 生丁未知敦寧在五玄孫嘉善周煥六世孫承旨柱源七世孫南原人居義城多仁陶岩

安璥俊 字聲德生丁酉同樞景玉玄孫順興人居義城多仁外岩

趙春濟 字景淑生甲辰贈吏參基恒五世孫嘉善宗岳十二世孫貞節公旅后咸安人居義城玉山實業

趙亨來 字常執生丁未參奉吉濟孫執義參十六世孫貞節公旅十八世孫咸安人居義城玉山實業

金相周 字賢弼生丁酉同樞允洙曾孫司猛萬禎十五世孫司直漢仝后義城人居義城玉山甘溪

金斗鍊 字歲衡生戊寅生員聲鶴玄孫生員 忠十世孫善山人
居義城丹北魯淵

李敬爀 字君明生戊寅景肅公 夔十世孫文慶公居易十七世
孫文簡公 挺后清州人居義城丹北新下

金永述 字振玉生戊子護軍命漢五世孫左尹碩柱六世孫工議
紀元七世孫義城人居義城丹密八澄

洪仁植 主簿祐燮孫郡守翼謨玄孫 履常十四世孫豊山人居
義城舍谷陰地

辛相殷 字夢弼生庚寅副司直順先十世孫掌令 們十六世孫
寧越人居義城多仁達堤

辛錫球 字國老生癸巳執義碩薰十一世孫校理弘立十三世孫
承旨乃沃十四世孫寧越人居義城新平萬里

林炳周 字炳汝生丙子通政鶴植子折衝基碩玄孫僉使益遠七
世孫蔚珍人居義城新平萬里

黃永根 字建晦生丙戌五衛將光澈玄孫平海人居義城新平五
住

金烔守 字孝彥生辛丑贈戶叅聲玉五世孫金寧君時興后金
寧人居義城新平龍峰

金斗璇 字極元生壬申同中樞 曾孫忠毅公文起十六世孫
金寧人居義城春山大沙

李松 字松如生辛卯主事若雨子叅奉夏英玄孫文忠公齊賢
后慶州人居義城春山玉井

金起八 字洛玉生丁亥生員 箴十四世孫善山人居義城比安
朴淵

南致憲 進士　垓　孫剛武公　闇后宜寧人居義城金城道境

金達權 叅奉溶夏子同樞有興五世孫忠毅公文起后金寧人居義城多仁德池

申守祖 都摠管漢振孫按廉使　祐后鵝州人居義城點谷東邊

金善夏 嘉善道周子　贈敎官起鳳后義城人居義城丹村觀德

金穆鍊 僉使振古孫贊成事成丹后義城人居義城鳳陽粉吐

姜達秀 叅奉永璇子都正志亭孫贊成淮伯后晋州人居義城鳳陽吉泉

金逸周 贊成事成丹后義城人居義城春山思美

金在玄 僉樞嘉素后義城人居義城丹村方下

權夏鎭 叅奉重植子都事華碩孫光祿守洪后安東人居義城丹村方下

申鳳基 字國瑞生丙子叅奉熙壽子僉中樞汝良十世孫按廉使祐十九世孫鵝州人居義城鳳陽龜山

金完植 字華善生乙酉通政命輝子嘉善是椋十一世孫義城人居義城新業

李元熙 字聖紹生丁亥通政鍾宅曾孫湖堂宗準十三世孫慶州人居義城佳音長洞

金祚熙 字應三生壬午秘書承卓熙弟忠順衛漢碩十三世孫義城人居義城點谷沙村

裵善鳳 字穉玉生癸卯衆奉顯俊孫 贈兵判尙志十七世孫興海人居義城點谷東邊

李景木 字潤和生己丑武科在春會孫甄城君 蘭后完山人居義城黠谷東邊

李鍾基 生員承吉后義城人居義城丹村井方

金鍾夏 生員台應玄孫 贈判官世輔后金海人居義城龜川美泉

李甲奎 護軍成矩九世孫衆奉英鎾 世孫陽城君春富后陽城人居義城龜川渭城

李文熙 生員相華 孫主簿基卨后延安人居義城丹北新下

吳順泳 兵議英默 孫海州人居義城舍谷陽地

吳俊鎬 中樞圭洛子 贈協辦連根孫 贈秘書承粹賢玄孫徵士國華后海州人居義城新平檢谷

金文圭 進士仁好十二世孫牧使 江十三世孫齊肅公 稇后慶州人居義城安平新安

林春福 衆奉明植子秘書承淳夫孫承旨兢業十世孫忠貞公珪后平澤人居義城鳳陽吉泉

崔仁默 主事慶淳子縣監欣命后海州人居義城安平石塔

朴天龍 衆奉鍾運子進士 愼后密陽人居義城金城草田

世講篇 四十二

高鳳林 字祥叔生庚寅教官 混子通政彥睦孫開城人居義城丹密渭中

辛世煥 字雲見生戊寅司僕正文國十一世孫靈山人居達城河濱武等

洪淳寬 生庚戌郡守在圭孫掌令 演七世孫文正公彥博后南陽人居大邱明治町

金隆培 字德昭生辛巳生員相孝子生員 鍊后金海人居大邱鳳山町

秦喜葵 字性日生戊寅郡守京煥子掌令 浩十六世孫豐基人居達城壽城上洞

金在煥 字舜可生癸未嘉善 鍾子通政榮南十世孫郡守鸞瑞十二世孫判書 爲后遂安人居大邱

郭炳洙 字敬源生丁酉進士 璟十三世孫兵使自安十四世孫翰林 汾十五世孫玄風人居達城壽城斗山

郭南柄 字應斗生壬午生員昌一十世孫忠烈公 趪十二世孫玄風人居達城月背流川

徐建植 字汝常生戊申主事丙朝子通政相燉孫 嶰十二世孫達城人居大邱

徐禎奎 字泰膺生庚辰府使昇泰七世孫掌樂正思建九世孫貞平公鈞衡后達城人居達城嘉昌丹山

許原 參奉 孫文敬公 稠后河陽人居達城求智倉洞

金晟坤 字士允生戊寅同樞尙三五世孫進士聲儀九世孫郡守斗錫十世孫節孝公克一后金海人居達城壽城蘿莒

劉文烈 字聖來生丙申生員裕南七世孫江陵人居達城河濱鎌洞

李在賁 字春賓生丁亥判書芮十九世孫河濱人居達城河濱鎌洞

白南眞 字永白生己丑通政珩玄孫生員惟球十八世孫水原人居達城河濱武等

金鎭泰 生癸丑叅奉復基子通政烱孝孫金寧人居達城河濱武等

秋教哲 字會汝生壬申文憲公適二十二世孫秋溪人居達城花園仁興

朱正煥 生庚戌叅奉相雨子榮玉孫贈刑判夢龍后新安人居大邱新町

金容旭 字達玉生丙子司勇有璧孫引儀洛鎬曾孫金海人居達城論工承湖

姜一秀 字範九生癸未叅奉永模子晋州人居達城論工渭川

金敬權 字舜若生乙亥贈通政溶賢子縣監孟源曾孫資憲應守九世孫金寧人居達城城西梨谷

郭在泳 字聖律生己卯叅奉再熟十二世孫贈承旨之蕃十四世孫苞山人居達城玉浦于京

崔洪潤 字瑀三生己丑贈通政鉉日子嘉善濟龍七世孫文昌侯致遠后月城人居大邱東雲町

李榮浩 字聖和生甲申戶叅錫道子府使俊茂八世孫文忠公崇仁后星州人居達城城北無怠

具聖書 字周璇生丙子司果然潤子都元師成老后綾城人居達城壽城冷泉

秋鳳燁 字聖韶生戊申秘書承鎭求孫縣監斗東十世孫忠莊公水鏡十四世孫文憲公適后秋溪人居達城多斯伊川

姜瓚秀 字文淑生壬辰秘書承載會孫都巡問使准伯后晋州人居達城壽城黃青

許南壽 字太如生壬子叅奉杰子進士濈孫敎官銈曾孫忠穆公有全后金海人居大邱南山町

李元國 字永萃生庚辰生員闇文十三世孫監司徵夏十八世孫左正言瓊后河濱人居達城城北研經

金愚宗 字聖彦生壬寅主事基弼子議官允芝孫義城君龍庇后義城人居大邱

金銅珠 字善集生癸卯都正容漢孫知中樞鍊斗曾孫文愍公馹孫十六世孫金海人居達城嘉昌大逸

崔箕洪 字應秀生丁酉判官琬八世孫判官明鏡九世孫永川人居達城壽城斗山

金祥玉 字振若生辛巳兵叅仁漢八世孫玉山人居達城求智柳山

白碩鎭 字雲景生丁亥進士鸞十世孫典書仁寬十四世孫水原人居達城瑜伽佳泰

朴芝秉 字相興生丁亥司馬聖東七世孫縣監昌敘十一世孫密陽人居達城瑜伽佳泰

金鍾玉 字希俊生丁酉叅奉圭三子護軍性應孫都正時泰六世孫僉使連十一世孫義城人居達城瑜伽油谷

金順昉 都事佑權子忠毅公文起后金寧居達城城西梨谷

崔相吉 字德源生辛卯 贈寺僕正聖旭玄孫慶州人居大邱新町

尹永普 字翰淑生甲午主事 枚子掌令夏一孫進士仁浹十二世孫坡平人居達城多斯汶山

金洙麟 字麒瑞生庚寅進士重鉉子參奉達玟孫嘉善聃秋十一世孫版圖判書 管后金海人居達城多斯蓮花

安廷翰 字君遇生丙寅中樞得武孫 贈工議敦佐曾孫文成公裕十二世孫順興人居達城城北琴丹

金鼎鉉 字德三生辛未主事達璟子版圖判書 管后金海人居達城

安汝鎬 字永文生庚寅通政敦祥五世孫護軍信永七世孫文成公裕后順興人居達城城北琴丹

朴永熙 字明現生己卯知敦寧宗武十三世孫高靈人居達城求智花山

金可熙 參奉相昊子通政琦洙孫文敏公冲漢后月城人居達城求智修理

權成文 判官韞九世孫參奉應祥十一世孫校理銖后安東人居達城求智鷹岩

石元均 通政雲祥十五世孫生員光鼎十六世孫吏參成玉十七世孫忠州人居達城玉浦奇世

金奎默 字敬若生丙子吏參益精后安東人居達城瑜伽本末

郭永洙　字泰興生戊戌同中樞士甲八世孫知中樞天挺十世孫清白吏安邦后苞山人居達城玄風校洞

尹海均　字義準生甲戌贈工議時達十二世孫進士大承十三世孫苞山人居達城論功下洞

朴相岩　字相泰生丁亥　林浩子進士師煒曾孫密陽人居達城瑜伽琴洞

李聖熙　字致浚生丁未叅奉相杓子孝簡公鉉雨孫文忠公齊賢后慶州人居達城玄風上洞

朴在奎　字岐郁生己卯嘉善秀八五世孫香山世均二十三世孫密陽人居達城玄風院橋

嚴基五　工議　誠十五世孫寧越人居達城玄風城下

李喆宇　觀察時萬后全州人居高靈雙林平地

李龜城　字性律生戊寅叅贊義相孫副司果時潤九世孫全州人居高靈雙林平地

朴忠根　字應旭生甲申叅奉海均子僉正汝章六世孫生員明胤十世孫銀山君永均后密城人居高靈雲水鳳坪

李丙熙　上護軍龍益　孫主簿壽璘六世孫文忠公守仁后星州人居高靈開津省洞

裵鎬永　五衛將尙冀孫通政佑聖曾孫星山人居高靈德谷龍興

姜相熙　字國彦生壬午通政　鈜曾孫護軍　梓六世孫進士春悌九世孫大提學淮仲后晋州人居寧海邑城內

林聖植 字仁植生己亥嘉善啓鉉孫護軍新榮玄孫忠愍公慶業后平澤人居寧海槐市

崔相泰 字順一生丙申護軍鎭秀孫進士應斗十二世孫贊成清后慶州人居寧海貞信

林炳春 字聖文生己丑嘉善千鉉曾孫進士德信十三世孫進士挺樹十五世孫恭惠公整后平澤人居盈德知品龍德

元世燦 字燦玉生癸未縣監泰龜六世孫進士彦佐十世孫文靖公孝然后原州人居寧海大洞

安洪弼 字國彦生己丑通政養成孫嘉善景仁九世孫副提學祖同十九世孫文成公裕后順興人居盈德南亭鳳田

金鍾奭 字松重生己巳叅奉定坤子贈嘉善漢五世孫牧使欽祖十五世孫齊肅公和后慶州人居盈德南亭爭岩

朴壽源 字善五生戊子主事海成子察訪惟任十一世孫密原府院君樋后密陽人居盈德南亭士岩

金斗洙 字衡彦生壬午節制使善逸玄孫節制使彭齡五世孫贈戶叅纓十世孫留守芸后金海人居盈德達山

金東植 字明魯生丁酉嘉善鎭夏孫進士明一十三世孫贈吏判璉十四世孫義城人居盈德知品松川

宋鍾濂 字世賢生丁未左承旨持潤孫嘉善有明九世孫貞烈公松禮后礪山人居寧海良庄

申東杓 字太元生丁酉叅奉重混子都事鉉道孫贈刑判諱十二世孫齊靖公孝昌后平山人居盈德老勿

李寅輝 字敬三生庚辰通政宜新曾孫嘉善晩旭五世孫進士發春后永川人居盈德達山周應

金在烈 字武彦生丙戌嘉義時夏六世孫僉中樞 麟十世孫掌令乙軫后慶州人居盈德知品訥谷

金錫圭 字周璇生辛卯護軍重權孫護軍連生九世孫忠毅公文起后金寧人居盈德知品道溪

金英漢 字佑善生癸未同中樞璜曾孫兵議善豪十一世孫禮正繼孫十七世孫野城人居盈德川前

白南春 字錫禧生乙巳叅奉樂明子嘉善洙煥孫文肅公仁傑后水原人居盈德達山鳳山

金烔讃 字德賢生庚辰護軍聖麟孫嘉善士信八世孫忠毅公文起后金寧人居盈德達山龍坪

林炳悳 字致道生乙酉嘉善潤祚孫司猛 芑十二世孫吏判孝孫后蔚珍人居盈德達山鳳山

姜晟馨 字謹八生甲午護軍世周六世孫進士應聘十三世孫恭穆公 著后晉州人居盈德達山宮基

吳麟燮 字鶴瑞生癸巳通政應鳳曾孫校理汝機十一世孫承旨彦毅后高敞人居盈德達山龍坪

崔海注 字聖瑞生庚午護軍錫奎子通政泰崙六世孫叅判奉天后慶州人居盈德達山龍坪

李相龍 字雲擧生甲辰叅奉時雨子嘉善圭寬曾孫文孝公蒨后慶州人居盈德達山周應

韓鳳敬 字元卿生癸未通政潤浩子進士 錫八世孫襄禮公確后淸州人居盈德達山周應

金玹植 字德文生庚寅同樞濟元孫護軍時允六世孫忠簡公曾后金海人居盈德達山仁谷

黃宗源 字舜明生甲子同中樞 垠孫兵議膺中十世孫平海人居盈德知品黃長

朴秉斗 字準七生戊戌通政能錫孫中樞萬采七世孫觀察召榮十四世孫斜正鉉后密陽人居盈德知品午泉

黃宗河 字己淑生壬申叅奉道鉉子通政忠老八世孫太傅善慶九世孫翼成公喜十五世孫長水人居盈德知品午泉

景命祚 字天汝生丙午忠義衛應漢曾孫司果惟謙十三世孫奉事容十四世孫進士承明后泰仁人居盈德江口

金在海 字先浩生辛卯通政學祿子副護軍善六世孫盆城君俊榮十一世孫盆城人居盈德達山鳳山

尹熹銖 字汝明生甲戌將仕郞榮老孫郡守 科十六世孫判書承禮后坡平人居盈德達山龍坪

李圭浩 字善養生癸未通政弼榮子嘉善德起五世孫判書 良后慶州人居盈德南亭士岩

金濩培 字殷叔生丙戌承旨顯業子宣傳滿熙六世孫叅判永堅十四世孫金寧君牧卿后金海人居盈德江口三思

李奉柱 字聖卿生戊戌叅奉承張十二世孫教授陽孫十四世孫左相原十八世孫文貞公 嵒后固城人居盈德江口

朴秀瑩 字士仁生戊寅 贈嘉善成達子護軍得男九世孫承旨敎仁十二世孫貞武公好問后密陽人居盈德南亭龜溪

尹載江 字殷若生壬戌司直滋哲曾孫嘉善聖臣八世孫左承旨裕後十二世孫右相 壕后坡平人居盈德知品栗谷

崔基善 字聖吉生己丑都事周厦子左尹根富玄孫軍資正惟恒六世孫判官禮弘后慶州人居盈德達山玉山

嶠南科榜錄世講篇 四十六

俞鎭奎 字圭玉生癸巳主事致鎬子贈左承旨東杜曾孫進士命淵七世孫景安公汝霖后杞溪人居盈德知品茁浦

金炯昌 字汝慶生丙午通政和一孫通政連生八世孫忠毅公文起后金寧人居盈德知品道溪

金恭圭 字元泌生己酉通政麟權孫通政連生九世孫忠毅公文起后金寧人居盈德

金一圭 字白圭生己酉嘉善義權孫通政連生九世孫忠毅公文起后金寧人居盈德

權寧浩 字鎭宇生庚寅左承旨壽錬六世孫忠毅公益慶十一世孫忠莊公 慄十二世孫安東人居盈德知品三和

金在東 字洛源生丁酉僉中樞晚均曾孫參判炳元玄孫判官係禮后安東人居盈德柄谷牙谷

崔渭錫 字文亨生丁酉議官成壽子贈參判慶鎬八世孫觀察灌十三世孫慶州人居寧海城內

申泰灝 字淑明生丁丑監察錫九子同樞壽雄七世孫壯節公崇謙后平山人居盈德知品金泉

姜信旭 字友善生丙申參奉道熙子通政泰馨孫進士潛十六世孫菁原君利温后晋州人居盈德德谷

陳在國 字元實生甲申護軍昌燮子同樞相基孫驪陽君籠原后驪陽人居盈德知品午泉

車泰極 字建中生戊申護軍輻杜七世孫進士濟東十一世孫剛烈公云革后延安人居盈德知品栗田

林祥燦 都事陽碩孫襄平公自蕃后醴泉人居盈德知品松川

崔永龜 判官禮弘后月城人居盈德達山玉山

金炯植 字汝善生戊辰通政鍾權子嘉善厚生八世孫忠毅公文起后金寧人居盈德知品栗田

金炯汶 字圭敬生丁亥嘉善溶馥孫通政連生八世孫忠毅公文起后金寧人居盈德知品道溪

崔均植 字學聞生庚寅嘉善麟鎭孫同樞震華七世孫泰脜公齊顏后平山人居盈德知品龍德

房鎭喆 字順集生戊子都事斗日曾孫護軍善龍七世孫輔國季弘后南陽人居盈德達山梅日

房鎭球 字國彥生丁亥嘉善之旭玄孫監察晩璉八世孫輔國季弘后南陽人居盈德知品洑谷

房道源 字元一生丁巳嘉善學圭孫護軍善龍八世孫輔國季弘后南陽人居盈德梅日

林榮泰 字子京生甲午嘉善順豐曾孫嘉善萬賢七世孫舍人樸后安東人居盈德達山龍田

金命祚 字箕五生庚戌通政進德玄孫進士天應十八世孫完山府院君 瑤后慶州人居盈德知品龍德

金珽漢 字廷玉生丙申叅奉孝鎭子嘉善珏均孫判官係權十七世孫安東人居盈德丑山良庄

申基洪 字仲玉生壬辰嘉善泰淑五世孫進士 淳十八世孫壯節公崇謙后平山人居盈德知品龍德

金翼桓 字子鴻生巳丑通政尙旭曾孫良昭公英烈后義城人居星州修倫白雲

沈華韞 貢衛德淳子武科能秀孫青松君孝淵后青松人居盈德
知品松川

金聖澤 戶判壽益后金海人居盈德南亭阜境

鄭燮 文敬公自英后野城人居盈德邑德谷

張容圭 字仁瑞生辛卯忠孝公允慶十世孫進士光老十六世孫
玉山君孝翼后玉山人居盈德知品

姜玉熙 字允彥生丙午忝奉斗善子進士應聘十四世孫大學淮
仲后晉州人居盈德華閒

金炯甲 字慶燦生癸酉同樞胤權子 贈戶忝華琇孫忠毅公文
起后金寧人居達德知品

金容慶 字致雲生辛未通政重斗子嘉善齊九六世孫忝奉致三
十四世孫文愍公馹孫后金海人居盈德達山鳳山

朴鍾萬 字學必生庚辰忝奉炳寅子府使鑲秀八世孫文忠公審
問十七世孫吏判文有后密陽人居盈德知品洛坪

郭永祚 字景三生戊寅進士玹十一世孫忝奉暗十二世孫
判官保十四世孫靖簡公基正后苞山人居豐基水欽

金聖基 生丙申五衛將俊炯孫護軍聖淳曾孫文愍公馹孫十五
世孫金海人居奉化明湖新羅

崔相煥 忝奉聖述子通政在洛孫文昌侯致遠后月城人居奉化
祥雲下訥

崔甫均 字善宰生戊成忝奉台煥子同樞鉉在玄孫司成 訥后
月城人居奉化祥雲下訥

禹奎三 生丁酉嘉善東建孫判官世臣十一世孫文科繼文十三
世孫文僖公 倬后貫丹陽居奉化順興都村

崔正燮 監察昌煥孫文昌侯致遠后月城人居奉化祥雲下訥

朴奎永 字聖允生壬午忝奉炳七子密陽人居醴泉面西本

黃錫周 生丙午忝奉昞祀孫僉中樞文源五世孫平海君希碩二十世孫平海人居醴泉甘泉獐山

鄭鳳然 字孟研生壬子議官永河孫 贈兵議雲立十一世孫刑議允寬十七世孫迎日人居醴泉甘泉獐山

金柄寅 字聖守生辛巳縣監泰重七世孫中樞英震九世孫金海人居醴泉甘泉獐山

沈載哲 字重圭生辛巳 贈兵忝宗燮子忝奉光世十二世孫忠惠公連源十六世孫青松人居醴泉愚溪

朴仁杭 字善元生甲戌秘書承永夏子縣令世潤十一世孫縣令宗文十二世孫密陽人居醴泉甘泉大山

金成圭 字禹玄生辛未忝奉炳玉子 贈吏判麗三五世孫安東人居醴泉面池內

韓相吉 字天休生辛卯忝奉翼源子都事錫佑孫文貞公 忠后清州人居醴泉邑路下

南光洙 字繼源生甲子進士磁九世孫 贈左承旨隆達十世孫英陽人居醴泉上里道村

權韻珠 字光彥生辛亥忝奉道周子通政有中曾孫判官永通后安東人居醴泉開浦楓井

金駿會 字會一生丙午主事在鍊子秘書承溶默孫 贈吏判振宇玄孫翼元公士衡十九世孫安東人居醴泉上里甫谷

張星極 字應明生辛卯通政仁德子進士之杰十世孫安襄公末孫十七世孫仁同人居醴泉普門篤陽

安致鎬 禁都載鳳 中樞潤璡后順興人居醴泉面西本

林輝德 主事斗華子通政奎國玄孫西河 椿后醴泉人居醴泉面西本

金秉聲 字善鳴生辛巳嘉善萬仁五世孫忠貞公俊榮后盆城人居青松大谷

黃相龍 字致瑞生戊寅司果克一九世孫襄武公希碩后平海人居青松面松生

權重九 字聖立生壬辰知中樞弼祥曾孫司僕正應綏后安東人居青松安德面安德

趙埈奎 字文仲生庚子進士盛英九世孫嘉善亭道十世孫貞節公 旅后咸安人居青松縣西德城

曺章煥 字仁瑞生甲午賛憲秉敬子嘉善舜承孫文莊公偉十三世孫昌寧人居青松府南泥峴

盧載燮 字德和生丙戌叅奉性仁子進士弼文玄孫府使俊命八世孫文簡公守愼十一世孫完山人居青松府東項洞

韓元洛 字孟玉生庚寅叅奉圭錫子宜傳起雲八世孫主簿夢鸞十世孫文靖公繼禧后清州人居青松府南泥峴

李殷弼 字順必生庚寅贈戶叅達華孫通政象白曾孫寧孝大君 補后全州人居青松府東蘿洞

林斗相 字盛春生庚寅襄平公自蕃后醴泉人居青松府東內龍

南錫宰 字慶興生癸巳護軍世柱八世孫叅奉宇十世孫通政繼曺十一世孫兵使蓀十四世孫英陽人居青松縣東

權柄德 字斗彦生庚寅叅議時默五世孫判書靷十八世孫安東人居青松紙所紫岩

薛棟先 天浩生丙戌叅奉淇虎子護軍在穆曾孫弘儒候—聰后淳昌人居青松縣西沙村

李相昊 字文汝生癸丑叅奉彦雨子監察鍾範孫翼憲公慶徽十世孫月城人居青松府南泥峴

金悳熙 字相閏生丙戌監察宇集子都事恩翊曾孫忠翼公命元十世孫慶州人居青松府東羅洞

尹奉均 字永瑞生丁未兵叅炳泰子嘉善思栢曾孫 贈左贊成原翊五世孫坡平人居青松縣東信川

黃湡 字乃範生癸未嘉善景欽子奉事 埰孫叅議膺中后平海人居青松金谷

黃錫烈 字乃顯生甲申嘉善基欽子奉事 埰孫通政元兆后平海人居青松金谷

尹貴榮 字華卿生壬辰叅奉渭遇子嘉善致興玄孫判書 埴后坡平人居青松府東下宜

黃承源 字建甫生辛亥中樞虞河五世孫平海人居青松面松生

裵尹燦 字殷五生乙未都事準舜孫監司龍吉后興海人居青松府東上坪

黃思源 字應五生甲申嘉善義欽子 贈通政先學孫嘉善處中十世孫平海人居青松面青雲

四十九

黃愼模 字士善生辛丑主事性源子都正台欽孫同中樞德秀五世孫平海人居青松面青雲

黃秉洙 字春瑞生丁亥叅奉永讚子　致祜孫平海人居青松府南九川

黃虎九 字龍叔生乙卯叅奉寬模子進士秀鍾玄孫平海人居青松松生

黃源復 字敬顔生乙巳嘉善致業孫中樞虞河六世孫平海人居青松松生

黃冕欽 字永錫生甲申　贈嘉善性逸孫通政元兆后平海人居青松金谷

黃周源 字熙八生丙午　震欽子平海人居青松金谷

黃東模 字士震生壬寅叅奉源成子兵議膺中十一世孫平海人居青松府東池洞

黃極源 字乃立生辛丑叅奉沅欽子奉事　埰孫戶議德秀玄孫平海人居青松面松生

黃致灝 字淳伯生壬寅叅奉性江子護軍富秀孫兵議膺中八世孫平海人居青松面松生

林亨遞 字元淑生庚寅監察象泰子　贈通政鍾漢孫　贈同中樞　東后安東人居青松府東扶日

金相鉉 字聖初生己丑副護軍德五六世孫府使大鳴十二世孫貞肅公仁鏡后慶州人居青松府東新店

趙性佑 字天弼生甲午議官定植子同樞大郁五世孫　贈刑判址十世孫貞節公　旅十四世孫咸安人居青松縣東

朴泳滘 字榮玉生庚辰嘉善基成子 贈左承旨宗漢孫密陽人居青松縣東訥仁

金宅煥 字仁叔生丁亥通政相翼子忠毅公文起十五世孫金寧人居青松安德愚智

高進鶴 字明秀生乙未生員驪雲十一世孫訓導應擎十二世孫濟州人居青松縣東昌陽

趙性洙 字舜可生癸酉嘉善長祜子生員成世八世孫營將亨道九世孫貞節公 旅后咸安人居青松縣西武溪

尹璡儀 字周官生庚子直長起磻七世孫都正興商十四孫世昭靖公 坤后坡坪人居青松縣西武溪

趙鏞正 字炳直生辛卯議官圭明子知中樞純道十一世孫貞節公 旅后咸安人居青松縣東昌陽

趙鏞九 字聲國生己丑都事性旭 副正純道十一世孫貞節公 族后咸安人居青松縣東昌陽

趙鏞黃 字聖咸生壬辰議官圭憲子知中樞純道十一世孫貞節公 旅后咸安人居青松縣東昌陽

李慶雨 字舜元生辛亥僉樞君福九世孫縣監 衡十七世孫文孝公 菁后慶州人居青松縣東印支

南龍喆 字聖九生癸未參奉熙杓子 贈中樞泰奎孫察訪斗文八世孫兵使 蓀十三世孫英陽人居青松安德老萊

徐普淵 字時彦生壬辰進士錫蕢十六世孫縣監文德十七世孫貞平公鈞衡十九世孫達城人居青松巴川官洞

李仁敎 字和瑞生戊子僉樞世煥七世孫懷安大君芳幹十六世孫全州人居青松縣西栢子

[illegible]世講篇 五十

黃載鶴 字敬伯生丁酉通政理憲子監察錫仁孫襄武公希碩后平海人居青松面翠洞

黃武源 字規夫生己亥參奉寅欽子監察基信孫襄武公希碩后平海人居青松面翠洞

尹在秀 字應三生庚 都事渭厚子都正相鏄孫后坡平人居青松面釜岩

尹默循 字石弘生乙未參奉榮來子中樞汝稷孫承旨光莘曾孫坡平人居英陽青杞寺洞

李政雨 字影吾生甲辰通政圭元孫司諫軾榮曾孫文忠公齊賢后慶州人居英陽立岩山海

姜鎰秀 字士謙生辛巳贈戶議永珪子副司直昌祿十一世孫文景公孟卿后晋州人居英陽立岩橋洞

金海東 字汝明生丙午參奉先鎭子太師宣平后安東人居英陽立岩新泗

趙鏞橒 字文顯生壬辰主事洛圭子同中樞性英孫贈嘉善奉祐會孫貞節公 旅后咸安人居英陽石保北溪

趙來好 字法祚生癸丑通德郎源濟子通政鏞九曾孫貞節公旅后咸安人居英陽石保北溪

金圭泗 字聲魯生丙戌參奉燦斗子通政 振孫忠愍公仁贊后楊根人居英陽青杞九梅

林景發 字樂永生己卯通政春鎭子參奉重義孫忠敬公祐后蔚珍人居英陽

林炳九 字禹賢生戊子通政潤植子嘉善淳學孫恭惠公 整后平澤人居英陽石保北溪

張孝根 字養善生癸卯叅奉致石曾孫嘉善受星玄孫護軍寬玉六世孫忠貞公安世后仁同人居英陽立岩面海

尹熙魯 叅奉昌來子中樞汝稷孫監察　玄孫進士義貞后坡坪人居英陽青杞寺洞

尹熙極 都事濟來子中樞汝稷孫進士義貞后坡平人居英陽青杞寺洞

裵武周 字繼文生丙子居英陽青杞九梅

朴鑯愚 字伯賢生丁亥叅奉　烇子生員永旲曾孫武毅公毅長后務安人居青松眞安

金錫圭 字禹玄生甲辰叅奉烱贊子兵判　漢十世孫金寧人居青松眞寶今倘

金定權 字敬百生壬午宣傳聖喆子兵判　漢八世孫金寧人居青松眞寶今倘

金象圭 字義敬生己酉通德郞銖權孫兵判　漢十世孫金寧人居青松眞寶今倘

趙麗濟 字光伯生庚寅同樞熙鎭六世孫進士咸英十一世孫郡守亨道十二世孫貞節公　旅后咸安人居青松眞寶

趙敬來 字邦角生乙酉護軍性珍孫郡守亨道十三世孫貞節公旅十八世孫咸安人居青松眞寶新基

金翼遠 字孔學生庚午　贈禮判秉圭子善山人居金泉邑南山町

朴昌東 字周瑞生庚寅進士守宗十四世孫靖厚公可興十八世孫順天人居金泉助馬新石

李珍夏 字章玉司僕炳元子星山伯能一后星山人居金泉甘川龍虎

文箕鉉 字殷弼生乙亥監察秉初子輔德勵十一世孫直提學益城十二世孫南平人居金泉大德中山

金泰默 字文佐生庚午掌令希台玄孫參奉成就十三世孫善山人居金泉助馬九曲

文宰根 字孔善生丁未修撰瑨十四世孫南平人居金泉大德釣龍

徐順祚 字孔三生戊辰折衝必重七世孫利川人居金泉大德中花

裴圭奭 察訪昌壽子監役辛煥孫直提學裕后星山人居金泉邑黃金町

金泳熙 參奉景鎭子文簡公淨后慶州人居金泉邑南山町

徐相禧 同樞有智孫忠肅公后達城人居金泉甘文金谷

鄭南燮 宣傳昌孫十二世孫良景公熙啓后月城人居金泉甘文南谷

鄭鴻九 同樞崇謨八世孫進士之僑九世孫直講成良十四世孫瑞山人居金泉禦侮德馬

金宗熙 字海如生癸丑參奉秉泰子中樞弘寅六世孫生員聃壽十三世孫義城人居金泉鳳山上金

李敎睦 字在春生癸未進士周龍孫持平世幹七世孫星州人居金泉助馬新石

李鳳現 生甲辰司果柱弼子星山伯能一后星山人居金泉甘川
龍虎

李宗信 叅奉應術子同樞柄鎭五世孫文憲公陽元后全州人居
金山禦侮銀基

朴喜哲 通政蓮夏子奉事震炯十世孫中樞守益十一世孫密陽
人居金山禦海德馬

金敎淳 字亨遠生己丑同中樞基碩曾孫 贈戶叅仁赫玄孫
贈承旨希澤五世孫善山人居金泉助馬江西

金汝柱 叅奉在燁孫文愍公馹孫后金海人居軍威孝令

徐榮載 進士漢周八世孫中樞院事 沉后達城人居軍威古老

金濟運 武科仁澤孫嘉善大成曾孫應生后生慶州人居軍威古
老鶯岩

黃永伯 生員秉連玄孫生員宗振五世孫莊武公 衡后昌原
人居軍威古老加岩

河大鎬 文孝公 演后晋州人居軍威義興

張杓 字敬極生丙申嘉善弼成曾孫通政信南六世孫忠貞公
安世后仁同人居義興古老華水

嚴翊在 字德夫生甲戌忠毅公興道十五世孫判書繼蓍二十七
世孫寧越人居義興山城錦陽

朴秉鎭 字景憲生乙丑僉使文杓子恭簡公 楗十三世孫密陽
人居軍威友保文德

金鍾萬 生丙辰主事炳柱孫萬[illegible]駿文七世孫淸道人居慶山珍良富基

金檄字 字鑽球生戊戌通政應滿孫副提學世環七世孫禮判寬十八世孫慶州人居慶山南山松內

太夏熙 字文巨生壬辰議官秉珏子執義斗南十三世孫永順人居慶山南川松栢

朴魯義 字國彥生己亥兵議光廸五世孫順天人居慶山南川雙溪

許重九 字致彥生丁酉通政 迄孫嘉善命生九世孫金海人居慶山龍城孤竹

鄭斗千 字河一生庚子都事仁奎子同樞鶴成孫叅判介保后東萊人居慶山河陽環上

金玉基 字永道生壬寅秘書承斗鍈子嘉善聖珪孫忠毅公文起后金寧人居慶山南山巖洞

金一基 生癸丑通訓斗南子通政相珪孫都事鴻晋五世孫忠毅公文起后金寧人居慶山南山慶洞

全奇錫 字孝仲生庚寅叅奉致環子文忠公昇后天安人居慶山龍城美山

曺秉鶴 字文善生丁酉都事斗承子同樞錫英孫縣監尙貞十四世孫昌寧人居慶山河陽環上

崔秉讚 字廷燮生壬辰都事峴泰子都正舜哲孫承旨榮豈九世孫贇成得海十九世孫慶州人居慶山瓦村上岩

崔秉一 字文淑生乙未叅奉潤晋子護軍光璲玄孫判官洙瞻六世孫贇成得海十九世孫慶州人居慶山瓦村上岩

金永穆 字云伯生壬辰嘉善文鎭子忠貞公大欽十一世孫禮判寬十九世孫慶州人居慶山慈仁玉川

金鎭諭 字敬老生己未守門將殷福十一世孫節孝公克一后金海人居慶山珍良多文

金容五 字英鎭生辛卯正言聲亮八世孫通禮善慶十世孫文慤公駉孫十四世孫金海人居慶山慈仁南村

李恒雨 字和允生庚寅僉知東九世孫贈中樞景漢十二世孫慶州人居慶山龍城加尺

鄭源鶴 字聖九生癸未吏議乃漵曾孫東平君穉后東萊人居慶山押梁仁安

高奉柱 通政得逸八世孫忠烈公敬命后長興人居慶山瓦村陰地

李振雨 叅奉圭寅孫慶州人居慶山瓦村大間

朴景春 監察萬華八世孫文敬公宜中后密陽人居慶山珍良梅洞

白三佑 通政萬載曾孫　贈工議與哲后水原人居星州明川

崔夢翊 監察錫默孫禮議　灝后慶州人居慶山龍城大宗

李建秀 字致和生辛巳　贈僉樞　垢十四世孫護軍振孫十一世孫居永川人慶山河陽

黃源弘 字清一生戊寅通德郎顏欽子嘉善致億孫兵叅膺中后平海人居慶山河陽桃李

朴德祚 字克明生癸丑通政會鎬子通政致遠孫戶判沈后密陽人居河陽環上

朴之厚 字而寬生庚寅判官義老十二世孫密陽人居慶山珍良

金仁學 字士叔生丁未僉正大成十一世孫察訪璣十二世孫金寧人居河陽南河

吳柄瑢 字成玉生辛巳府使應鼎十三世孫海州人居慶山瓦村

曺琪擇 字象賢生戊寅監察錫永孫文莊公偉后昌寧人居星州舜鶴

裵基植 字德壽生戊戌參奉炳翼孫進士聖謙十三世孫大學閔后星山人居星州玉蓮

姜東啓 字升呂生壬辰主事岐浩子議官大鳳孫參奉應坤十一世孫晉州人居慶山龍城古銀

金洪烈 字仁見生乙未通政錫昊孫副護軍洛五世孫都摠官馹十三世孫慶州人居慶山龍城美山

金泳穆 字仁洙生己丑參奉昌鎬子忠貞公大欽十一世孫禮判寬后慶州人居慶山龍城美山洞

金基亨 字慶云生己卯參奉警煉子忠貞公大欽九世孫禮判寬十七世孫慶州人居慶山龍城德川

尹海觀 字敬五生戊寅贈兵使東豪十二世孫坡平人居慶山龍城道德

尹仁錫 字性安生辛丑贈兵使東豪十一世孫坡平人居慶山龍城道德

金秉河 生　中樞在雨子通政東燮玄孫月城人居慶山慈仁

曺明鎬 字台景生丙子叅奉喜成子翰林致虞十五世孫昌寧人居慶山龍城大宗

曺海斗 字而仲生辛丑教官泳鎬子翰林致虞十六世孫昌寧人居慶山龍城大宗

曺永權 字敬順生己丑通政岐煥曾孫翰林致虞十六世孫昌寧人居慶山龍城大宗

金祜重 字天予生壬辰叅奉顯奎子通政廷權孫金海人居慶山龍城龍川

金東俊 字華汝生庚寅通政商羽孫通訓權喜曾孫刑判自粹十世孫夔州人居慶山龍城龍川

具義祖 字順八生甲申嘉善益大五世孫通訓海命九世孫綾城人居慶山龍城美山

石濟元 字舜賢生丁亥議官文宅子嘉善基潤孫芮城君鄰后慶州人居慶山慈仁校洞

黃珍洪 字致中生丙戌主事圭逸子嘉善道昇曾孫通政象坤玄孫郎廳處稷五世孫昌原人居慈仁

黃宙洪 字敬中生己丑主事圭逸子嘉善道昇曾孫通政象坤玄孫郎廳處稷五世孫昌原人居慈仁

黃鍾文 字潤宗生壬午議官聖基子叅奉正玉曾孫　贈禮叅鶴玄孫昌原人居慶山龍城外村

金炳基 字致洪生癸未中樞夏鼎五世孫監察龜老六世孫貞肅公仁鏡后慶州人居慶山龍城外村

金鏞俊 字周逸生辛未都正根培子監察啓植曾孫司馬連夏八世孫統制使禮直十二世孫金寧人居延日滄州三政

崔仁鉉 字仁泰生癸丑主事奉壽子通政世模孫司成汭十六世孫月城人居迎日滄州九龍浦

鄭讚永 字華晙生丙戌贈通政福祿孫持平應信八世孫文忠公夢周后烏川人居迎日東海興串

李好雨 字聖執生戊寅都正鍾春子贈工叅夢星十二世孫文忠公齊賢后月城人居迎日東海興串

金燦進 字希元生辛未贈嘉善尙曄子僉使夢澤九世孫節孝公克一十五世孫金海人居迎日大松新川

金在翼 字聖奎生庚戌叅奉榮國孫贈吏議振玉玄孫翼元公士衡十五世孫忠烈公慶后安東人居迎日只杏新溪

黃炳潤 字敬潤生丁酉通訓佑英子嘉善必九曾孫汝一十世孫忠烈公瑞二十世孫平海人居迎日東海長谷

李相根 字明仲生癸未通政碩垓八世孫察訪景瑜十世孫昌寧人居迎日只杏倉旨

金命先 字漢周生戊戌承旨致中子通政岱奎曾孫教官忠柱十一世孫金寧人居延日只杏倉旨

李準演 字晚肯生己酉叅奉鍾澤子嘉善運基孫校尉景璐九世孫昌寧人居延日只杏倉旨

鄭貞澤 字春嘉生乙酉副司直世機八世孫訓導昌國十一世孫奉事壽永十三世孫烏川人居延日竹長合德

琴周淵 字達鎬生壬寅生員涵七世孫僉正致滸十三世孫奉化人居迎日竹長月坪

朴永皓 仁立十世孫僉正彥福十一世孫密陽人居迎日杞溪宗丹

李志俊 叅奉彥秀子貞簡公璆后全州人居迎日只杏竹井

金震根 議官是奉子叅奉春福孫叅判洪宇后金海人居迎日只杏新倉

金敬商 嘉善敎永子資憲成漢六世孫文莊公台瑞后月城人居迎日只杏芳山

金鍾振 字舞玉生戊寅都事仁培子進士洪運九世孫判官世權十四世孫金海人居迎日松羅地境

梁泰問 字允一生辛卯叅奉宗河子嘉善重皇八世孫吏判誠之后南原人居延日滄州大甫

李圭弼 字華順生戊寅僉中樞遇湯五世孫府尹應彪十世孫江湯君開后陝川人居迎日大松冠洞

李澤厚 字德化生丁酉戶叅東馥五世孫武科有瀚十世孫敎授恂十四世孫靖簡公孟專后碧珍人居迎日大松冠洞

金相坤 字字七生丙午副護軍栢一玄孫忠武公應龍十世孫一贈禮判世儉十一世孫商山君得齊后商山人居迎日

朴基洙 字周瑞生丁酉生員允秀十三世孫生員璟十四世孫掌樂正英孫后密陽人居延日竹長上舍

金鎭泰 字瑗重生丙申贈僉中樞溶寬玄孫副護軍厚世七世孫忠義公文起十七世孫金寧人居迎日竹長上舍

禹有鉉 字致洪生壬子叅奉元熙孫縣監錫謐十三世孫文信公倬二十一世孫丹陽人居迎日竹長下舍

金會源 字宗海生戊申副護軍栢一曾孫忠武公應龍九世孫贈禮判世儉十世孫商山君得齊后商山人居迎日竹長

崔永寬 字以官生己卯副護軍瀛樹孫叅奉有井十一世孫左贊成濂后慶州人居迎日竹長上舍

金達源 字敬勳生甲申副護軍栢一曾孫忠武公應龍九世孫贈禮判世儉十世孫商山君得齊后商山人居延日竹長

李載錫 字禹三生辛未通政圭炯子嘉善承裕曾孫僉中樞遇陽六世孫府尹應彪十一世孫陜川人居延日大松冠洞

權鵬峻 字性萬生己卯嘉善齊衡子持平搠十六世孫安東人居迎日達田冷泉

鄭澄源 司果有輝后烏川人居迎日杞溪勿栗

李在龍 判官仁碩十二世孫永川人居迎日杞溪吾道

朴俊鎬 工叅永述孫密城君彥孚后密陽人居迎日滄州河亭

金桂得 通政應瑞子文忠公誠一后義城人居迎日只杏馬峴

金熙宇 兵使詢后慶州人居迎日杞溪禾岱

高宰夔 兵判彥伯后濟州人居迎日杞溪禾岱

黃永龜 贈工議載赫孫奉事麟五曾孫贊成希碩后平海人居迎日杞溪栗山

安聖教 字益三生辛卯嘉善思珣子兵叅景祜曾孫文成公珦后順興人居迎日滄州訥台

安權槿 字聖律生丁未叅奉斗璿孫通政思國曾孫文成公珦后順興人居迎日滄州訥台

尹永祥 字賢五生丁丑節制百胄六世孫嘉善時勗八世孫文肅公𤩱后坡平人居迎日清河柳溪

金榮久 贈軍資正士敏六世孫嘉善致康七世孫禮判自貞后金海人居迎日只杏休中

李奐濱 副尉景衍九世孫都正大任十世孫工叅同樞十一世孫知縣貴春后昌寧人居迎日滄州孔堂

張炳圭 字順明生丁亥監察在夔子副承旨仁酆玄孫忠貞公安世后居迎日只杏良浦

金斗[illegible] 吏議時相七世孫校尉命權十世孫文敏公冲漢后月城人居迎日只杏山西

嚴柱烈 通訓鎭永子叅奉斗錫孫忠毅公興道后居迎日只杏山西

金瀚斗 叅奉昌駿子副護軍國洪孫文愍公馹孫后金海人居迎日只杏水城

金在球 都事錫學子司果作奎玄孫司勇就萬 孫文敏公冲漢后月城人居迎日滄州柄浦

許達祥 通政敬述子副摠官 禎后金海人居迎日只杏靈岩

權千祚 叅奉甲運子通政致正孫司正壽福后安東人居迎日滄洲三政

金斗植 文愍公馹孫后金海人居迎日滄洲大浦

盧鏞萬 字仲範生庚午教官正中孫校理廷直十三世孫交河人居居昌郡內三溪

曹圭榮 字允辰生丁未生員仲明十四世孫生員燮虞十五世孫昌寧人居晋州水谷元外

許愿中 字建五生丁丑監役相直子虞候 祜十世孫貞節公
諱后金海人居晋州邑

安炳賢 字士維生丁未嘉善碩老八世孫順興人居晋州大坪硯
山

朴宗灝 字周益生戊寅進士坤甲十世孫密陽人居晋州美川於
玉

金鶴炫 護軍正福曾孫金海人居晋州水谷紫梅

金柱泰 安敬公永貞后金海人居晋州水谷紫梅

金琪纙 叅奉溶柱子忠毅公文起后金海人居晋州水谷紫梅

尹龍鉉 護軍光爽玄孫贇憲心貞七世孫昭靖公 坤后坡平人
居晋州大谷

沈柱佑 字致彦生乙酉叅奉箕燮子吏叅相沇孫 贈禮叅 梯
九世孫青松人居山清丹城默谷

沈馨輔 字子華生庚辰秘書承琮燮孫 贈禮叅 梯十世孫青
松人居山清丹城默谷

沈在福 字德彦生戊寅監役景燮子 贈吏叅相沇孫 贈禮叅
梯九世孫青松人居山清丹城默谷

辛普錫 字源國生壬午監正一柱十世孫奉事克碩十二世孫萬
戶馹十五世孫靈山人居咸安漆北東泰

金宰東 字佑駉生庚辰都正弘鎭孫進士 珣十五世孫安東人
居漆原西面康泰

周錫玹 字公汝生己丑議官時成子 贈禮議應稷玄孫進士進泰七世孫陶隱瑜后商山人居咸安漆原龜城

全璐濟 字丙富生己亥刑判自粹十七世孫慶州人居漆原北面雲西

安鍾植 字子貞生辛丑通政孝千孫工判淹后廣州人居密陽上東平陵

金鍾奭 字德辰生壬寅參奉龍珠孫府使逸駿后金海人居密陽武安鼎谷

姜煥秀 字仁中生乙未通政甫會孫晋州人居密陽上南馬山

禹夏順 字舜和生丁卯縣監 贈十三世孫丹陽人居密陽丹場古禮

吳晟模 字斗伯生丙子都事必善孫海州人居密陽丹場泛棹

朴周植 字敬明生癸卯都事演夏子參奉道顯孫密陽人居密陽丹場芦谷

姜瑆秀 字在敬生庚寅嘉善昌孫曾孫晋州人居密陽上南平村

金祥基 生辛亥通政玹錄曾孫通政楊鎬十世孫廣州人居密陽上東茅亭

徐相度 字元有生壬戌通政善孝子貞平公鈞衡后達城人居密陽山內鳳儀

金敬瑀 字慶文生甲戌 贈左承旨有富后慶州人居密陽山內松栢

黃廷顯 字舜明生辛酉執義起源孫進士 謹十世孫長水人居密陽府北中項

徐萬弼 字佑逸生丁丑牧使禮元十一世孫利川人居密陽下南守山

張世坤 字錦樵生壬寅通政七相孫文康公顯光后仁同人居密陽丹場菊田

張世洪 字應一生庚辰都事攝相孫文康公顯光后仁同人居密陽丹場菊田

金孟謙 字道叔生丁亥安敬公永貞后金海人居密陽上東新谷

嚴光龍 議官一燮子寧越人居密陽府北龍池

金冉福 叅奉容琫子叅奉守一玄孫文愍公馹孫后金海人居密陽府北龍池旨

李士根 司果聖雨子文忠公齊賢后月城人居密陽山內松栢

林希植 叅奉淳輔 忠愍公慶業后平澤人居密陽丹場

韓榮灝 字盛國生庚辰持平永厚十一世孫淸州人居昌寧都泉

表守一 字仁捘生戊辰 贈判義禁 憲十三世孫新昌人居昌寧都泉

禹慶夏 字文若生庚辰都事勝河十四世孫丹陽人居昌寧丈廳東亭

金箕鳳 字孝環生庚寅參奉 弼十一世孫光山人居昌寧南旨馬山

李浩中 字尙奎生庚戌通政承瓚曾孫碧珍人居昌寧釜谷溫井

車炫基 字可現生癸丑通政君良七世孫剛烈公云革十五世孫延安人居昌寧梨房草谷

朴魯禎 字舜瑞生丁亥 平陽人居昌寧城山芳洞

朴魯彥 字聖玉生癸未 平陽人居昌寧山城芳洞

孔在瓘 字泰益生戊戌參奉彥昌十一世孫生員魯成十二世孫孝節公宗周十七世孫曲阜人居昌寧釜谷院洞

朴炳圭 生員虎信 孫忠貞公世均后密陽人居昌寧大合月桂

尹永奎 監察佑甲后坡平人居昌寧城山臺山

尹翔植 字翼生甲戌參奉庸重子秘書承善文孫嘉善湯權曾孫太師莘達后坡平人居昌寧釜谷水多

文基鉉 字聖若生戊子禮正德龜九世孫牧使繼昌十三世孫忠肅公克謙后南平人居陜川妙山館基

李圭墉 字韓五生壬午府使斗宗八世孫大憲義俊十一世孫忠武公守一十二世孫文孝公 蘜后慶州人居陜川冶爐

朴愼善 字善一生己丑武肅公震英八世孫贈刑判 昕九世孫吏正光敏十五世孫密陽人居陜川冶爐金坪

金性泰 字仕範生甲戌工議斗培孫通政顯瑞曾孫忠簡公普后金海人居陜川伽倻黃山

崔址澤 字聖華生戊寅通政琪煥子通訓運箕曾孫慶州人居陜川冶爐汀臺

崔址壽 字順伯生癸未通政琪煥子通訓運箕曾孫慶州人居陜川冶爐汀臺

崔址孝 字士奎生丁亥通政琪煥子通訓運箕曾孫慶州人居陜川冶爐汀臺

黃瑨鳳 字五秉生丙子監役海龍子翼成公喜十七世孫長水人居陜川伽倻藍橋

鄭柱烘 字文一生戊子嘉善德久六世孫嘉善周望七世孫通德郎仁煒十三世孫瑞山人居陜川仁谷

徐廷和 字舜賢生庚寅叅奉來永子嘉善大省八世孫監察近中后達城人居陜川仁谷

崔在完 字德見生癸酉府使道彬五世孫主簿夢曦十一世孫慶州人居陜川伽倻鏒村

金佑植 字尙洪生庚戌叅奉應洛子文科克一十四世孫義城人居陜川面杜陵

李漢翅 字章見生丁亥叅判聖十一世孫事實二十一世孫江陽人居陜川面內谷

曺璀承 字士一生戊辰郡守時亮九世孫大司諫挺立十世孫府使應仁十一世孫昌寧人居陜川妙山安城

麻希國 字周若生丙戌防禦使斗元子府使夏帛孫上谷人居陜川鳳山松林

宋在曄 字德哉生癸巳都正相殷五世孫進士國軾十世孫延安君光彥后延安人居陜川大陽士谷

李奎煥 字善五生癸卯進士沉十三世孫副司果維岳九世孫通訓恂十七世孫安岳人居陜川大陽茂谷

方世源 字德章生甲戌監司有寧十三世孫贈兵叅仲正十四世孫文定公宣二十世孫軍威人居陜川龍洲愚谷

方明源 字應八生辛巳通政培鎭子都事道涗孫監司有寧十三世孫軍威人居陜川龍洲愚谷

金淳容 生辛酉叅奉秉烈子監役琪淵孫承旨敏國十二世孫義城君錫后義城人居陜川龍州黃溪

裵相三 字敬玉生甲戌奉事敬立九世孫牧使明遠十世孫副提學孟厚十四世孫盆城人居陜川冶爐汀臺

金炳鎭 字聲重生丁亥監役奎鏞從子節孝公克一十三世孫金海人居陜川鳳山杏亭

金永珠 生乙丑生員在鎭子節孝公克一十四世孫金海人居陜川鳳山金鳳

曺命文 字禹卿生甲戌大司成挺立八世孫府使應仁九世孫昌寧人居陜川鳳山杏亭

黃大淵 字以淵生乙酉中樞基玉孫刑判居正十八世孫昌原人居陜川仁谷

黃鎬淵 字河淑生辛巳嘉善夏中九世孫刑判居正十八世孫昌人原人居陜川面仁谷

孔在聖 字敬執生癸未通政義燮子孤山　僊二十一世孫曲阜居陜川伽倻黃山

朴周鏞 字士一生辛卯通政基守子縣監允斌十七世孫高靈人
居陜川鳳山德洞

申洛均 字汝中生甲申進士順蒙九世孫執義忠任十世孫平山
人居陜川伽倻九美

申彦警 字致汝生庚午進士順蒙十世孫執義忠任十一世孫平
山人居陜川妙山桂洞

申彦珏 字汝章生戊辰進士順蒙十世孫執義忠任十一世孫平
山人居陜川冶爐德岩

劉極中 字汝玉生甲子都事友參九世孫叅奉瓘十世孫大憲
懽十五世孫居昌人居陜川冶爐下林

白樂成 字德汝生戊寅司果希洙子嘉善奇厚孫忠肅公仁傑十
一世孫水原人居陜川妙山華陽

白樂石 字敬汝生丁亥司果希洙子嘉善奇厚孫忠肅公仁傑十
一世孫水原人居陜川妙山華陽

白樂鳳 字聖汝生癸丑司果希洙子嘉善奇厚孫忠肅公仁傑十
一世孫水原人居陜川妙山華陽

朴琪銖 字汝玉生丁亥主事周亮子縣監允斌十六世孫高靈人
居陜川冶爐墨村

朴泰銖 字章玉生己酉叅奉周善子縣監允斌十六世孫高靈人
居陜川冶爐墨村

姜鳳渭 字性玉生癸巳中樞有齊七世孫叅判徽俊八世孫師傳
大適九世孫殷烈公民瞻后晋陽人居陜川大陽鵝村

金鍾煥 字泰振生壬辰同中樞光衍五世孫左尹佑六世孫
就礪后彦陽人居陜川龍洲方谷

姜周達 字良彦生甲申洗馬大適十世孫禮判翼文十一世孫殷烈公民瞻后晋陽人居陜川大陽鵝村

金浩鎭 字聖允生癸未進士相玉子 贈戶叅炳益孫進士珣十四世孫安東人居陜川伽倻大田

李起五 字佑倫生庚戌進士寅宇孫副護軍會應會孫孝寧大君補后全州人居陜川冶爐德岩

鄭海永 字允見生丁亥領相仁弘十二世孫 成德十六世孫瑞山人居陜川冶爐下林

洪承學 字子善生壬辰 贈工議祐誠子 贈兵議夢漢五世孫進士慶先十世孫豐山人居陜川汝丹梅湖

金相震 進士伯堅后金海人居草溪泗陽

李判甲 議官泰熇子五衛將佑倘孫校理希閔后陜川人居草溪衛幕

黃洙現 字子範生丁亥監察基潤 孫贈戶叅鼎運會孫 贈承旨載德玄孫昌原人居淸道大城松邑

成鍾祿 字致萬生辛酉內禁衛安國八世孫昌寧人居淸道角南新堂

方鍾八 字德汝生丙申都事震坤孫叅判 崇后溫陽人居淸道雲門馬日

趙鏞寛 字振五生甲申叅奉允廸十一世孫察訪之瓊十三世孫咸安人居淸道大城安仁

文在瓘 字周賢生壬申 贈資憲弼憲六世孫南平人居淸道大城安仁

崔雲達 同樞斗翰孫匡靖公鄲后月城人居清道梅田堂湖

曹秉吉 通政啓燦子進士致唐十三世孫昌寧人居清道豊角德陽

金完洙 字汝重生已亥癸奉鳳祚子司果應仁孫慶州人居固城九萬苧蓮

孫台鉉 字明老生辛卯癸奉學淵曾孫持平景岦十一世孫戶議得弘十二世孫密陽人居班城雲川

尹錫懿 生員禧六世孫代言安橘十七世孫坡平人居固城下里鶴洞

李鎭吉 字景洪生癸巳都正日啓曾孫中樞福十一世孫贈左承旨瀚十三世孫執義亨后咸安人居固城九万

李孟奎 字珍汝生已卯通政士啓孫監察鶴齡玄孫贈左承旨瀚十二世孫執義亨后咸安人居固城九万苧蓮

金銀九 字漢善生已卯通政溶珍孫中樞聲發八世孫忠毅公文起后金寧人居固城巨流銀月

金相權 中樞聲發九世孫忠毅公文起后金寧人居固城巨流銀月

鄭載琪 字在守生甲寅教官圭煥子通政培九世孫殷烈公臣烈后晋州人居固城介川佳川

洪象允 生辛亥癸奉鍾橫子秘書承致敏孫南陽人居統營光道黃里

徐昌得 生庚子癸判憲碩子萬戶有承孫吏判涉后達城人居統營邑曙町

姜東祚 生癸卯 魯淳子通政儀文孫萬戶 庭后晋州人居統營光道黃里

李鍾宇 字亨道生乙巳嘉善震碩孫 贈承旨師春玄孫靖武公好誠后星山人居固城馬岩三樂

金煥贊 字克明生丙寅通政庠柱子別將海鎭孫上洛君時興后金寧人居統營邑道泉

張世瓚 字瓚琡武科舜鳳從子文康公顯光后仁同人居統營邑朝日町

朴現基 字泰日生丁亥五衛將平來孫文度公 蕃后密陽人居統營光道德浦

徐炳珪 字能眞生壬午監察在鎬子左尹 沉后達城人居固城永吾

全瑛先 字敬善生庚辰 贈承旨漢炳子通政奎燦孫嘉善 柄會孫護軍義徵六世孫慶山人居固城介川佳川

全鍾濟 字鍾泰生癸丑 贈嘉善晟柄會孫嘉善柄浩五世孫護軍義徵八世孫慶山人居固城介川佳川

李圭琥 字自潤生癸未監察基榮子嘉善泰震孫府使景湖十世孫文忠公齊賢后慶州人居金海進禮淡安

李圭寅 字啓元生庚辰嘉善泰辰孫府使景湖十世孫文忠公齊賢后慶州人居金海進禮淡安

李承驥 字伯善生乙酉通政周國孫德陽君 岐十二世孫全州人居金海長有德亭

梁銀錫 子景遠生癸未泰奉在養子南原人居金海菉山

宋周永 字相殷生戊子都事錫禎子通政國明孫叅判樺壽十三世孫恩津人居金海松亭

河奉化 字柄雯生庚子議官成龜子通政斗泓曾孫贇侮將軍澪后晋州人居金海邑太法

金聖煥 字斗見生癸巳嘉善德奎孫叅奉儉諧十三世孫府使逸駿十四世孫金海人居金海菉山九朗

朴鼎敦 生員書林后密陽人居金海進永

文渭尙 字仁元生戊子叅奉錫周子議官載郁孫江城君益漸后南平人居金海駕洛鳳林

安承太 議官性鎬子順興人居金海菉山美音

朱孝述 字敬中生辛巳贈節制使箕生九世孫淸溪潛后新安人居泗川西浦金牛

申甲熙 叅奉相　子承旨賢權曾孫平山人居泗川龍見溫井

金永會 字聖久生己酉主事在鍾子進士文斗十一世孫領相彥沉十四世孫翼元公士衡后安東人居馬山俵町

曺秉濟 司果孝敏七世孫司直　禎十世孫莊胡公閏孫十二世孫昌寧人居馬山上南

李斗鉉 字理夏生甲子文景公　稷十七世孫星州人居昌原北面高岩

黃洙建 字晦仲生庚辰嘉善琦烱曾孫　贈左承旨聖淸五世孫昌原人居昌原南面上鼺

金潤爽 秘書承載裕子監察必均孫文懋公馹孫后金海人居昌原東面德山

許允墰 進士樹良九世孫縣監磷十世孫正憲公伯琦后金海人居昌原鎭田日岩

曺泰承 字敬凡生己亥叅奉侃十世孫昌寧人居鎭海鎭東台封

文成斗 字渭宗生乙巳文案仁穆子縣監道桓六世孫文宣公益漸后南平人居昌原鎭田大井

曺圭淑 字殷淑生癸卯通政秉仁孫叅奉一潤曾孫昌寧人居梁山院洞花齊

洪瑛植 字周範生戊寅議官承翊子叅議禹績八世孫提學載十六世孫豊山人居梁山上北外石

白殷洪 字文九生壬申司果東珪子叅議受綸九世孫扶餘人居梁山北亭

柳灌來 字觀五生癸未嘉善煥箕孫自湑后文化人居梁山山亭

鄭漢教 字基彥生辛巳都事演臣子孝貞公玉良十四世孫草溪人居梁山上北所士

申學均 字允直生戊戌都事炳熙子平山人居釜山大新町

鄭寅穆 秘書承泰元子禮叅在述曾孫文安公穆后東萊人居釜山草梁町

崔京烈 副護軍箕星后陽川人居河東玉宗中臺

林奉圭 字乃闓生壬辰都正炳壕子兵使 晋十三世孫羅州人居蔚山斗東泥田

李敦雨 字乃賢生丙申生員鍾南子文忠公齊賢后慶州人居蔚山下廂兵營

沈仁植 字春巨生辛丑左尹魯文玄孫 渙十三世孫靑松人居蔚山農所虎溪

嚴柱澈 字肅重生乙巳監役文鉀玄孫忠毅公興道十七世孫寧越人居蔚山溫山華山

朴聖道 字子賢生炳武子密城大君彦忱后密城人居蔚山溫山華山

尹錫禹 生癸丑議官炳寬子都正珍東孫昭靖公 坤后坡平人居蔚山溫山三平

金琪燦 字敬長監察德振孫僉正順卿十一世孫大諫致行十四世孫金海人居蔚山凡西無去

郭海振 字重元生癸酉嘉善榮遜九世孫僉正天柱七世孫府使遇十三世孫苞山人居蔚山凡西尺果

金璣永 贈刑議震昌后金海人居蔚山溫山種洞

沈明求 教授 渙后靑松人居蔚山邑新亭

朴準百 僉正見鳳后密陽人居蔚山下廂北洞

辛烈軍 府使 荃后靈山人居彦陽三南荷山令

金海淳 字德守生辛卯議官履鎭子文忠公得培十九世孫商山人居聞慶山北面四龍

金周植 字士彦生戊申議官得鍾孫文忠公先致十五世孫商山人居聞慶山北面四龍

金溶瓚 字翊汝生庚子同中樞萬興七世孫贈左尹哲成八世孫忠毅公文起十四世孫金寧人居聞慶山陽果谷

金星燮 字振汝生庚寅忝奉淵根子文忠公得培二十一世孫商山人居聞慶山陽兄川

李章榮 字春耕生辛未同中樞溫新孫贈正郞和億曾孫襄僖公興商后慶州人居聞慶山北石鳳

李圭德 字肆根生癸未嘉善道榮子襄僖公興商后慶州人居聞慶山北石鳳

李圭環 字尙五生丁亥秘書承竝榮子襄僖公興商后慶州人居聞慶山北石鳳

李鍾竽 字玄于生癸卯監察圭翊子戶忝龍雲曾孫襄僖公興商后慶州人居聞慶山北石鳳

金載卿 字敬元生乙酉副護軍點哲孫嘉善學仁曾孫金州君時興后金寧人居聞慶虎溪

金在鎬 字甫汝生癸丑忝奉基瓚子都事思隱孫文忠公得培十八世孫商山人居聞慶虎溪龜山

李弘雨 字長孝生甲午議官鍾德子忝奉圭允孫文忠公齊賢后慶州人居聞慶虎溪

金昌顯 字聖烈生乙卯忝奉進元子敎官瓊秀孫永山府院君宗敬后永山人居聞慶山北石鳳

洪在潤 字在貞生丙午叅奉炳元子議官龍杜孫判官警禹十世孫寬靖公誅后南陽人居聞慶山北石鳳

張南植 字花苑生庚子叅奉儀鳳子叅奉用業孫忠顯公夏后丹陽人居聞慶山北石鳳

金振玉 字聲五生辛未提學演鎬孫郡守尙續十世孫淸簡公時習后江陵人居聞慶山北石鳳

嚴承河 字聖繼生乙酉生員顯佐曾孫忠毅公興道后寧越人居聞慶山北花庄

權應錫 字胤汝生丁未叅奉軾孫僖靖公相一七世孫師傳字后安東人居聞慶山北梨谷

裵文達 字興奇生丙子 象麟子武烈公玄度后星山人居聞慶加恩泿池

呂洪植 字尙勳生乙未通政奎元孫進士希端十二世孫判書克誨后星山人居聞慶龍岩宮基

李起春 字春汝都事完儀子進士師蕃七世孫孝寧大君 補后全州人居聞慶東魯赤城

周廷會 字致祚生丁酉議官時赫子校理 博十二世孫文敏公鵬十三世孫尙州人居聞慶東魯生達

權瑀淵 字禹玉生庚辰通政載龍孫僉正克誠九世孫安東人居聞慶東魯平地

金東澈 字致明生甲午副官麟浩子嘉善商旭孫刑判自粹后慶州人居開城東魯赤城

李鍾九 字聲益生丁亥戶叅龍雲曾孫叅判義意八世孫襄僖公興商后慶州人居聞慶山北石鳳

金暎淵 字允深生戊戌教官商鳳子察訪理元十一世孫進士樂春后順天人居聞慶山北石鳳

高浣 經歷克勤后開城人居聞慶山陽松竹

鄭英載 良景公熙啓后慶州人居聞慶虎溪佳湖

崔永祚 進士龜欽九世孫副提學萬里后海州人居聞慶永順浦內

孫崙秀 訓導文伯十三世孫監察登后月城人居聞慶永順茂林

林學洙 參奉泳鎭子監役奎晋孫醴泉人居聞慶永順蛾谷

林柄均 中樞宗秀孫縣監承業后居聞慶戶西九坪

洪泰均 府使仁傑后缶林人居聞慶虎溪

盧熙傑 主事煥根子參奉秉國孫進士守珹后安康人居聞慶虎溪鳳亭

余在敬 兵議春孫兵佐孝温后宜寧人居聞慶山陽松竹

吳錫基 教官世英子主事泰煥孫議官濬根曾孫判尹致雲后海州人居聞慶山北月川

崔柄善 字大翼生戊午宣傳仁寬十一世孫文昌侯致遠后慶州人居河東良甫雲岩

李夏秀 字乃淑生甲戌秘書丞承慶子讓寧大君禔十六世孫 全州人居河東良浦桶井

姜允錫 字致叔生壬辰右承旨鉦文子 元老后晉州人居 河東辰橋良甫

金炯祚 生己未 贈禮判義淵孫忠毅公文起十六世孫金寧人 居河東古里大德

辛俊植 字德祐生庚戌都正時洪子左承旨貞龜孫靈山人居河 東岳陽東悔

孔永栢 字明云生乙酉承旨錫善子 贈工參萬奎孫 贈兵判 文斗曾孫曲阜人居河東古里大德

李敎鳳 字仁玉生壬午同中樞 艦八世孫文義公彥冲后全義 人居河東良甫知禮

李聖植 字處國生庚辰左尹 瑋子牧使公杜后陜川人居河東 辰橋月雲

成樂禎 字儀中生丁亥郡守寅亮九世孫文靖公汝完后昌寧人 居河東臭甫雲岩

金鍾振 字洛玩生甲午左承旨顯周孫安敬公永貞十五世孫金 海人居河東辰橋古梨

李載原 字慶贊生辛巳守門將論東十世孫恭肅公明德十八世 孫公州人居河東辰橋甲井

鄭東湜 字尙賢生己丑參奉在誠子殷烈公臣烈后晉陽人居河 東辰橋冠谷

鄭錫胤 字在永生戊辰進士 俊十五世孫忠莊公 苯后晉陽人 居河東良浦細谷

李熙正 字聖洪生辛卯叅奉根培子同中樞　檍九世孫大學釋之后永川人居河東辰橋冠谷

李載守 字祥珍生壬辰工議萬興玄孫大學釋之后永川人居河東辰橋冠谷

金學成 叅奉相寅子同中樞東春曾孫文愍公馹孫后金海人居河東良甫甘棠

金濬鉉 承旨在間子　贈承旨宗默孫平章事公國后義城人居河東岳陽東梅

梁在間 交議璂煥子府院君永精后南原人居河東岳陽東梅

李鎭善 生員丙容孫通政廷榮曾孫讓寧大君　禔后全州人居河東缶陽新谷

李柱一 字乃和生甲午正言　馨八世孫典書守全后陝川人居河東古圖城川

洪鎭遠 字得初生丁酉通政在煒子同中樞勉燮孫南陽君彥涵十九世孫南陽人居開寧現京城苑洞

成夏根 字重殷生乙未校理起寅七世孫　贈吏正錫夏九世孫清白吏以性十世孫清白吏安義后昌寧人居尙州現京城齋洞

嶠南科榜錄世講篇終

嶠南科傍錄編輯時派任錄

前參奉 辛廷植 靈山

都々監 幼學 柳東濬 安東
幼學 郭相鼎 玄風

都監 鄭東轍 尙州
張志衡 仁同

鄭淵世 永川
金泰鎭 高靈

前參奉 趙昇衍 尙州
李翼煥 漆谷

幼學 柳淵龜 安東
前參奉 金容禧 淸道

許壎 善山
進士 朴敦秉 固城

黃永來 豐基
幼學 朴炳朝 慶山

宋義學 金海 編輯
幼學 金東鎭 順興

都々廳 前承旨 金鴻洛 安東
金熙翼 玄風

都廳 前參奉 李忠鎬 禮安
李家鎬 禮安

幼學 李泰一 永川
徐景洙 慶山

幼學 周鶴表 漆原　幼學 全在銖 榮川

崔炳善 河東　李基轍 星州

朴鎬九 榮州　宋鎭瑋 尙州

李炳憲 咸陽

校正有司

幼學 趙顯珪 山淸

丁基南 新寧　金永燾 禮安

前校理 具然鎬 晋州　丁泰鎭 榮川

前都事 朴天銖 梁山　鄭宗鎬 星州

校正都監

幼學 權寧圓 新寧　李鳳熙 星州

李炳七 禮安　南龍佑 義城

權相佑 醴泉　郭斗泳 玄風

金武相 榮川　李世榮 義城

李周厚 漆谷　權相老 京城

前叅奉 殷箕杓 軍威　幼學 林苾熙 安義
進士 金永淳 統營　李鍾麟 尙州
幼學 安秉圭 永川　李炳鯤 密陽
朴乃爀 咸安　金大鉉 新寧
進士 崔鴻烈 居昌　李英雨 延日
幼學 李鍾洙 安東　李漢杰 安東
孫明鎬 慶州　宋在達 榮川
前主事 權五運 安東　金致元 河陽
幼學 金思鎭 榮川　前郡守 甘濟鉉 昌原
朴守坤 淸道　幼學 鄭煥軾 金山
金洛定 晋州　申鳳來 盈德
前叅議 鄭淳賢 咸陽　張師國 榮川

前叅書 秦喜葵 大邱 整單
幼學 李大源 慶州

幼學 全永穆 安義
曺升鎬 永川

蔡孝植 達城
金在舜 高靈

前叅奉 高永憲 聞慶
李奎澔 安東

李偓 高靈
前郡守 權泰韶 丹城

幼學 張台胤 比安
幼學 朴東禧 眞寶

朴仲烈 高靈
權奇夏 聞慶

權台燮 安東
都文煥 星州

卞種權 昌原
呂佑東 星州

前主事 林震根 梁山
前參奉 沈相元 青松

幼學 朴光洛 大邱
前叅奉 李相東 星州

周錫琁 漆原
幼學 李台基 昌原

寫本　幼學　李在洛　蔚山　　幼學　金相圭　尙州
韓東愈　慶山　　金相植　奉化
李重來　昌寧　　金台燮　榮川
盧正商　草溪　　成基源　昌寧
許進憲　咸陽　　鄭在國　尙州
南浩重　寧海　　李準永　安東
權承浩　義城　　黃命欽　豐基
朴昶淳　義興　　申元植　義城
李相杓　玄風　　李基達　星州
監印　幼學　柳惠佑　安東　　朴勝烈　榮川
崔鍾遠　善山　　李鍾武　奉化
李庭馥　安東　　南寅洙　安東

幼學 盧致容 永川
鄭輝鳳 英陽
鄭炳燦 慶州
金棍 山淸
都相汶 大邱
裵振基 靈山
鄭在潤 晉山
具韻曾 漆谷
朴鍾文 寧海
裵縉奎 漆谷
柳濟興 軍威
李英敎 寧海

幼學 許克遠 河陽
金泳穆 慈仁
朴永壽 淸道
吳在春 高靈
金炳燮 昌原
權五常 新寧
張昌燮 安東
裵樞夏 陜川
河在鎬 陜川
孫[illegible]熙 密陽

嶠南科榜録　補遺篇

嶠南科榜錄補遺篇

文科

○太祖朝

殷長孫 官禮議 父襄烈公莘尹 貫幸州 居仁同

○文宗朝

池淨 字希容 號友松堂 官節制使 享莊陵壇 貫忠州 居聞慶

○燕山朝

李承吉 號處湖亭 官承旨 享雲川祠 父叅判 儒叅議 持孫 益陽君克仁后 貫永川 居盈德

○中宗朝

秦宣 官社稷令 父縣監智敏 縣監欽祖孫 掌令浩后 貫豊基 居豊基

○明宗朝

朴民俊 字夏三號寬齋生中宗庚子官校理父進士興叔密陽君涉后貫密陽居密陽

殷霦 官郡守父縣監賓衛文翼公汝霦后貫幸州居仁同

○宣祖朝

全守玉 字極善官禮叅父忠順衛碩復貫慶山居固城

李時俊 號隱史官吏議父 嶠恭肅公明德后貫公州居河東

武科

○中宗朝

李遇慶 字彦美官訓鍊叅軍父進士德符通禮克堅曾孫觀察禮孫玄孫貫廣州居恭谷

○宣祖朝

李心一 字叔精官縣監父叅軍遇慶進士德符孫觀察禮孫后貫廣州居漆谷

權思道 字汝弘號松坡生 中宗丙寅官節制使判書 制后貫安東居安東

盧景宗 字孝誠號明庵官訓正錄宣武原從功父公奭校理廷直后貫交河居昌原

成安國 官內禁衛父叅奉 緯判書萬庸后貫昌寧居昌寧

○光海朝

李靈雨 字時甫生 宣祖丙午贈兵議父叅奉心宅縣監仁符曾孫觀察禮孫后貫廣州居漆谷

夏雲瑞 字慶會生 宣祖庚子官判官錄宣武原從功父同樞仁敬工議 汶孫都督 欽后貫達城居達城

○仁祖朝

崔習楠 字汝則生 宣祖乙未官別將父叅奉雲亨 贈兵判龜東后貫月城居慶州

崔泰楠 字汝順生 宣祖丁酉官副護軍父叅奉雲亨 贈兵判龜東后貫月城居慶州

崔龜楠 字英五生 宣祖戊戌官府使父通政雲翼 贈兵判福
東后貫月城居慶州

崔斗楠 字英和生 宣祖乙巳官中軍父通政雲翼 贈兵判福
東后貫月城居慶州

崔起楠 字英瑞生 宣祖丁未官別將父通政雲翼 贈兵判福
東后貫月城居慶州

○孝宗朝

裵斗元 字景仰生 仁祖甲戌官宣傳父吏正 旭賚憲夢碩曾
孫武烈公玄慶后貫盆城居蔚山

○顯宗朝

裵斗樞 字景耀生 仁祖己卯官判官父吏正 旭賚憲夢碩曾
孫武烈公玄慶后貫盆城居蔚山

○英宗朝

金在鳳 字汝和生 肅宗辛未官司果父通政瑞碓護軍壽澤后
貫江陵居尙州

○高宗朝

崔守日 字聖瑞生 憲宗壬寅 贈司僕正父壽起嘉善濟龍后貫月城居青松

趙性璿 字順汝生 哲宗甲寅父觀祐貞節公旅后貫咸安居大邱

司馬

○世宗朝

殷宗 生員父縣監 顯文翼公汝霖后貫幸州居仁同

○世祖朝

金珣 進士父通政永銖太師宣平后貫安東居漆原

曹仲明 生員父應箕襄平公益淸后貫昌寧居晋州

○成宗朝

朴龜元 字彥齡號採芝堂生 世宗庚戌進士官吏正父進士孝先忠靖公世均后貫密城居慶州

辛守 字可嬌號雙槐亭生　世祖壬午進士官參奉父縣監寶重直長帶犀孫太師夢森后貫醴泉居咸昌

朴蔚 進士父密直使吉祥文敬公宜中玄孫貫密城居比安

曺變虞 生員官提讀父生員仲明襄平公益淸后貫昌寧居晋州

〇明宗朝

禹世臣 字廷老號三山生　中宗戊寅生員官判官父生員淹司果繼文孫文僖公倬后貫丹陽居居榮川

權經 戊午生員父別提哲明錄事山海孫文靖公希正后貫安東居醴泉

曺孟謙 字益夫生　中宗癸未戊午生員錄原從功父舍人碩輔禮議變安孫襄平公益淸后貫昌寧

〇宣祖朝

李壢 字光伯進士父司直弘禎　贈參判　涵曾孫孝寧大君補后貫全州居義興

〇光海朝

徐思選 字精甫號東皐生 宣祖己卯癸丑生員官叅奉享玉川院父生員湜制處使沉后貫達城居慶山

金敬直 字而正生 宣祖己巳進士官承旨父縣監希賢僉正從壽孫安敬公永貞后貫金海居高靈

○**仁祖朝**

張以兪 字子裕號知分軒生 宣祖戊戌進士享伊陽院父鳳翰司馬 潛曾孫忠貞公安世后貫玉山居星州

○**顯宗朝**

李東英 字華伯號二休亭丙午進士父 贈掌樂正天機副護軍翰南孫忠肅公 藝后貫鶴城居蔚山

○**肅宗朝**

張海翼 字雲程生 顯宗壬子進士父副尉茂先進士以兪曾孫進士 潛后貫玉山居星州

金聖輝 甲午進士父命守貫金海居星州

○**純祖朝**

徐必龍 字泰翼號學稼齋生正宗戊戌癸酉生員父景武貞平公均衡后貫達城居大邱

洪在學 字潤汝號金華翁生正宗壬寅己卯進士父進士天休忠貞公應后貫南陽居善山

徐爍 字道鄉號百忍堂生英宗丙戌己卯進士父命鼎貞平公均衡后貫達城居大邱

成鎭教 字敬度號南薌生正宗甲寅戊子進士父泰魯判書萬庸后貫昌寧居淸道

徐光贊 字德卿號靜窩生正宗己亥戊子進士父景汶貞平公均衡后貫達城居大邱

○憲宗朝

盧弼中 字應五號川上生純祖辛未生進父瀚訓正景宗后貫交河居昌原

金鍾元 字箕彥號忍齋生純祖乙亥庚子進士官工議父嘉善弘培忠簡公曾后貫金海居密陽

盧丙龍 字道宇生純祖丙子戊申進士父英鎭訓正景宗后貫交河居昌原

○哲宗朝

朴來朝 字星老號陸史生 純祖庚辰戊午進士父道浩參判鳳齡玄孫府尹守弘后貫密陽居善山

李孝相 字伯源號逸齋生 純祖甲午癸亥進士父學海奉事光鄰后貫清安居慶州

○高宗朝

權燧光 字章彥號石荷生庚午進士父相英 策后貫安東居英陽

李文虎 字順汝號東川生 純祖癸未壬午進士官同中樞父贈工參挺斗吏參世仁后貫星山居星州

李珪和 字致卿生 純祖辛未進士父復陽文忠公齊賢后貫慶州居慶州

盧炳鎭 字粲五號南湖生 純祖戊寅乙酉進士父 瀚訓正景宗后貫交河居昌原

蔭仕

○定宗朝

權　恢　官郡守　贈吏議父典書元均太師　幸后貫安東居咸昌

金光儲　號聾庵官吏判父判義禁　峴平章事重源孫金寧君時興后貫金寧居安義

〇太宗朝

趙　崇　官牧使陞中樞父護軍思忠貫豊壤居尙州

金　順　號退休堂生　定宗辛巳官戶判　贈領相父吏判光儲判義禁　峴孫金寧君時興后貫金寧

金　務　官濟用少監父密直使天利貫光山居安東

金崇之　官殿直　贈寺正父少監　務密直使天利孫貫光山居安東

〇世宗朝

孫士章　官別提父監察　登貫月城居順興

黃貴鄉　生　太宗癸巳從仕郎　贈戶判父奉禮　躔監務處中孫大相石柱后貫昌原居順興

金慎知 官署令父副學尙直兵議 謙孫贇成鼎臣曾孫貫商山居尙州

韓尙恭 官郡守父牧使 廉判書哲冲孫貫淸州居陜川

權寬 官經歷父韶文靖公希正孫永嘉君 奕后貫安東居龍宮

○文宗朝

金觀 號睡軒官吏判 贈領相父戶判 順吏判光儲孫金寧君時興后貫金寧

裵祐裒 字國輔叅奉父校理世綸吏叅孟厚孫武烈公玄慶后貫盆城居蔚山

○端宗朝

金玄錫 字太初號如瓶齋生 世宗庚子官縣監 贈吏判父忠毅公文起 贈領相 觀孫金寧君時興后貫金寧

李振孫 號月軒官上護軍父直長宗謹大學釋之后貫永川居河陽

鄭道復 字來之號逸峯官大司成享文川祠父廉義公云敬正議公 美后貫奉化居榮川

○世祖朝

孫瑾 官判官父別提士章監察登孫貫月城居順興

盧處和 字敬相生世宗己巳官判官贈兵叅父郡守尙仁右相嵩孫大護軍亶玄孫貫光州居尙州

裵允禎 字元卿叅奉父叅奉祐衰校理世綸孫吏叅孟厚曾孫武烈公玄慶后貫盆城居蔚山

權珣 號陶谷生世宗乙卯官訓導父侍直景石縣監曜孫大憲定曾孫檢校侗后貫安東居榮川

南秠 號愚峯官縣監監察御吏須孫贊成事洪輔后貫英陽居醴泉

○成宗朝

孫義亨 字德甫官司勇父判官瑾別提士章孫監察登曾孫貫月城居禮安

宋文獻 官叅奉父府使嚴卿貫龍城居靈山

鄭蕃 字子實生世宗己巳官修義副尉父校尉克恭判官澤后貫晋陽居尙州

盧熙善 官郡守父工議德基判官處和孫郡守尙仁曾孫貫光州
居尙州

○**燕山朝**

周繼宗 字光仲生 成宗丁酉叅奉父郡守允昌判書尙彬孫貫
尙州居添原

○**中宗朝**

盧敬長 官敦寧曾孫守愼貫 贈吏判父郡守熙善工議德基孫
右相嵩后貫光州居尙州

孫 荃 字元芳官校尉父司勇義亨判官 瑾孫別提士章曾孫
監察登玄孫貫月城居禮安

太孝貞 生世祖癸未叅奉陞通政父致生永順君金就后貫永
順居醴泉

金永權 字平叔生 成宗丙申叅奉父通訓 琬叅奉自江孫平
章事椿后貫義城居安東

權哲明 官別提父錄事山海經歷 寬孫文靖公希正后貫安東
居醴泉

石義正 官叅議父芮城君文成左賛成汝明孫府院君良善玄孫
芮城君 鄰后貫忠州居三嘉

○明宗朝

朴永慈 官參奉父忠順衛　樑判書　煥曾孫貫咸陽居慈仁

盧鴻 字伯鸞生燕山丙辰官別提子守愼貴贈領相父贈贊成翊　贈吏判敬長孫右相　嵩后貫光州居尙州

徐興著 字德之號三樂軒生　中宗甲申奉事父應壽判書涉后貫達城居星州

裵旭 字叔鼎官吏正資憲夢碩孫武烈公玄慶后貫盆城居蔚山

權綸 官敎授父別提哲明錄事山海孫文靖公希正后貫安東居醴泉

全應祖 生　中宗壬辰副護軍錄翊聖功臨河君父　贈刑議居康歡城君　琧后貫旋善

李源 字君浩號淸香生燕山辛酉薦訓導享培山院父參奉承文江陽君　開后貫陜川居咸陽

石奎 官訓導父通德郎斯珹參議義𤣩孫芮城君文成曾孫芮城君　鄰后貫忠州居三嘉

○宣祖朝

李心宅 字子安生 明宗丙辰叅奉 贈掌樂正父春南縣監仁符孫觀察禮孫后貫豐州居漆谷

裴紭芷 字士秀生 明宗甲子官直長錄宣武原從功 贈監察父牧使應褧貫星山居順興

禹搢 字子敬生癸酉官訓導 贈掌樂正父判官世臣生員淹孫文僖公倬后貫丹陽居奉化

權紐 字士會號鼎山生 中宗辛丑叅奉壽陞僉樞父護軍夢斗判書靭后貫安東居安東

曹謙益 字讓叔生 明宗丁未官司直父叅贊允愼翰林孝淵孫襄平公益淸后貫昌寧

金有定 字仝直號臥山生癸酉叅奉父應聘侍郎漢公后貫月城居慶州

朴義老 字德叟號慕堂官判官錄扈聖功 贈禮判父修撰慶進貫密陽居河陽

金鷟 字國瑞生 明宗丁未通政父叅奉永權通訓琓孫叅奉自江曾孫平章事椿后貫義城居安東

徐廷來 字奎國號荷圃官朝奉大夫父奉事興著判書涉后貫達城居星州

宋福慶 字賀伯叅奉父司直 僩生員碩忠孫冶城君孟英后貫冶城居順興

劉玩 字玩之號林汀生 中宗丙戌通德郎貫昌原居昌

周樂昌 字仁叔號蓮軒生 宣祖丁丑叅奉父校理 博文敏公
世鵬孫貫尙州居漆原

周倍昌 字新叔生 宣祖庚辰叅奉父校理 博文敏公世鵬孫
貫尙州居漆原

○光海朝

金琠 字敬浩生 宣祖乙未叅奉父叅奉有安侍郎漢公后貫
月城居慶州

○仁祖朝

李恪 字信吾號蘭圃生 宣祖乙未甲子宣務郎執義彥沉孫
翰林 蓊會孫文科汝忠后貫星山居漆谷

周震元 字士偉號慕愼堂生 宣祖丁酉官主簿父叅奉樂昌文
敏公世鵬曾孫貫尙州居漆原

全大鵬 生 宣祖壬午護軍父石陵君 龍旋善君 愃后貫旌
善居星州

裵幼章 字章隱號楡岩生 宣祖戊子官敎官 贈執義父直長
級芷牧使應褧孫貫星山居順興

○孝宗朝

李道頤 字泰叔官僉正父贈兵議靈雨參奉心宅孫觀察禮孫后貫廣州居漆谷

曹侃 字汝明生仁祖戊辰參奉父熊男進士夢周后貫昌寧居鎭海

金每善 字仁述號栗溪生仁祖乙亥官工議父軍資正道遊金紫光祿就礪后貫彥陽居[illegible]川

○顯宗朝

周禮秋 字肅彬號壽山齋生仁祖癸酉官敎授父應鳳瑜后貫尙州居漆原

○肅宗朝

李碩海 字君章生孝宗壬辰參奉星山伯能一后貫星山居星州

朴雲發 字敬三號紫岩生孝宗甲午承仕郞父通政東柱參判應立孫貫密陽居漆谷

李昕 字叔明生仁祖丙寅薦別提父廷男徵士源玄孫江陽君開后貫陜川居咸陽

○英宗朝

朴慶泰 字泰汝生 肅宗丙戌參奉父參奉尙仁貫咸陽居慈仁

裵益屋 字翼昌都事父嘉善碩基武烈公玄慶后貫盆城居蔚山

李範泰 字道瑞號隱山生 肅宗丁巳童敎父命鵬參議成節后 貫星山居星州

趙發鎭 字哲卿生 肅宗庚子官郎廳父同樞重碩小尹忠后 貫咸安居安東

金貴熙 字玉振生 肅宗癸酉參奉父宇模嘉善大德孫安敬公 永貞后貫金海居高靈

崔萬逸 字君逸號晩湖生 景宗甲辰官兵佐父弘繼贊成湜 后貫海州居永川

鄭三省 號日齋參奉官判官父參奉應龍文忠公夢周后貫迎日 居永川

石聖南 字四文生 肅宗壬申通政父德美府院君良善后貫忠 州居榮州

○正宗朝

周景雲 字大顯號竹軒生 英宗乙酉忠順衛陞嘉善父聖新郡 守允昌后貫尙州居漆原

○純祖朝

黃時采 字華汝號杏山生 英宗戊子參奉父嘉善得中戶參玉孫工判有定后貫平海居榮川

金晚德 生 英宗戊子官郎廳父禮立進士聖輝孫貫金海居靑松

○哲宗朝

崔白元 字仁伯生 純祖辛酉官府使父 文昌候致遠后貫慶州居慶州

○高宗朝

周相翰 字得鳳 生 純祖丙戌副護軍父載祐郡守允昌后貫尙州居漆原

裵基莘 字允如號慕川生 純祖戊寅參奉陞通政父應俊副護軍龍泰玄孫制節使 邁后貫達城居漆谷

鄭德濟 字聖化生 純祖乙丑中樞父工參道鎬 贈參議洪復孫文忠公夢周后貫烏川居大邱

金弘鎭 字和汝生 純祖庚寅官都正父漢均進士 珣后貫安東居漆原

盧卿洛 字乃官生 純祖甲午官議官父致官正中訓正景宗后貫交河居昌原

權丙說 字子命生憲宗辛丑官博士父將仕郎泰和持平達準孫大憲 定后貫安東居安東

權德進 字明叟生哲宗辛亥官議官父通政心宅大憲 定后貫安東居安東

孫秀正 字見五生憲宗癸卯官監役父致玉景節公仲暾后貫月城居河陽

李志夏 字汝行號老樵生憲宗戊申通德郎父掌令民熙掌令海鎭玄孫正字廷賢后貫星山居星州

禹東建 字政亨號田園生憲宗丁酉通政陞嘉善父贈吏叅懋鼎 贈承旨啓善孫文僖公 倬后貫丹陽居順興

李忠發 字惟善號松窩生憲宗丙午乙巳叅奉父廷培執義彥沉后貫星山居漆谷

金顯亨 字成明生憲宗壬寅官都事父瑞植安敬公永貞后貫金海居高靈

權泰洙 字周益生憲宗癸卯官都正父在厚貫安東居達城

金寀圭 字潤一號德齋生憲宗己亥甲子官司成陞通政父賚憲在濂禮判 寬后貫慶州居慈仁

金演龍 字文若生憲宗甲辰叅奉父秉玉護軍壽澤后貫江陵居尙州

朴光天 字致道號樵隱生哲宗庚戌叅奉壽嘉善父通政世碩贈戶判應立后貫密陽居漆谷

金滄熙 字士執號牛隱生乙亥參奉父通政相寅商山君得齊后貫商山居聞慶

崔琪煥 字學甫生 哲宗乙卯通政郡守運箕孫尙書適立后貫慶州居陜川

金東漸 字文碩號日樵生 憲宗癸卯壬寅通政 龍珠孫直提學駿孫后貫金海居漆谷

崔錫浩 字聖道生 哲宗乙卯同中樞父參判致鴻參奉應奎孫兵佐邁逸玄孫贊成 滉后貫海州居永川

金相卿 字聖範號石軒生 哲宗己未官副司勇父參奉潢鎰司果在鳳后貫江陵居尙州

李淳龜 字君瑞生 哲宗壬子參奉父進士文虎 贈工參挺斗孫吏參世仁后貫星山居星州

張世鐸 字聖九生 哲宗辛亥官禁都父參奉 休恭武公彥良后貫德水居咸昌

李基準 字士一生戊辰參奉父春熙掌令海鎭玄孫正字廷賢后貫星山居星州

朴聲浩 字汝遠生戊辰參奉父鍾觀嘉善光奉曾孫孫文穆公英后貫密陽居榮川

裵性宅 字聖七生丁卯參奉父資憲景讃嘉善喆俊孫武烈公支慶后貫盆城居蔚山

李武鎬 字仁舜生庚午參奉父部將志達正字廷賢后貫星山居星州

張周榮 字華仲甲戌別將父致雲忠莊公思儉后貫順天居義城

黃永義 字羲瑞生癸酉叅奉父嘉善夏鎭左尹仲周孫工判有定后貫平海居榮川

趙鏞洛 字敬富號晩隱主事父完奎少尹 忠后貫咸安居安東

金慶卿 字明順生乙丑叅奉父叅奉演祚護軍壽澤后貫江陵居尙州

金煥起 字明七號槐軒生癸酉叅奉父叅奉拔一司果在鳳后貫江陵居尙州

崔漢景 字敬翊號稼雲生乙丑官議官父嘉善鶴錫贊成 淸后貫慶州居尙州

崔漢壽 字敬先生甲戌叅奉父嘉善鶴錫贊成 淸后貫慶州居尙州

趙吉濟 字祥祚生壬申叅奉父鏞是貞節公 旅后貫咸安居義城

裵性三 字聖八生甲戌叅奉父資憲景讃嘉善喆俊孫武烈公玄慶后貫盆城居蔚山

金基亨 字慶云號雲齋生己卯官主事父叅奉晉煉禮判 寬后貫慶州居慈仁

金振九 字應舜號伊溪叅奉父司勇相卿司果在鳳后貫江陵居尙州

壽職

○中宗朝

裵夢碩 字晦老 資憲 父叅奉允禎 叅奉祐 裒孫 貫盆城 居蔚山

○宣祖朝

金壽澤 號三堂 生 明宗乙亥 副護軍 父郡守億亮 副正漢卿后 貫江陵 居尙州

○仁祖朝

李義 字和一 號省窩 生 宣祖庚午 戊辰通政 進士惟元玄孫 郡守汝信后 貫星山 居星州

○顯宗朝

郭純城 字極甫 生 宣祖丙午 甲寅嘉善 父惟日 淸白吏安邦后 貫苞山 居玄風

黃振道 字道源 號南巢 護軍 父壽鋋 工判有定后 貫平海 居榮川

○肅宗朝

金繼祿 字承元生 宣祖甲辰 嘉善 父大修 進士 必慶孫 判書爲后 貫遂安 居盈德

金繼潤 字汝淡生 仁祖甲子 僉樞 父通訓 欽通政 繼曾孫 平章事 椿后 貫義城 居安東

李世東 僉中樞 父達徵 贈判中樞 景漢曾孫 判尹之帶后 貫慶州 居慈仁

裵碩基 字德汝 嘉善 父斗壽 武烈公玄慶后 貫盆城 居蔚山

李和兩 同中樞 父禮復 進士德符曾孫 觀察禮孫后 貫廣州 居漆谷

權尙中 字中景生 仁祖甲子 護軍 父廷豪 奉事有經孫 習讀億齡玄孫 大憲定后 貫安東 居安東

金宗傑 字國卿 號黃坡生 仁祖戊辰 通政 贈吏叅 父海潤 通訓 欽孫 平章事 椿后 貫義城 居安東

金益齡 字壽興生 孝宗乙未 護軍 父護軍秋潤 通政 鸞玄孫 平章事 椿后 貫義城 居安東

○英宗朝

池以宗 字朝海 號玄默齋生 孝宗甲午 癸亥 同樞 陞敎寧 父戶叅喆生 節制使 凈后 貫忠州 居安東

趙重碩 字明普 號大山生 肅宗丁卯 同樞 父榮瑨 小尹 忠后 貫咸安 居安東

金與文 字殷伯號著菴生 肅宗辛未中樞父相夏通政宗傑曾孫平章事 椿后貫義城居安東

金相義 字仁秉生 肅宗辛丑嘉善父沔僉樞繼潤曾孫平章事 椿后貫義城居安東

金興兌 字武伯生 肅宗癸卯僉樞父相殷通政宗傑曾孫平章事 椿后貫義城居安東

周再述 字燦甫生 肅宗己未通政父孟獻文敏公世鵬后貫尙州居漆原

金厚世 字錫汝生 肅宗乙丑副護軍父萬虞忠毅公文起后貫金寧居迎日

周聖來 字子遇生 肅宗辛酉通政父再蕃文敏公世鵬后貫尙州居漆原

黃虞河 字應澄號葛軒生 肅宗乙卯乙酉中樞父同樞 鑄僉樞信康孫兵議贈中后貫平海居青松

李秉九 字致弘生 肅宗丁卯嘉善父雲漢掌令海鎭孫正字廷賢后貫星山居星州

○正宗朝

李鳳春 字善長號道庵生 肅宗癸未知中樞父英杰星山伯能一后貫星山居星州

李世樑 字而慤號隱山生 肅宗丁亥丙午嘉善宣務郎 惇曾孫星山伯能一后貫星山居漆谷

姜根迪 生 肅宗丁亥同樞父僉樞承源通政三龍孫大學淮仲后貫晋州居盈德

崔鎭舜 字峻頤生 英宗庚午同樞父 贈左尹九天贊成淸后貫慶州居尙州

〇純祖朝

白萬載 字景舜生 肅宗乙亥判中樞父 贈左尹泰望大學仁寬后貫水原居星州

周相伯 字台歟號梅窩生 肅宗丁酉副護軍父禮祐 瑜后貫尙州居漆原

周文述 字萬瞻號慕菴生 景宗壬寅僉樞父有新郡守允昌后貫尙州居漆原

黃得中 字宅中號敬窩生 英宗庚 嘉善父 贈戶叅 玉工判有定后貫平海居榮川

朴光奉 字敬興生 英宗辛亥嘉善父碩大 贈戶議聖儀孫文穆公英后貫密陽居榮川

金應瑞 字士輝生 英宗壬戌護軍父東烈中樞興文孫平章事椿后貫義城居安東

〇哲宗朝

裵裕曾 字玄仲生 正宗丁未通政 父年佑都事 益原曾孫 貫益城居蔚山

○高宗朝

李汶求 字雯春號道川生 正宗丁卯同中樞 父贈戶叅基遂 忠簡公崇元后 貫 居智禮

趙相周 副護軍 父通政 景貞節公 旅后 貫咸安 居義城

黃斅周 字淸一號日昇岩生 純祖丙子僉正陞嘉善 父贈戶叅致亨 工判有定后 貫平海 居榮川

金百圭 字聖楫生 純祖庚午嘉善 父洛錫 平章事 椿后 貫義城 居安東

權世準 字公顯生 純祖癸亥護軍 父若九 贈戶叅師稷孫 大憲 定后 貫安東 居安東

權晋和 字季明生 純祖甲申通政 父建準 贈承旨命中玄孫 大憲 定后 貫安東 居安東

金泰翺 字子垂生 純祖丁亥通政 父養性 僉樞與兌曾孫 平章事 椿后 貫義城 居安東

權心宅 字穉安生 純祖戊子通政 父敎和 大憲 定后 貫安東 居安東

金栢一 字舜貫生 正宗丁未乙亥同中樞父 贈左尹德洙 贈工議南杓孫商山君得齊后貫商山居迎日

金浩鎭 字和允號漆山生 純祖辛卯嘉善父英均進士珣后貫安東居漆原

白希洙 字克魯號華山生 純祖甲午嘉善父叅判奇厚忠肅公仁傑后貫水原居永川

金載鼎 字羲甫號臥雲生 純祖甲午通政父遇翰平章事椿后貫義城居安東

金載瓘 字大叁號樂窩生 純祖丁酉通政父在翰中樞與文孫平章事椿后貫義城居安東

李煥根 字潤五生 憲宗丙申中樞父叅奉道儉教官範泰后貫星山居星州

裵景讚 字文伯生 憲宗丙申資憲父嘉善喆俊通政裕曾孫貫盆城居蔚山

權丙求 字敬一生 憲宗辛丑通政父致和 贈承旨命中后貫安東居安東

黃致淵 字致雲號崇樵生 憲宗庚子通政父鍾龍典籤湯卿后貫昌原居高靈

崔鶴錫 字聲遠號菊圃生 憲宗丁未嘉善父 贈工議在炳賛成清后貫慶州居尙州

金致坤 字致仲生 憲宗辛丑通政 贈工議太才曾孫司僕正應善玄孫侍郎 后貫金寧居新寧

池致蓮 字雲五號松隱生 哲宗甲寅同樞父昌旭節制使淨 后貫居安東

裴詰俊 字準汝嘉善父通政裕曾都事益垕玄孫貫盆城居蔚山

裵相哲 字明汝生 哲宗乙卯同樞父 贈戶參萬輔通政信先曾孫觀察 桓后貫興海居榮川

贈職

○太祖朝

金峴 判義禁父平章事重源金寧君時興后貫金寧居安義

○成宗朝

金忠立 壬辰掌令父 贈吏判玄錫忠毅公文起孫金寧君時興后貫金寧

○仁祖朝

朴應立 號退憂軒生 中宗辛丑戶判父元復貫密陽居漆谷

徐廷來 字奎國號荷圃生 仁祖乙巳孝敎官父奉事興著判書
涉后貫達城居星州

○孝宗朝

朴東柱 字元貞號竹隱生 宣祖壬申通政父 贈戶判應玄貫
密陽居漆谷

○顯宗朝

趙克源 字競河號鶴南生 明宗甲子吏議父咸豊版圖判書天
啓后貫咸安居安東

○肅宗朝

李道益 字元叔生 仁祖癸亥戶叅父 贈兵議靈雨叅奉心宅
孫觀察禮孫后貫廣州居漆谷

裵縉龜 字文卿號鷺汀生 仁祖甲申孝都事父敎官幼章直長
約芷孫牧使應褧后貫星山居順興

姜士南 生 宣祖丙午通政父通政得豪進士應聘玄孫大學淮
仲后貫晋州居盈德

權用衡 字君平號龜岩生 孝宗己亥持平父護軍尙中奉事有
經曾孫大憲定后貫安東居安東

○正宗朝

金岱南 字華文工議父進士重三府使大鳴孫刑正宗昉玄孫貞肅公仁鏡后貫慶州居青松

李挺德 字正輔號貴隱生 英宗壬寅孫淳河貴通政父 贈司僕正祐復星山伯能一后貫星山居星州

白與哲 字善若生 孝宗甲午孫萬載貴工議父軍資正雲達大學仁寬后貫水原居星州

鄭道鎬 字忠汝生 英宗甲申工叅父 贈叅議洪復文忠公夢周后貫烏川居大邱

○高宗朝

權命中 字台仲號仙岩生 肅宗丙戌承旨父 贈司僕正以璠護軍尙中曾孫大憲定后貫安東居安東

趙在奎 字君璺號慕岩生 純祖丁亥孝軍資正父 贈護軍性慶 贈工議基祖曾孫貞節公旅后貫咸安居青松

石桂天 字太樞生 英宗壬子孫時麟貴司僕正父 贈司僕正以興通政如玉孫芮城君文成后貫忠州居榮川

盧正中 字福汝號慕廬菴生 純祖丙寅乙巳孝敎官父光瑲訓正景宗后貫交河居昌原

盧晟中 字器汝生純祖丙子乙巳孝敎官父光洽訓正景宗后
貫交河居昌原

金應善 字致養生肅宗辛丑司僕正侍郎后貫金寧居新
寧

金太才 字敬天生英宗辛酉工議父司僕正應善侍郎后
貫金寧居新寧

嶠南科榜錄正誤表

篇名	頁數	前後	行數	左右	字數	誤	正	加	缺
龍榜一	三	後	十二	左	一、二、三	清白吏	安襄公		
	六	全	七	右	二十二	平	子		
	十一	前	三	左	八、九	永川			
	十三	全	六	右	二十二	重	安		
	全	全	全	左	一	智	良		
	二十	全	十	左	五	簡	澗		
	二十七	全	十二	左	七、八	永川			
	三十七	後	八	全	十、十一	永川			
	四十七	全	八	右	十四	貫	官		
龍榜二	十六	前	一		九	榜	塘		
	十八	後	八		三	挺	挻		
	二十一	前	三	右	七	泮	沐		
	全	全	全	左	四	全	金	后	
	二十四	前	三		二	苾	必		
	三十一	後	六	右	二	纂	篹		
	三十三	全	六	左	十二	高	葛		
	三十五	前	十	左	二	從	徒		
	五十四	後	一	全	六	慶	瀼		
	五十八	前	十一	右	六	生	鼐		
龍榜三	二	後	五	同	三	墵	墵		
	三	全	三	左	二十二	變	燮		
	十七	全	五	全	八	回	同		
	十九	全	十一	右	十一	堂	塘		
	二十三	前	十一	全	八	知	如		
	三十三	後	二	全	三、四	增廣	稱慶		
虎榜	十八	前	六	全	一	宗	字		
	十九	後	二	全	三	豪	豪		

篇名	頁數	前後	行數	左右	字數	誤	正	加	缺
虎榜	十九	後	一	左	十六	州	山		
	二十八	全	二	右	六	鐔	鐔		
	三十四	全	三	左	十二	議	試		
	五十	全	三		二	敵	敍		
	五十九	前	十二	右	十	鎰	鄱		
司馬榜	三	前	十一	左	五、六	永川			
	九	後	三	全	三	州	山		
	全	全	全	全	五、六	義城	星州		
	全	前	十一	右	十二	咸	威		
	十	全	十四	左	八、九	榮川	星州		
	十二	後	十一	右	三	工	見		
	十六	前	七	左	十四				居
	十七	全	九	右	一			軍	
	全	後	四		三	寅	富		
	全	全	五		二	庚	庾		
	二十一	全	十一	右	十六	令	隸		
	全	全	全	左	十五	恩	恩		
	二十二	前	三	全	九、十	永川			
	二十四	全	二	右	三	銘	銛		
	全	全	六	全	三	憲	谷		
	二十五	後	一		一	全	金		
	全	全	五	右	六				壬
	二十六	前	一	全	二十	洞	東		
	三十六	後	一	同	十六、十七	胤禛	彥祥		
	三十八	前	七	左	二			壽	
	四十一	全	四	同	四	春	星		
	四十二	全	九	右	二十二	商	光		
	全	全	全	左	一	山	州		
	全	全	十二	全	六	薄	符		
	五十	前	十一	左	一	鷗	顒		
	同	後	九	同	[illegible]	暘	安		

嶠南科榜錄正誤表

篇名	頁數	前後	行數	右左	字數	誤	正	加缺
司馬榜	五十一	前	一	左	四			曾
	五十三	同	十二	右	六、七	宣祖	光海	
	同	後	五	左	十七	變	變	
	同	同	十一	左	三	昨	旿	
	五十九	前	六	右	六	齋	瘖	
	六十二	後	一	同	二十	繡	橚	
	六十三	同	六		三	地	恒	
	六十四	同	十一	右	十七	居	孫	
	六十八	前	一	左	二	淪	論	
	七十一	後	六	同	四、九、十	曾孫末	相末孫	愼
	七十二	同	一	右	二十一			
	七十三	前	四	同	十一	淑	士	
	八十四	同	十一	左	四、五	星州	碧珍	
	九十	後	二	右	十六	祖	相	
	九十二	同	十二	左	十一、十二	星州	碧珍	
	九十七	前	十	右	二十二	安	日	
	百六	同	三	左	二			校
	同	同	同	同	五	謙	諒	
附錄一	五	後	十一	左	十	涌	涵	
	七	同	四		二	胤	鳳	
	十六	前	二	右	二、三	郡守	縣監	
	十七	同	十二		一	韓	薛	
	二十	同	八	右	十			汝
	二十三	後	十二	右	二	祜	祐	
	二十四	同	十二	同	十七	誠	成	
	二十五	前	十二	同	八	瑛	珙	
	同	後	六	同	十七	踁	踁	
	二十七	同	四	同	六	戛	夔	
附錄一	二十九	後	四	右	二十一	誠	誠	
	三十二	前	三	同	二十二	矣	旅	
	三十八	同	十	左	一	講	覯	
	四十	同	十	右	二十一	繪	總	
附錄二	一	同	十一		二	宜	宣	
	同	後	六	左	一	鵬	鵬	
	三	前	十三	右	十四	華	革	
	十五	後	八	左	七、八	金海	義城	
	十六	前	十二	同	二、三	大都	榮禧	
	同	前	九	右	三	樞	極	
	二十一	同	十二	同	四	護	號	
	二十八	同	八	同	十五	奉	議	
	同	後	七	同	廿一、廿二	節孝	文科	
	同	同	同	左	一			公
	三十	前	十一	同	五	逐	琬	
	三十六	同	五	同	十、十一	安東	東萊	
	同	後	三	同	三	永	承	
	同	同	五	同	五	尙	慶	
	同	同	六	同	七	慶	尙	
	三十七	同	六	右	十九	南	男	
	同	同	十一	左	五	顯	贈	
	四十一	同	三	右	七、八			奉參
	四十三	同	六	同	十五	稷	穆	
	四十八	同	十二	同	十四	父	祖	
	同	同	同	同	十五、十六	刑忝	秘丞	
	五十	前	八	同	十三	原	平	
	五十二	後	七	同	十八、十九	文忠	忠貞	

篇名	頁數	前後	行數	右左	字數	誤	正	加	缺
附錄三	二	前	一	右	二	權	樞		
	仝	仝	七	同	十五	文	通		
	三	後	一	同	二十二				中
	十三	仝	十	左	七				居
	十四	同	五	同	二、三	光州	安康		
	十七	前	六	右	二	王	大		
	二十	後	五	左	三、四	新寧	寧海		
	二十五	前	六	右	十七	善	喜		
	二十六	後	三	左	四	陽	東		
	三十一	前	九	右	十	王	官		
	仝	後	六	左	三				係
	三十三	前	四	仝	二	慶	廣		
	同	後	五	右	十六				學
	三十八	前	一	左	七	海	寧		
	四十四	同	八	同	四	善	慶		
	四十五	同	五	同	八	果	靈		
	四十八	後	三	仝	七				永
	四十九	前	六	右	十八	悳	億		
	五十	後	十一		二	善	喜		
世講錄	五	後	八	右	七	岳	缶		
	十四	前	十	仝	十	鍊	陳		
	十九	後	十一	左	八	慶	廣		
	二十	仝	五	仝	三	原	騵		
	仝	同	九	右	十八	七	八		
	同	同	十	仝	十一	季	李		
	二十三	同	七		二、三	鍾必	仆久		
	二十四	前	十		三	燦	粲		
	二十七	後	一	右	五	子	孫		

篇名	頁數	前後	行數	右左	字數	誤	正	加	缺
世講錄	二十七	後	一	右	九	寅	宙		
	二十八	後	四	右	二十	禮	醴		
	三十	前	五	仝	八				曾
	三十三	後	四	左	三				伐
	三十六	前	四	仝	五				山
	仝	後	七	右	十二	係	子		
	同	仝	同	仝	十九			曾	
	同	仝	同	左	五	九	十三		
	三十七	後	一	仝	九	海	寧		
	同	仝	十	右	八	子	孫		
	同	同	同	仝	十二	秀	壽		
	同	同	十一	左	十一	掌	棠		
	三十八	前	一	同	十六	掌	棠		
	三十九	後	二	右	三	泉	樂		
	同	仝	九		二	營	瑩		
	同	同	同	右	三	通	弼		
	同	同	同	同	十四、十五	月城	慶州		
	同	同	同	左	一	平	坪		
	四十一	前	四	右	十四	常	祥		
	四十四	後	十	同	四	龍	就		
	同	同	同	同	十二	六	九		
	四十七	同	六	左	七	達	盈		
	四十八	同	九	同	十二、十三	元山	尙州		
	五十	前	七	同	三	族	旅		
	五十四	同	七	右	十	大	天		
	仝	後	九	仝	十	中	仲		
	同	同	仝	左	十一、十二	只杳	滄洲		
	仝	同	仝	仝	十三、十四	倉旨	評台		

嶠南科榜錄正誤表

篇名	頁數	前後	行數	左右	字數	誤	正	加	缺
世講錄	五十五	後	十一	右	七	孫	子		
	全	全	十一	同	十二			曾	
	五十六	後	十六	同	十三	海	寧		
	五十九	後	二	左	十三				永
	六十二	同	五	右	四			牛	
	全	同	同	同	五、六				都
	六十三	全	十一	左	八	赤	開		
	八	前	十二		金永命	世祖	世宗		
司馬榜						乙酉	己酉		
	五十五	後	二	左	四	邦	安下		
	全	同	同	同	八	苞	山上		
附錄一	三十一	同	九		李希仁	廿一丈 九行	廿八丈 十一行上		
	四十二	後	八	右	十八、十九	通德郞	參議		
					二十	碩達	重器		
附錄二	四十九	後	六		許杰	貪蔭	行蔭		

篇名	頁數	前後	行數	左右	字數	誤	正	加	缺
世講錄	十八	後	十	右	一、二、三	部將	孝性		十
					四、五	泳丰	彥		
						子			
	三十六	後	十	左	四	九	十四		
	五十三	前	四	右	二、三	和允	子先		
	同	同	同	同	九				
	五十三	前	八	右	一、二	監察	察訪		世
虎榜	五十一	前	九	右	三	古	呂		